창조적 개입
중국의 글로벌 역할의 출현

창조적 개입
중국의 글로벌 역할의 출현

2016년 2월 1일 초판 인쇄
2016년 2월 5일 초판 발행

지은이 | 왕이저우
옮긴이 | 김상순
교정교열 | 정난진
펴낸이 | 이찬규
펴낸곳 | 북코리아
등록번호 | 제03-01240호
주소 | 13209 경기도 성남시 중원구 사기막골로 45번길 14
      우림2차 A동 1007호
전화 | 02-704-7840
팩스 | 02-704-7848
이메일 | sunhaksa@korea.com
홈페이지 | www.북코리아.kr
ISBN | 978-89-6324-398-6 (93340)

값 15,000원

* 본서의 무단복제를 금하며, 잘못된 책은 바꾸어 드립니다.
* 이 도서의 국립중앙도서관 출판시도서목록(CIP)은 서지정보유통지원시스템 홈페이지(http://seoji.nl.go.kr)와
  국가자료공동목록시스템(http://www.nl.go.kr/kolisnet)에서 이용하실 수 있습니다.(CIP제어번호: CIP2016002927)

- This Korean edition is subsidized by Chinese Fund for the Humanities and Social Sciences.
- 本书获得中华社会科学基金资助.
- 이 책은 중국 중화사회과학기금(中華社會科學基金)의 지원을 받아 출판되었습니다.

창조적 개입

중국의 글로벌 역할의 출현

Creative Involvement: The Evolution of China's Global Role

왕이저우 지음 | 김상순 옮김

북코리아

'책임대국론'에 기초한 중국의 새로운 외교 패러다임

중국의 부상은 이제 부인할 수 없는 현실이다. 그러한 중국을 두고 국제사회의 해석은 분분하다. 그 이유는 중국의 전략적 의도에 대한 해석이 각기 다르기 때문이다. 중국 정부는 일관되게 '화평발전(和平發展)'이라는 기존 노선을 표방하고 있다. 2021년까지 소강(小康)사회를 건설하기 위해서는 밖으로는 평화적 관계, 안으로는 조화사회를 구축해야 한다는 것이다. 그러나 미국이나 일본 등의 보수적 성향의 학자들은 중국의 부상을 '대국굴기(大國崛起)'로 파악하고, 중국을 미국의 패권에 도전하는 심각한 위협 대상으로 간주하고 있다.

이 책의 저자 왕이저우 교수는 중국 내에서 대표적인 자유주의 국제정치학자로 알려져 있다. 그동안 왕 교수는 '화평발전'과 '대국굴기'라는 기존의 패러다임을 넘어 '책임대국'이라는 제3의 길을 중국 외교의 새로운 방향으로 제시해온 바 있다. 그는 중국의 부상이 물리적 국력의 단순한 증강에 그쳐서는 안 된다고 주장한다. 기존 국제질서에 조화하고 참여하여 자신의 국제적 책임을 다하는 가운데 진정한 중국의 부상이 가능하다는 것이다. 2011년 발간한 대작 『창조적 개입: 중국 외교의 새로운 패러다임』(베이징대 출판부, 2011)에서 왕 교수는 이러한 책임대국론의 이론적 그리고 경험적 토대를 설득력 있게 제시한 바 있다.

이번에 출간하는 『창조적 개입: 중국의 글로벌 역할의 출현』은 2011년 저작에 대한 보완서라고 할 수 있다. 이 책은 3부로 구성되어 있는데 1부에서는 중국 외교의 역사적 좌표를 마오쩌둥, 덩샤오핑 그리고 신세대 영도자들을 중심으로 규명하고 있다. 그리고 2부는 중국의 아프리카 개발원조 외교 사례를 심층적으로 다루면서 책임대국으로 향하는 중국의 행보에 대한 실증적 현실 탐구의 성격을 띠고 있다. 마지막으로 3부에서는 유럽의 국제공헌 사례를 비교론적으로 분석하고 중국에 주는 함의를 도출해내고 있다. 왕 교수는 이 책에서 "책임대국을 추구하는 중국은 모두에게 축복이 될 수 있다"는 메시지를 던지고 있다.

이 책은 아주 쉽고 명료하다. '화평발전론'이라는 관방노선이나 '중국 위협론'이라는 서구의 시각에서 벗어나 '책임대국론'에 기초한 중국의 새로운 외교 패러다임을 이해하는 데 매우 긴요한 길잡이가 되는 책이라 하겠다. 학자, 정책 결정자는 물론 중국에 관심 있는 모든 이들에게 강력히 추천하는 바이다.

문정인
연세대 정치외교학과 교수

중국의 꿈과 역할

중국은 개혁개방 30여 년 만에 일본을 제치고 미국에 버금가는 세계 제2의 경제체로 부상했다. 1840년 아편전쟁을 시작으로 한 세기 넘게 '동아병부(東亞病夫)'의 쓰라림을 겪었던 중국이다. 중국의 인인지사(仁人志士)들이 무수한 희생을 치르며 갈망해온 '강대국'의 꿈이 오늘에 와서 실현되고 있는 것이다.

중국의 급속한 발전은 동아시아는 물론 세계의 구도에 지각변동을 불러왔다. 그에 따른 '중국 위협론'도 성행하고 있다. 중국이 '기성대국'과 '패권'을 다투던 '신흥대국'의 옛길을 걸을 것인지, 아니면 새로운 패턴으로 세계에 행복을 안겨주는 '신흥대국'으로 자리매김할 것인지. 세계는 중국이 어디로 나아갈 것인지를 주목하고, 중국 역시 어디로 나아갈 것인지를 고민하고 있다. 왕이저우 교수의 『창조적 개입: 중국의 글로벌 역할의 출현』은 이에 명쾌한 답을 주고 있다.

왕이저우 교수는 중국이 나아가야 할 길은 세계를 행복하게 하는 길이라고 명료하게 정리했다. 이를 전제로 세계에서의 중국이 맡아야 할 역할과 그것을 실현하기 위한 '창조적 개입'이라는 새로운 명제를 내놓았다. 왕이저우 교수가 내놓은 명제는 중국이 세계에 융합되고 세계에 긍정적 에너지를 주입할 수 있는 새로운 패러다임이라 할 수 있다.

이 책을 읽게 되면 중국 최고의 지성인들이 그리는 미래의 중국을 미리 보게 될 것이다.

김경일
베이징대학교 한반도연구중심 주임

한국어판 서문

중국 고대의 '시성(詩聖)'이라고 할 수 있는 두보(杜甫)의 명언이 있다. "시를 짓는 것은 천고에 남을 일이지만, 그 득실은 내 마음만이 알고 있다." 독자들의 손에 들려 있는 이 책(『창조적 개입』)에 대한 필자 스스로의 평가는 두 가지이고, 솔직하게 아래와 같이 설명하려 한다.

첫째, 결점을 말하자면 문장의 흐름과 구조적 측면에 있어서 『창조적 개입』의 제2부인 이 책은 제1부보다는 부드럽지 못하다는 생각이다. 제2부에는 세 가지 완전히 다른 주제가 포함되어 있다. 즉, 마오쩌둥(毛澤东) 시대와 덩샤오핑(邓小平) 시대 및 오늘날의 연관성과 차이, 중국 외교와 전략적 측면에서 아프리카에 대한 적극적인 개입, 유럽 국가들의 강력한 소프트 파워와 중국에 대한 계시가 그것이다.

또한, 이 세 가지로 구분된 주제는 서로 다른 시점에 쓴 것이고, 마지막 단계에서 이들을 묶었기 때문에 적지 않은 부분에서 잘 이어지지 않게 보일 수 있다. 이 책에서 제시하는 내용에 대해 익숙하지 않거나 특히 제1부를 읽어보지 않은 독자일 경우, 읽어 내려가기가 조금은 힘들 수도 있다.

둘째, 장점을 보자면 이 책은 중국의 거대한 변화와 중국이 현재 부족한 부분이 무엇인지를 제시했으며, 다른 사람들이 아직은 많이 연구하지 않은 부분을 많이 연구하여 분석했다.

1) 마오쩌둥 시대부터 현재의 지도자에 이르기까지 세계 무대에서 압박받는 대상이었던 중국이 사회주의 혁명의 중심을 거쳐 국제사회의 적극적인 참여자이자 군사대국과 책임 있는 대국으로 변모하는 과정을 다루었다. 이 과정이 얼마나 걸렸든지 간에 이러한 변화는 대단한 것이다.

   덩샤오핑은 이러한 변화를 실현함에 있어 가장 핵심적인 정치인이었고, 세상 사람들이 존경하고 추모할 가치가 있는 정치인이다. 시진핑(习近平)과 리커창(李克强)을 대표로 하는 신세대 중국 지도자들 역시 본질적으로는 덩샤오핑 사상의 계승자들이며, 덩샤오핑이 닦아놓은 기초를 더욱 확대 발전시킬 것이라고 필자는 생각한다.

2) 중국 외교가 아프리카에서 거둔 새로운 성과는 역사상 전례가 없는 것이다. 비록 아직도 개선해야 할 여지가 많이 남아 있지만, 세계의 대국이 된 중국이 해외로 뻗어나갈 수 있는 범위가 어디까지인지를 충분히 증명했다. 미래를 향해 볼 때, 아프리카 현지의 평화와 발전에 공헌하기 위해 중국이 다른 각도에서 더욱더 건설적인 역할을 할 수 있을 것이라는 점이 필자가 증명하려 했던 점이다. 바로 여기에서 사용한 표현이 '창조적 개입'이다.

따라서 다른 국가나 국제사회에 대해 말하자면, 중국의 굴기(崛起)는 전체적으로 볼 때 '재앙'이 아니라 '복(福)'이라는 것을 증명하려는 것이 필자의 생각이다.

3) 냉정하게 관찰하자면, 오늘날까지도 중국은 아직 성숙하지 못한 대국이며, 특히 소프트 파워 측면에서는 매우 부족하다. 이러한 점은 EU를 포함한 유럽의 발달한 국가와 비교하면 그 차이가 특히 명확하다.

　이 점에 대해서는 지적할 것이 있다. 중국 내의 많은 중국인이 현재 중국의 성장과 진보에 대해 찬미를 거듭하고 있지만, 반성과 검토의 목소리는 매우 부족하다. 필자는 유럽 국가의 문명 진보 수준과 국제적 역할에 대한 토론을 통해 중국과의 차이가 얼마나 큰지와 개선의 방향을 찾아볼 수 있기를 바란다.

제2부의 주제인 '중국의 글로벌 역할의 출현'에서의 핵심 의미는 중국의 글로벌 역할이 어떻게 형성될 것이며, 어떤 중요한 결점들이 있는지에 대한 것임은 어렵지 않게 찾아볼 수 있다. 좋고 나쁜 양면이 모두 언급되어 있다. 한국의 독자들, 특히 같은 전공을 하는 분들은 이 책을 읽고 난 뒤 아낌없는 조언과 지도편달이 있기를 희망한다. 특히 제2부와 제1부를 대조하여 평론해준다면 더욱 기쁠 것이며, 그러한 전면적인 비교를 진심으로 기대한다.

끝으로, 한국의 출판사와 이 책을 번역한 김상순에게 감사를 드린다. 김상순은 필자의 제자이자, 베이징대학의 한국 유학생 중에서도 대표적인 우수한 학생이었다. 그는 학업에 열정적이고, 깊이 있는 연구에 심혈을 기울였으며, 이미 많은 성과를 이루었다. 그는 반드시 여러 부문에서 기대를 저버리지 않을 것이며, 장래에 한중 양국의 학술교류에서 중요한 역할을 할 것이라고 믿는다. 이번 번역 역시 그의 단계적인 성과 중의 하나인 셈이다.

2015년 12월 중순 베이징대학에서

왕이저우(王逸舟)

서문

『창조적 개입: 중국의 글로벌 역할의 출현』에서 말하려는 것은 정치철학이 아니라, 일종의 방법론이다. 요점은 가치관에 있는 것이 아니라, 일종의 적극적인 태도를 요구한다는 점에 있다. 이 책은 (이미 발표된 제1부의) '창조적 개입'에 대한 명제를 이어 새로운 사례와 내용을 통해 내포된 의미를 보강하려고 한다. 시리즈 작품의 제2부로서 이 책을 통해 중국의 글로벌 역할에 대해 토론하고, 이러한 역할 형성의 근원과 단계 및 나아갈 방향을 찾으려고 한다. 중요한 결론은 이러한 역할이 초보적이고 완전하지 않다는 점이며, 끊임없는 학습과 개선이 필요하다. 글로벌 고지 위에 있는 중국에게는 비단 하드 파워뿐만 아니라 지혜와 창조력이 더욱 필요하다는 말이다.

연구 방법과 책의 구성을 보자면 첫째, 책 전체에 걸쳐 여전히 '실천제일(实践第一)'이라는 철학에 따른다. 즉 역사경험설에서 출발하여 현실 문제에 중점을 두고, 사례 분석을 통해 진행 목표와 실마리를 찾는다.

둘째, 이 책은 세 부분의 각기 다른 주제, 즉 대외관계 발전과정 토론, 중국과 아프리카 관계의 최신 사례 분석, 유럽의 글로벌 역할의 묘사와 비교로 나누어 구성하지만, 이들은 같은 문장의 맥락에 종속되어 있다. 그것은 바로 중국이 어떻게 현 국제체제의 주변적 위치로부터 핵심적인 역할로 매진할 것이며, 어떻게 스스로 세계적인 사안의 학설과 실천에 개입할 수 있도록 발전할 것이며, 글로벌 고지로 돌진할 때 '타산지석'을 어떻게 활용할 것인가에 있다.

셋째, 이 책은 단지 초보적인 작업에 불과할 뿐이다. 문제를 해결하는 성숙된 방안을 제시하려는 것은 더더욱 아니며, 빈틈없이 완벽한 이론적 논리를 논술하려는 것도 아니다. 단지 새로운 문제를 제기하고, 실제 어려움이 어디에 있는지를 발견하고, 개선할 방향과 실마리를 제시하려는 것이다.

이 책을 읽음으로써 독자들이 '창조적 개입'이라는 명제에 대한 탄력성과 응용의 가치에 대해 느낄 수 있기를 바란다. 정부 관련 부문의 인사들이 이에 대해 흥미를 갖기를 바라며, 학계의 학자들이라면 더욱더 많은 학술상의 논쟁과 연구 결과물이 있기를 바란다. 중국은 세계에서 가장 인구가 많은 국가이자, 문명의 역사가 유구한 민족으로서 무한한 창의적 능력이 존재한다. 학술적인 측면만 보더라도 만일 더 많은 사람들이 중국의 새로운 글로벌 역할에 대해 진지하게 연구한다면, 중국인이 혜택을 받게 될 것이고, 국제사회도 여러 가지 성과에 대한 이익을 얻게 될 것이다.

CONTENTS

I 역사의 좌표
피억압자에서 책임대국으로: 중국의 국제적 역할의 변천 ·············· 17

II 현실 탐색
내정불간섭 원칙 및 대외원조 방식의 혁신: 중국-아프리카 관계 사례 81

I

역사의 좌표

피억압자에서 책임대국으로

- 중국의 국제적 역할의 변천 -

역자 첨언 **우리가 고민해야 할 문제들**

- 근대사에서 치욕을 경험한 중국이 어떻게 G2로 급부상하게 되었는가?

- G2로 부상한 중국은 이제 무엇을 꿈꾸고 있는가?

- 대한민국은 근대사의 어두운 경험에서 무엇을 반성해야 하는가?

- 한반도의 꿈을 실현하기 위해 우리의 꿈은 어떻게 그려가야 하는가?

- 동병상련의 기억과 미래의 꿈을 가진 한중관계는 어떻게 해야 하는가?

1세기 이전만 해도 중국은 근대 국제체제에서 하나의 피압제자이자 약탈의 대상이었다. 서구 열강들이 서로 경쟁적으로 분할하여 착취하던 가장 낙후된 국가였던 것이다. 그런 중국이 21세기 초에 이르러 세계의 핵심 대국의 행렬에 다시 올랐다. 중국의 새로운 지도자는 중국이 '책임지는 대국(負責任大國)'으로서 지구의 5분의 1을 차지하는 중화민족이 국제사회가 놀랄 만한 위대한 능력을 발휘하도록 하겠다고 선언했다.

'피역압자'에서 '책임지는 대국'으로 바뀌었지만, 이러한 변화는 어떻게 만들어진 것일까? 왜 이런 변화가 출현한 것인가? 어떤 요소가 이러한 변화를 촉진시켰는가? 달리 묻자면, "우리는 어디에서 왔는가? 현재는 어디에 있는가? 다음 행보는 어디로 가야 하는가?"이다.

본편에서는 근·현대사를 돌아본다. 마오쩌둥(毛泽东) 시대가 투쟁을 선택한 원인을 살펴보고, 덩샤오핑(邓小平) 시대의 '조용한 혁명'의 진행과정을 분석하며, 현재의 중국 지도자가 당면한 국제적 도전과 그 중요한 분기점에 대해 토론할 것이다. 이러한 세 가지 기준틀을 통해 시대별로 중국의 역할 변화를 살펴볼 것이며, 양적인 변화에서 질적인 변화 과정을 지켜볼 것이다.

1.
이전의 역사:
굴욕적 운명에서 촉진된 혁명적 태도

　　현대 중국 외교를 평가하자면, 근대 이래의 중국과 외국 간의 관계를 고려하지 않을 수 없으며, 주권을 상실한 치욕스러운 여러 조약으로 특징지어지는 근대 중국의 저하된 국제적 지위를 거론하지 않을 수 없다. 1919년부터 1949년까지의 이 30년은 신중국 대외관계 연구에서 가장 가깝게 참고할 만한 한 가지 분석틀이다.[1)]

　　1919년 5·4운동을 상징으로 하여 중국에 신민주주의 혁명의 서막이 열렸다. 반제국주의와 반봉건주의의 깃발을 높이 올렸으며, 신문화 계몽운동에 대한 태동과 각종 국내외 선진사상의 강렬한 추구가 있었다. 러시아 10월 혁명의 정신이 신속하게 전파되었고, 반봉건·반

---

1)　신중국 첫 30년의 외교 방향에 대해 알려면 그 이전의 중국 혁명의 성격과 중국공산당 당원들의 목표를 깊이 이해하지 않으면 안 된다. 역사는 전승되고, 영향은 깊이 각인된다. 이에 대한 가장 좋은 저서는 역시 마오쩌둥의 명저인 《中国革命和中国共产党》이라는 책이다. 좀 더 깊은 연구에 흥미가 있는 독자라면 다음에 소개하는 책을 읽기를 권한다. 《毛泽东著作选读》 상편, 인민출판사, 1986년, pp. 322-344.

식민지 상태였던 중국에는 일종의 완전히 새로운 변혁 상황이 생겨났다. 중국공산당의 탄생과 이에 따른 중국 혁명투쟁을 위한 기초를 다지게 된 것이다.

그 이후의 30년은 중국인이 중국공산당의 영도하에 해방투쟁을 전개한 세월이었다. 100여 년의 침략과 굴욕으로 점철된 역사와 연이은 전란의 국면을 종식시키고 독립국가를 실현한 30년이었다. 전 지구적 범위에서의 제국주의와 식민주의 세력을 타도하고, 세계 평화와 민주 및 사회주의 역량을 키우는 30년이었던 것이다. 국제적 범위에서 중국공산당이 이끈 중국의 혁명세력은 '러시아를 스승으로'라는 기초 위에서 여러 가지 방법과 노선을 모색했다. 국내의 주요 무장혁명에 매진함과 동시에 광범위한 국제적 지지와 협력을 얻기 위해 노력했다. 혁명의 근거지인 옌안(延安)은 이미 혁명사상을 전파하고 혁명의 역량을 결집시키는 파종기이자, 외부를 향해 중국 인민해방 투쟁의 위대한 의의를 선전하는 무대가 되었다.[2]

반파시스트 투쟁과 항일전쟁 와중에서 중국공산당 당원과 중국 군대는 미국을 포함한 서방 자본주의 국가와 일종의 연결통로를 만들었다. 근대 국제외교의 각종 지식과 수단에 대한 초보적인 접촉과 이해를 가지게 된 것이다. 1840년 이후의 매우 긴 시간 동안 만약 중국인이 여전히 지난날의 조공체제와 '천하'라는 개념에서 완전히 벗어나지 못

---

2) 미국 기자인 Edgar Snow의 유명한 『서행만기(西行漫记)』 이외에도 그와 똑같은 대장정 경력으로 그와 함께 중국공산당 당원 및 중국 인민의 위대한 친구가 된 미국 작가 Agnes Smedley가 써서 역시 널리 알려진 『중국의 전쟁가(中国的战歌)』라는 책이 있다. 作家出版社에서 1986년에 중문 번역본을 출간했다. 『중국의 전쟁가』를 읽으면, 장정 일대의 중국공산당 당원들이 왜 세계의 이해와 지지를 기대했는지를 쉽게 알 수 있다. 왜 그들이 오로지 혁명과 반란을 선택했는지를 쉽게 이해할 수 있고, 이로 인해 혁명시대의 분위기와 강건한 기개가 어떻게 원로 혁명 영도세대들이 신중국 건립 후의 일정 기간 동안 외교적 사고와 정책 결정에 지속적인 영향을 주었는지를 연상할 수 있다.

했다면, 서방 열강 주도의 근대 국제체제에 대해 여전히 어리둥절하여 이해하지 못하거나 대응할 도리가 없다는 것을 느꼈을 것이다. 그리하여 1919년 이후 중국공산당 당원들은 위대한 혁명 사상과 실천들을 핵심적으로 전개하기 위해 새로운 세계의 진보적 이념을 받아들이게 되었다. 중국의 반식민지·반봉건 상태하의 낙후되고 우매한 것에 대해 심각한 비판을 할 수 있었고, 풍부한 전투력과 창조력을 가진 혁명방식을 창조해낼 수 있었던 것이다.

이것은 매우 흥미롭고 생동감 있는 참신한 장면이다. 한편으로는 중국의 사회경제와 정치 제도상의 실질적인 낙후성과 피압박 상태를 나타낸 것이고, 다른 한편으로는 중국 혁명가들의 새로운 기질과 정신 상태를 끊임없이 배양하거나 강화하는 것을 표현하고 있다. 이 시기는 중국과 세계 간에 일종의 낡은 것을 타파하고 새로운 것을 세우는 과도기였다. 중국 전체가 아주 가난하고 미약한 일종의 '동아시아의 병자(东亚病夫)'로 여겨졌다. 중국은 구정권과 구세력의 각종 부패를 견딜 수 없는 상태에서 과거의 휘황찬란했던 세계의 중심 위치에서 점점 멀어져 지배와 압박을 받는 변방의 위치에 처해진 것이다. 서방 열강에 의해 좌우되는 국제체제는 약육강식의 패권적 특징을 보여주었고, 중국이 약해지고 분할된 상태를 유지하는 것에 대해 매우 만족해했다.[3] 비록 중국공산당 당원들이 국가의 정권과 외교수단을 장악하지는 못했지만, 그들이 대표하는 새로운 힘은 갈수록 커지면서 발전했다. 중국의 광대한 지역과 민중의 요구를 대표하여 정권 쟁취와 혁명 실현의 목적

---

3) 근현대사에서 세계열강의 중국에 대한 능욕과 착취 및 중국 외교의 나약한 대응에 대해서는 아래의 책에 상세하게 묘사되고 분석되어 있다. 熊志勇, 苏浩：《中国近现代外交史》, 世界出版社, 2005년.

을 향해 전진했다.

신민주주의 혁명 시기는 대외관계에 대한 신중국의 특수한 '건국 이전의 역사'이다. 이후 중화인민공화국의 대외관계에 대해 말하자면, 지극히 빈곤하고 나약하여 서방 열강의 지배를 받은 '동아시아의 병자'였던 중국이 의지가 강하여 뜻을 굽히지 않는 반항자로, 그리고 러시아 혁명의 추종자로 점차 변해갔다는 것이 최대 유산 중의 하나라고 할 것이다. 객관적인 형세로 보자면, 중국은 이미 제국주의 열강이 조종하는 반식민·반봉건사회로 전락했다. 근대 이전에 보유했던 우월한 종합국력을 이미 거의 상실하여 중국과 서방의 주류세계와의 관계는 심각한 불평등과 불공정 관계가 되었다. 그렇게 큰 국가가 '동아시아의 병자'로 여겨지게 되어 인류와 국제사회에 대해 적극적인 공헌과 유도에 대한 역할은 거론할 필요조차 없었다.

그와 동시에 30여 년간 중국 혁명세력을 대표한 중국공산당은 근대 이래 중국이 국제체제 속의 비극적인 지위로 떨어진 것에 대해 확실하게 인식했다. 국내의 각종 군벌세력과 그들을 비호하고 지지하는 외부 권력에 대해 완고한 투쟁을 전개했다. 깊이 잠들었던 동방의 거인이 깨어나기 시작했고, 스스로의 혁명과 해방으로 중국은 국제 반파시스트 투쟁에 참여했다. 중화민족은 국제정세의 전환에서 긍정적인 작용뿐 아니라, 근대 이래 오랫동안 상실했던 자신감을 회복하기 시작했다. 이러한 자신감의 회복은 마오쩌둥을 대표로 하는 중국공산당 당원들을 교육하고 계몽했다. 투쟁에 능하고, 열강을 두려워하지 않으며, 자력갱생을 국가와 민족부흥을 실현하는 유일하고 정확한 노선으로 삼았다. 이는 반세기 동안 착취와 억압을 당한 이후에 처음으로 생성된 신선한 체험이었으며, 러시아 혁명은 중국 혁명을 이끄는 가장 중요한 과정이 되었다.

전체적으로 이 시기에 중국 혁명과 중국공산당 당원들이 추구한 목표는 예전의 휘황찬란했지만 근대에 이르러 추락한 중화민족의 사기를 격려하고 높이는 것이었다. 유럽, 미국, 일본 등 열강의 연합전선에 가능한 한 광범위한 동원으로 반격을 가하는 것이었고, 각종 정규전과 유격전 방식을 포함한 무장투쟁을 통해 외부로부터의 압제자와 노예로 삼으려는 자들에 대해 대항하는 것이었다. 또한 식민주의와 제국주의의 족쇄탈피 실현이라는 목표를 쟁취하고, 중국으로 하여금 다시 독립자주 국가가 되도록 하려는 것이었다.

이 과정에서 마오쩌둥을 대표로 하는 중국의 혁명세력은 일종의 중국 특유의 혁명이론과 유격전 사상 및 군사학설을 발전시켰다. 이는 약소민족들 스스로의 해방투쟁과 서방 식민통치로부터의 탈피를 위한 세계적 범위의 투쟁에 중요한 부분을 이루었다. 중국의 혁명시대 및 이의 형성에 대한 관념은 건국 초기 중국의 내정과 외교에 깊이 기억되었다. 마치 속담에 이르는 것처럼 "탄압이 깊을수록 반항도 거세다"는 것이다. 타국에 대한 열강의 분할을 거부하고, 서방이 주도하는 국제질서에 도전하며, 투쟁과 전쟁 및 혁명의 방식으로 (외부로부터) 승인과 지위를 얻었다는 것은 이 시기 중국공산당 당원의 대외관계에서 중요한 경험이었다.

제2차 세계대전 기간의 반파시스트 전쟁 과정을 보면, 비록 쌍방의 동기와 이념이 달랐지만 옌안의 혁명가와 미국이 모종의 협력을 했다. 그러나 결코 이로 인해 마오쩌둥과 그의 전우들의 거절과 경쟁이라는 정신자세에는 큰 변화가 없었다. 지배적인 제국주의와 자본주의 세계체제에 대한 중국 혁명가의 철학은 그것을 타파하는 것일 뿐 보충

하는 것이 아니었고, 그것에 대한 단절이었을 뿐 개입, 즉 동화되는 것
이 아니었다.

2.
마오쩌둥 시대:
투쟁 정신의 연속

     중국과 세계 간의 관계를 연구함에 있어 또 다른 분석틀로는 중화인민공화국 건국 후의 30년, 이른바 '마오쩌둥 시대'이다. 이 30년은 기본적으로 혁명전쟁 시대의 사고와 방식으로 신중국의 대외 교류를 발전시키면서 중국이 당시 국제체제에 '초급단계'로서 자리매김한 시기다.

     세계 역사에서 1949년의 중국은 강대하면서도 빈약한 국가였다. 사회주의 진영에게는 흥분을, 서방 자본주의 국가에게는 공포를 주는 국가였다. 세계 인구의 5분의 1을 사회주의 진영에 가입하게 함으로써 국제정치의 중대한 구조적 전환을 실현했다. 그러나 경제적으로는 세계 평균 수준을 한참 밑돌아 어떠한 흡입력 있는 발전모델도 제공할 수 없었던 동방의 한 국가였다. 제2차 세계대전이 끝난 후 일정한 시기의 특수한 국제적 배경과 항일전쟁 및 해방전쟁이라는 특수한 국내적 상황은 중국공산당 영도하의 이 국가로 하여금 건국 초기에 바로 소련

'일변도(一边倒)'의 대외방침 실행을 결정하게 했다.[4]

신중국 외교의 최초 단계는 바로 이러한 형식으로 깊이 각인되었다. 국제체제의 위치에서 중국은 전후 얼마간의 시기에는 표면적으로 여러 전승국과의 등거리 외교에서 실제로는 소련을 리더로 하는 사회주의 진영의 동맹협력관계로 매우 빨리 변모하게 되었다. 스스로의 자각이었건 어쩔 수 없었건 간에 이러한 위치는 냉전 개시 이후 "동풍이 서풍을 누르지 않으면, 서풍이 곧 동풍을 누를 것이다"라는 글로벌 정치논리에 대응한 것이었다.[5]

당연히 지적해야 할 것은 냉전적 사고(思考)가 점차 유행하던 시기에 중국 외교는 여전히 평화공존 5대 원칙을 열심히 제창했다는 것이다. 중국은 새롭게 독립한 수많은 저개발국가들과 동지 혹은 우방관계를 맺었다. 동시에 중국 외교의 제도화, 국제관계에 따른 사무처리, 국제사회와의 대화 및 협력에 대한 초보적인 경험을 축적했다.

그런데 1956년 소련공산당 20차 대회[6] 이후 국내외의 각종 원

---

4) 이에 관해서는 외교부 당안 전문가인 아래의 책 참조. 徐京利：《另起炉灶: 崛起巨人的外交方略》, 世界知识出版社, 1998년. 특히 제9장 "집안을 청소하는 압제자의 행동"(打扫屋子的铁腕行动), pp. 272-313을 참조할 것.

5) 마오쩌둥 연구의 저명한 외국 학자는 이 시기의 발전에 대한 모든 실마리에 대해 비교적 객관적인 판단을 내렸다. 그는 "총괄적인 결과는 일종의 굴절된 발전이었다. 이 과정에서 강조된 중점은 간헐적으로 어느 한 시기에는 낙후된 국가의 공업화에 대한 각종 어려움이 장애가 됨을 강조했다. 다른 시기에는 새롭게 해방을 맞이한 각국의 모든 인민, 특히 중국인이 고유하게 가지고 있는 비범한 능력을 강조했다. 이런 능력이 그들로 하여금 자기들의 의지에 따라 세상을 바꿀 수 있다는 것이었다"고 지적했다. (미국) Stuart R. Schram:《마오쩌둥(毛泽东)》, 红旗出版社, 1987년, pp. 241-242.

6) 역자 주: 소련공산당 20차 대회는 소련공산당뿐만 아니라 전 세계 공산당 국가에 매우 중요한 전환점을 제공한 대회였다. 흐루시초프는 이 대회에서 첫째로는 스탈린의 개인숭배에 대한 비판이 있었다. 둘째로는 삼화(三和)이론, 즉 평화공존(和平共处), 평화경선(和平竞赛), 평화이행(和平过渡)을 주장했다. 자료출처: 중국 바이두(百度) 검색, '苏联共产党第二十次代表大会', 검색일 2014년 1월 10일. http://baike.baidu.com/view/1149053.htm?fromId=308868

인에 의해 중국공산당과 소련공산당은 점차 멀어져갔고, 결국 제각기 제 갈 길을 가면서 대립하게 되었다. 이러한 커다란 배경의 전환에 따라 중국의 외교 역시 부득불 어느 정도의 조정이 필요했고, 더욱더 '좌(左)' 성향으로 나아가게 되었다. 이것은 또한 미국 주도의 국제체제가 중국에 대한 의구심과 배척의 태도를 강화하도록 했다. '문화대혁명(文化大革命)' 시기에 이르러서는 국내 정치의 이른바 '극좌(極左)' 성향이 최고봉에 도달했다. 중국 외교가 저우언라이(周恩来) 체제하에서 유지해온 온건하고 온화한 방침에 대해서도 영향과 피해를 주었다.

전체적으로 점차 '좌' 편향의 마오쩌둥 시대는 최후의 단계에서 어떤 조정 동향이 나타났다. 특히 중국이 유엔 안보리 상임이사국의 지위 회복과 중미 대화를 시작함에 따라 중국 외교의 시계추는 다시 움직이게 되었다. 국제체제의 중심을 향해 추진하는 형세로 나타났지만, 이러한 형세는 짧고 미약했다. 이후 덩샤오핑이 주도한 개혁개방 과정처럼 중국을 건설적으로 인도하여 국제체제에 편입시킨 것과는 달랐다. 국내 정치의 질서가 상실됨에 따라 중국은 국제사회에서의 전체적인 역할도 계속해서 주변화되었다. 중국과 세계의 관계는 근본적인 개선이 없었다. '무산계급 독재정치 조건하에서의 지속적인 혁명'이라는 지도사상은 이 시기의 중국 외교에 대해 커다란 손실을 발생시켰다.[7]

상세히 관찰해보면, 초기 30년 동안 중국의 대외정책은 '좌' 편향 방침에서 '극좌' 노선으로의 점차 강화된 영향을 받은, 이전과는 서

---

7) 필자가 볼 때, 중국 외교학계의 마오쩌둥 시대에 대한 중국 외교 방향 및 그 실천에 대한 평가는 분명하고, 공평타당하며, 공감대가 형성되어 있다. 아래에 열거하는 저작들을 참조할 것. 谢益显主编:《中国当代外交史(1949~2001)》, 中国青年出版社, 1997년; 张历历:《当代中国外交简史》, 上海人民出版社, 2008년; 叶自成:《新中国外交思想: 从毛泽东到邓小平》, 北京大学出版社, 2001년; 郝雨凡等编:《中国外交决策: 开放与多元的社会因素分析》, 社会科学文献出版社, 2007년.

로 다른 단계로 구분할 수 있다.

1) 1949~1956년: 국제 지위를 찾는 건국 초기

중화인민공화국의 건립은 당시 세계에서 가장 역사적인 의의를 가진 크나큰 사건이었다. 거의 대부분의 국가가 모두 인식했지만, 마오 쩌둥 시대의 중국은 이전처럼 남의 눈치를 살피거나 심지어는 마음대로 유린당하는 '동아시아의 병자(东亚病夫)'가 아니었다. 의지가 강하고 독자적으로 결심하는 동방의 사회주의 국가가 된 것이다. 중국공산당은 유일한 집권당으로서 아주 힘들고 어려운 전쟁의 승리와 광범위한 대중의 지지를 통해 국가를 통치할 권리(权利)와 위치를 얻었다. 전체적으로 중국 대륙의 판도가 다시는 서방이나 제정러시아 등의 열강에 의해 분할되지 않았으며, 진정으로 중국공산당과 중국인민해방군 및 중국 인민의 수중에 있게 되었다. 이것은 곧 1840년 아편전쟁 이래 처음으로 실현한 국가 주권의 회복과 보장 및 보호였다.

1949~1955년에는 신중국 역사상 제1차 외교수립의 물결을 볼 수 있다. 소련을 필두로 하여 유럽, 아시아, 아프리카의 광범위한 지역에 골고루 퍼져 있는 22개 국가와 사회주의 신중국이 정식으로 외교관계를 수립했다. 비록 주요 선진 자본주의 국가의 승인을 받지 못했고, 여러 주변 국가들과의 경계선 분규에 대해서도 완전한 해결을 보지 못했지만, 새로 탄생한 적색정권이 처음으로 세계적인 범위에서의 승인을 획득한 것이다.[8] 신중국 외교의 조타수인 저우언라이가 초기에 구

---

8) 张历历:《当代中国外交简史》, 上海人民出版社, 2008년, pp. 46-64를 참조할 것.

상했고, 저개발국가의 주요 대국인 인도와 공동으로 주창한 '평화공존 5대 원칙'은 반둥회의(혹은 아시아-아프리카회의, Asian-African Conference, Bandung Conference, 万隆会议)와 기타 회의를 통해 어느 정도 호응을 얻으면서 전파되었다.

이 시기의 중국은 여전히 국제체제의 중심적 위치에서 상당히 멀리 떨어져 있었다. 냉전이 시작된 후의 글로벌 대치 태세는 이미 중국과 서방 주도의 유엔으로 상징되는 국제사회의 관계로 굴절되었던 것이다. 당시의 국제환경하에서 중국은 유엔과 다수의 중요한 국제조직으로부터 배척되었다. 이로 인해 단지 소련과 사회주의 진영에 의지하는 방침을 선택할 수밖에 없었다. 소련 모델은 정치, 경제, 문화 및 이데올로기의 각종 측면에서 중국이 전면적으로 수입하여 뿌리를 내리게 되었다. 마오쩌둥은 '새출발(另起炉灶)', "집을 깨끗하게 청소한 뒤 손님을 맞이하자(打扫干净屋子再请客)", 그리고 (소련 사회주의) '일변도(一边倒)'의 이미지 화법을 사용하여 이 시기의 국제관계에 대한 중국의 중요한 결정을 제시했다. 특수한 역사적 원인에 따라 제2차 세계대전 이후 출현한 국제 화해와 협력의 기상도가 중단되었고, 중국과 세계의 관계도 총체적으로는 '화합'과 '협력'의 궤도에서 멀어졌다.

중국의 대외무역은 (소련이라는) 한 방향으로 향하게 되었고, 기본적으로는 자급자족 위주에 소련으로부터 일정 부분의 원조가 추가되었다. 해외에서 거두어들이는 이익이 중국의 경제발전에서 차지하는 비중은 매우 작았고, 중국이 세계 경제에서 차지하는 비중 또한 미약했다. (항일전쟁과 내전 그리고 한국전쟁 참전 등으로) 그동안 내버려두었던 일들에 대해 일일이 손을 봐야 하는 상황에서 중국인은 지역적이거나 세계적인 공공재를 제공할 수 없었다. 중국이 가입한 국제조직의 숫자도 매우 제한적이었다. 주로 참가한 것은 소련연방이 설립한 여러 국제기구들이었다. 예를 들면 노동조합, 청년단, 부녀연합 및 평화운동 영역 같은 것들이었다. 이 시기에 신중국과 외부 세계는 마찰이 막 시작되었고, 양 진영의 압력과 영향이 점차 나타나기 시작했다. 자리를 찾는 노력에서는 일정한 성과가 있었으나, 냉전에 임박한 객관적인 형세로는 중국의 전체적인 내정과 외교의 방향에 제약이 되었다. 사회주의를 채택한 중국은 결국 소련의 편에 서게 되었고, 서방과는 냉전이라는 대치적 대국이 형성되었다.

2) 1956~1965년: 점진적인 '좌경화(左傾化)' 단계

비록 동서양의 대치와 냉전의 전체적 국면이 변화하지는 않았으나, 이 시기에 사회주의 국가 내부에서 심각한 균열이 있었다. 소련 공산당 20차 대회를 개막하는 자리에서 흐루시초프는 스탈린을 비판했다. 이로 인해 발생한 폴란드와 헝가리 사건은 사회주의 진영에 거대한 풍파를 일으켰다. 마오쩌둥과 중국공산당은 놀라서 멍해지지 않을 수 없었으며, (폴란드와 헝가리에서 일어난 반소운동이) 계속해서 강렬한 저항으로 나타나 결국 소련연방과의 결별을 선택하게 되었다. 후세의 사람들이 중소분열의 원인과 책임에 대해 어떻게 판단하든 중국 최고 지도자로서 마오쩌둥의 태도와 결정은 곧 중국과 전체 외부 세계와의 관계에 대한 판단이었다. 이러한 논쟁의 직접적인 결과 중의 하나는 중국의 내정과 외교가 더욱 '좌경화' 방향으로 조정되었다는 것이다. 중국 국내에서는 '혁명운동'이 더욱 거세게 일어나게 되었다. 대외적 사무에는 '좌경화'에서 오는 압력이 존재했고, 중국인의 세계관과 글로벌 전략은 동서 양대 진영 간의 '중간지대'를 더욱 중시하게 했다.

이 시기의 중국인이 어디에 위치해 있든 간에 원래부터 존재했던 서방 제국주의의 위협 외에도 소련이 '큰형님(老大哥)'으로서 중국을 제압하려는 야심에 대한 우려도 증가되었다. 국가 주권의 보호라는 임무는 더욱더 무거워져서 쉽지 않아 보였다.

이 시기에 중국과 새로 독립한 아시아, 아프리카 그리고 라틴아메리카 국가들과의 관계는 더욱더 밀접해졌다. 새로 수교한 27개 국가 중에는 24개의 '가난한 형제국'이 있었다. 대부분이 비사회주의적인 주변국과 중국의 관계는 오히려 그다지 개선되지 않았다. 외교 정상화나 영토분쟁의 해결에 관한 일 등에서도 적극적인 추진 현상이 없었을 뿐 아니라, 인도와의 국경전쟁은 저개발국가로서 당연히 서로 고난을 나누어야 할 두 대국관계의 취약한 면을 드러냈다.

이전 시기와 마찬가지로 중국과 세계경제의 교류는 여전히 매우 적었으며, 전 세계적으로 급속하게 발전하는 국제무역과 투자 그리고 과학의 진보는 거대한 인구대국에 거의 아무런 영향도 미치지 못했다. 건국 초기의 일부 시기에 소련의 갑작스런 원조 중단은 본래 미약했던 공업 기초의 조성마저 적지 않은 타격을 주었다.

한 가지 의미 있는 것은 중소분열로 인해 예측하지 못했던 결과가 생겼다는 것이다. 중국은 서방 자본주의의 지배를 받는 것을 원하지도 않았고, 소련진영에 의존하는 국가나 지역으로부터 환영받거나 떠받들어지는 것도 바라지 않았다. 그런데 중국은 제3세계의 중요한 구성원으로서, 제3세계가 중국의 우방이라는 사상이 자연스럽게 싹트기 시작한 것이다. 이것은 다음 시기에 마오쩌둥이 제시할 유명한 '제3세계

(第三世界)'에 대한 논리적 기초를 다지게 했다.

중국 국내정치의 권위에 대한 해설과 교과서에서는 '문화대혁명' 이전의 10년이 통상적으로 여러 가지 착오를 범한 것으로 인식되고 있다. 그러나 그와 동시에 풍부한 개선과 성장 잠재력을 가진 일단의 시기였다. 단지 이후 이러한 과정이 '극좌' 노선으로 중단되었던 것이다. 따라서 필자가 보기에는 '문화대혁명' 이전 10년과 '문화대혁명' 이후 10년 사이에는 내재적인 논리적 연계가 존재한다. 그것은 약(弱)에서 강(强)으로, 작은 것에서 큰 것으로 변화하는 일종의 실마리가 있다는 것이다. 즉, 마오쩌둥의 공산당에 대한 지도사상과 정치방침에서 이른바 강력하게 추진한 '끊임없는 혁명'이 줄곧 하나의 결정적인 방향이었다는 것이다.[9]

저우언라이로 대표되는 '온화한 사상'과 '협력'이라는 외교 방침은 분명히 압력을 받게 되었다. 중국 국내 경제·사회의 건설 영역에 대한 상황도 마찬가지였다. 외부의 강권탄압과 내부의 '좌' 경향이라는 이중 작용 아래에서 중국의 대외관계는 점차 긴장된 방향으로 변해갔다. 의심과 투쟁의 태도가 점차 주도적인 지위를 점하게 된 것이다.

---

9) 당연히 인정해야 할 것은 '문화대혁명' 10년의 중국 외교에 대해 지도사상이나 행동방침 혹은 구체적인 과정이든 간에 중국 외교학계의 토론이 매우 부족하다. 많은 부분에서 부족함과 오판이 있다. 모호하고 정확하지 않으면서 겉모습만 같을 뿐 실제로는 서로 상당히 다른 인식이 있다. 이러한 상황이 나타난 것은 총체적으로는 중국학계의 '문화대혁명' 역사에 대한 검토가 부족한 데 기인한다. 많은 정치적 민감성과 깊이를 연구함에 있어 불편한 국면의 존재가 함께 연관된 것이기 때문이기도 하다. 필자 역시 시간의 추이에 따라 외교학의 후학들이 더욱더 평정심을 가지고 객관적이고 세심한 연구를 통해 이 단계의 역사를 서술할 필요가 있다고 본다.

3) 1966~1976년: 중국 대외관계의 시련기

이 시기부터 우방이었던 중소 양 진영 사이에는 일촉즉발의 긴장이 고조되었다. 쩐바오다오(珍宝岛, 구소련명은 다만스키) 충돌로 점화된 불씨는 거의 전면전쟁을 일으킬 뻔했다. 이와 동시에 중국은 미국을 위시한 서방세계와의 관계에서도 여전히 일종의 상호 적대적인 형세였다. 말하자면, 이 시기에 중국인이 부딪치고 느낀 것은 심각한 안보 위기감이었다. 역사에 전례가 없던 일종의 양대 초강대국에게 동시에 봉쇄되고 억제되는 국면이었다. 국내에서는 '문화대혁명'이라는 특수한 정치 배경하에서 '극좌(極左)' 노선이 극단적인 상태에까지 이르렀다. 한때 각 부문에서의 생산과 건설이 멈춘 상태에서 '무산계급 독재 조건하의 지속적인 혁명' 그리고 제국주의와 '사회제국주의'의 화근을 뿌리 뽑는 총체적 요구에 대해 어쩔 수 없이 복종하고 따를 수밖에 없었다.

분명히 외교 사무 역시 부정적인 영향을 받을 수밖에 없었다. '3작1소(三砸一烧)' 사건[10] 같은 악질적인 행동에 대한 영향 외에도 세계인들은 중국이 제시한 "여전히 고난을 겪고 있는 3분의 2 지역을 해방하자"거나 '세계의 공산화 실현'이라는 구호를 보게 되었다. 인도네시아 등의 동남아 국가와 아프리카 일부 국가에서도 비슷한 '혁명수출'의 방법을 보았다. 또한 중국이 아낌 없이 원조를 제공하는 알바니아, 베트남 등 사회주의 국가들과는 '동지와 형제로'라는 특수한 우방관계를

---

10) 역자 주: 문화대혁명(1966년 5월~1976년 10월) 기간 중이던 1967년에 발생했다. 중국인이 인도와 인도네시아 및 미얀마의 주중대사관을 부수고, 주중 영국대표처를 불태운 사건이다. 자료출처: 바이두(百度) 검색 '三砸一烧', 검색일 2014년 1월 10일. http://baike.baidu.com/link?url=JA4oR9zAl32Rp7_rBuMsPqzlT2nBUymnURnzWwBfEoH8BHSsgSL9MOA7MMaNMSxv4smgZonczR7celAxSz2Sga

보게 되었다. 설령 비록 상대적으로는 약세의 위치에 있다 해도 전 세계 각지에서 반제국주의와 반식민지 세력이 마오쩌둥의 사상과 정책에 대해 이쪽저쪽에서 들고 일어나 호응하는 것을 보았다. 동방에 위치하면서 전통적인 소련 사회주의 진영과 소련식 전략과는 다른 또 하나의 적색 중심이 있다는 것을 보게 된 것이다.

일반 교과서에서 세계사에 관해 다룬 대부분의 기록은 위에서 서술한 것과 같다. 즉, 중국과 주류 국제사회 및 주요 진영의 전면적인 대치이다. 그렇지만 "전면 출격하여 두 주먹으로 사람을 치자(全面出击, 两个拳头打人)"라는 '모반파(造反者)' 표면의 배후를 세세히 관찰하면 어렵지 않게 발견할 수 있는 것이 있다. 실제로 20세기 들어 1970년대 초를 시작으로 하여 중국 외교는 마오쩌둥과 저우언라이의 지도 아래 미세한 조정이 나타난 것이다. 즉, 미국과 소련의 글로벌 패권 다툼에 적응하기 위해 중국에게는 틈새에서 변화와 생존의 기회를 찾는 국면이 주어졌다.

'제3세계' 이론은 중간지대 학설에 대한 중요한 발전이었다. 양 초강대국의 제1세계, 서방 자본주의 다수 국가의 제2세계, 그리고 아시아와 아프리카 및 라틴아메리카로 조성된 광대한 제3세계에서의 중국의 입장을 말하는 것이다. 즉 제1세계의 패권에 반대하고, 제2세계와의 협력을 추구하며, 제3세계의 사업을 지지한다는 중국의 입장을 확고하게 드러냈다. 마오쩌둥은 소련에 대한 미국인의 공포를 이용하여 닉슨의 방중을 요청했고, 중미 간 대화와 화해의 포문을 열었다. 이로써 중국은 안보 위기에 대한 압력을 크게 완화시킴과 동시에 글로벌 전략적 지위도 유리하고 탄력적으로 변화시킬 수 있었다. 제3세계 신흥 독립국가의 폭넓은 지지를 받은 중국은 유엔 등 주요 국가조직에서도 위치를 회복했다. 이로부터 중국은 국제사회의 관계 개선을 위한 조건을 만들게 되었으며, 이것이 이후 덩샤오핑의 개혁개방 정책을 위해 사실상 어떤 조건을 제공하게 된 것이다.

뒤에서 다시 거론하게 되지만, 이러한 변화는 '극좌' 시대의 중국 국내정치의 분위기를 근본적으로 전환시키지 못했고, 대외관계의 긴장과 대치 국면도 근본적으로 바꾸지 못했다. 또한 외국 역사학자들의 시각 위주로 줄거리를 추종하여 그 당시를 기록하지도 않았다. 이것은 완전히 복잡한 화면을 분석함에 있어서 필요한 요소이며, 20세기 1970년대 후반기에 대한 미래지향적인 변화를 해독하는 열쇠 중의 하나이다.[11]

이전 시기와 마찬가지로 영토 완성을 포함한 중국의 국가 주권 보장과 보호의 정도를 평가해보면 양면성이 보인다. 한편으로는 마오쩌둥 시대의 중국이 스스로의 주권과 영토를 성공적으로 보호했다는 것이다. 다른 한편으로는 특히 1960년대 후반 들어 전대미문의 압력에 직면했다는 것이다.

중국이 유엔 상임이사국 지위를 회복하자, 중국과 미국의 상호 교류로 인해 많은 나라들이 중국과 수교하는 새로운 물결이 고조되었다. 여기에는 일부 서방국가가 포함되었다. 1966~1977년 사이에 62개 국가가 중국과 정식 외교관계를 수립했다. 중국을 고립시키거나 심지어 사회주의 신중국을 없애버리겠다는 모략은 철저하게 실패했다. 중

---

11) 이예즈청(叶自成) 교수는 마오쩌둥 외교사상과 전략의 분석에서 비교적 복잡하고 비교적 변증법적인 사상이 있다고 했다. 그는 마오쩌둥의 외교사상 중에는 국가와 민족의 이익을 보호하려는 일면이 있으나, 동시에 그의 마음속에 미국을 수반으로 하는 서방세계의 패권에 대한 깊은 불만과 도전의 의지라든지, 마오쩌둥의 외교전략 속에 복잡하고 모순된 관계가 보인다고 주장했다. 叶自成:《新中国外交思想: 从毛泽东到邓小平》, 北京大学出版社, 2001년, pp. 128-139를 참조할 것.

국은 국제사무에서 독립적이며 구속받지 않는 강력한 정치적 이미지를 보여주었고, 마오쩌둥의 혁명사상은 광범위하게 퍼지게 되었다.

전체적으로 관찰해보면, 중국과 주변국의 관계는 긴장되고 불안했다. 중소 국경 문제는 여전히 도화선이었다. 중국은 한반도의 냉전 정세에 제약을 받았으며, 베트남 원조를 통해 항미전쟁에 끌려 들어갔다. 중국과 남아시아의 관계도 매우 냉랭했으며, 아세안 각국과도 심각한 대립이 있었던 것이다. 이러한 것들이 '문화대혁명' 시기의 중국과 주변국 관계의 특징으로 굴절되었다. 중국은 세계 경제에서 여전히 주변화에 머물러 있었다. 기세등등하게 발전하는 글로벌 과학기술의 흐름은 중국과는 별로 상관이 없었다. 중국은 많은 국가들에게 혁명의 포부와 구체적인 전략을 수출하는 적색위협으로 인식되었다.

'문화대혁명' 10년은 마오쩌둥 시대의 중국 외교관계에 매우 부정적인 영향을 주었다. 중국 외교부문이 이를 만회하려 얼마나 노력했는지와는 상관없이 국제무대에서 중국의 호전적 이미지는 점점 확고하게 자리를 잡았으며, 그대로 전파되었다. 중국과 주변 국가는 여전히 전체 외부 사회의 관계에서 '다툼'이 '화해'보다 많았다.

종합하자면, 신중국 건국 후의 첫 30년은 성과와 실패가 공존한 시기였다. 이 시기에 마오쩌둥은 개국 지도자이자 높은 명성을 가진 정치인물로서, 인류의 5분의 1에 해당하는 인구의 적색정권을 창조했다. 중국을 지배하고 자본주의 제도로 천하를 통일하려는 서방 열강의 꿈을 분쇄했으며, 중국 스스로 사회주의 시대로 가기 위한 기초를 닦았다. 독립 자주의 신중국은 세계의 동방에 우뚝 섰으며, 몇백 년 동안 자본주의 선진국가들이 주도하던 당시의 국제체제를 강렬하게 뒤흔들었다. 전체적으로 보면, 신중국 제1세대의 집권자는 기본적으로 혁명전쟁 시대의 정신과 방법을 고수했다. 평화발전 시대에 완전히 적응하지 못했고, 특히 과학기술의 진보나 민생 방면의 요구에 대해서는 더욱 그러했다.

대외관계 영역에서는 혁명전통의 연속과 국제외교 관례에 대한 적응이라는 두 가지 요소 간의 관계가 있었다. (이 두 가지가) 이 시기 중국 외교의 미묘하고 복잡한 이중 화음을 구성했지만, 결국 전자가 대부분 억압적인 우세를 보였다. 마오쩌둥 시대에서 '사회주의'의 목표는 인민의 혁명 이상(理想)을 끊임없이 배양하는 것이었다. (특히 미국 같은) 제국주의와 사회제국주의('수정주의' 소련의 대명사)에 대한 세계 혁명을 추진하고, 중국 혁명의 성지라고 할 수 있는 옌안의 홍색 깃발을 장차 아시아와 아프리카 및 라틴아메리카에 꽂는 것이었다.

이 30년 동안 어떤 빛나는 점과 미세한 조정이 있었는지와는 상관없이 '좌' 편향인 것은 분명하다. 중국은 외부 세계와의 교류도 적었으며, 이익 획득 또한 매우 적었다. 소련으로부터의 위협에 대항하기 위해 수립된 중미 간의 준(準)우방적 관계는 쌍방의 정책결정권자들이 보기에는 단지 일종의 일시적인 계책일 뿐이었다. 중국과 외부 세계의 관계는 투쟁이 협력보다 크고, 서로 시기하는 것이 서로 협조하는 것을 초월하며, 대치가 대화보다 많은 관계였다. 일종의 '모반자(造反者)'가 '권세를 가진 자(权势者)'에게 대항하는 형세였던 것이다. 중국은 마치 국제체제의 울타리 밖에 서서 끊임없이 항쟁하는 고독한 혁명가 같았다.

3.
덩샤오핑 시대:
개혁개방 협력

개혁개방 이후의 30년은 중국과 외부 세계의 관계에서 세 번째 큰 분석틀이다. 여러 가지를 고려하여 이 시기를 '덩샤오핑(鄧小平) 시대' 라고 칭하는 것은 매우 적절하다.

첫 30년과 비교하자면, 덩샤오핑 시대는 경제건설이 중심이 되는 시기이다. 모든 영역과 작업이 발전을 위해 가동되고, 종합국력의 상승을 민생에 유리하게 고려하는 궤도로 완전히 전환되었다. 경제건설에 무게중심을 두는 체제와 관념에 일체 부적합한 것에 대해 모두 이러저러한 개혁이 진행되었다. 대외개방, 특히 서방 선진 경제체제의 개방과 경험을 경제발전의 참고 과제로 삼았다. 이러한 전환과 조정으로 이전 시기의 혁명 이데올로기의 색채는 점차 약해지게 되었다.

중국의 외교적 사무는 매우 빨리 새로운 주제와 요구에 적응했고, 국내의 변화를 보호하고 창조적 조건을 위한 새로운 방침과 분위기를 만드는 데 주력했다. 덩샤오핑 시대의 주제에 대한 판단은 하나의 전환적 의미의 중대한 판단이었다. 세계대전을 피할 수 있었으며, 중국이 스스로 발전할 수 있는 기회를 잡게 했다. 이것은 이전에 세운 세계적 혁명, 외세 침략에 대한 대비, 심지어 핵전쟁 같은 전쟁준비의 인식에서도 근본적인 차이가 있었다. 이것은 중국인의 머릿속에 경제건설에 대한 신념과 지혜를 서서히 양성시켰고, 다른 사회제도와 이데올로기 국가들과의 교류협력에 대한 용기와 방법을 장려하게 했다.

비교해서 말하자면, 마오쩌둥 시대의 중국이라는 커다란 함선의 주요 항해 목표는 형형색색의 각종 대내외 반동세력에 대한 항쟁이었다. 국가의 정치독립이 간섭받지 않도록 확고히 하여 '중국 인민이 일어서도록' 하는 임무를 실현함으로써 100년의 치욕을 한 번에 쓸어버리는 것이었다. 덩샤오핑 시대의 기본 항해 방향은 중국 인민이 배부르고 부유해지도록 노력하는 것이었다. 개혁개방을 수단으로 하여 중국에서 시장경제의 수립을 추진하고, 노동자의 각종 욕망을 유발하는 것이었다.

그 과정에서 당연히 무수히 많은 곡절이 생겼고, 각종 문제와 성가신 일들이 출현했다. 그러나 덩샤오핑 집권 시기부터 장쩌민(江澤民)이 이어받고, 다시 후진타오(胡錦濤)에 이르기까지 이들 지도자 그룹은 30년간 중국공산당 11기 3중전회에서 결정한 항해 방향에 대해 줄곧 변함이 없었다. 경제목표 우선은 최고의 보장을 받았고, 이로 인해 중국의 종합국력과 인민의 생활수준은 끊임없이 진보했다. 이러한 커다란 배경하에서 중국 외교의 방향이 결정되었고, 중국과 세계 간의 관계 개선이 이루어졌다.

이 30여 년간 세계는 활력이 넘치는 하나의 참된 새로운 신흥대국을 느꼈을 것이고, 중국인이 세계의 아름다운 비전을 이해하고 있다는 것을 알게 되었을 것이다. 이로 인해 중국에 대해 이견과 적의를 품고 있던 국가들은 갈수록 중국의 소리를 누를 수 없다는 것과 중국을 배척하고서는 여러 가지 글로벌 혹은 지역 문제를 해결할 방법이 없음을 알게 되었을 것이다. 세계적 범주에서 마침 이 시기는 경제 글로벌화, 지역경제 집단화, 지역경제 통합화가 급속하게 발전하는 단계였다. 중국이 국제경제와 긴밀하게 연결되어 상호 협력하는 과정이었고, 점차 세계 최대의 신흥시장으로 발전했다. 중국은 글로벌 경제를 이끄는 중요한 동력이 되었으며, 대국으로서 글로벌 의식과 영향력을 처음으로 갖추게 되었다.

마찬가지로 덩샤오핑 시대 역시 한 번에 이루어진 것이 아니라, 하나의 굴절된 경험의 과정이 포함되어 있다.

1) 덩샤오핑 시대: 개혁개방 과정의 시동

중공 11기 3중전회의 상징이자 개혁개방의 총설계자인 덩샤오핑의 영도하에 중국은 20세기 1970년대 후반에 전면적으로 새로운 발전단계에 진입하게 되었다. 이것은 중국의 국내 정치·경제·사회 발전에서 완전히 새로운 단계이자, 중국과 전 세계 각 부문의 관계가 급격하게 완전히 새로운 단계로 돌진하는 것이었다. 신중국 역사상 덩샤오핑은 마오쩌둥과는 차별된 국제전략 사상을 제시한 첫 정치 지도자였다. 이러한 새로운 항해 방향에 대해서는 측정할 수 없는 중요한 의의를 지닌다.

첫째, 개혁개방 항로로 가기 위한 시동으로 세계대전은 피할 수 있고, 평화와 발전이 바로 당시 세계의 주제가 되어야 하며, 중국이 '4개 현대화'[12]와 개혁개방 정책 실천을 판단할 시기를 잡아야 한다고 역설했다.

이로 인해 중국의 내정과 외교에 여러 가지 새로운 조치, 새로운 계획, 새로운 상황이 출현했다. 예를 들면 현실에 따른 변화와 동시에 미국 및 소련과의 관계 개선(중미 수교, 중소관계 정상화 담판 개시) 등이다. 동맹을 맺지 않는 독립 자주의 평화외교 정책을 정식으로 선포했다. 외교 업무는 국내 경제건설에 봉사하는 핵심 임무로서 기업과 자본의 대량 유치, 청년들의 해외 유학 장려, 서방 선진 자본주의 국가를 포함한 국제사회와의 경제 무역관계의 발전을 장려했다. 덩샤오핑은 "흰 고양이든 검은 고양이든 쥐를 잡으면 훌륭한 고양이다"라는 이론을 제시했다. 사회주의가 절대로 빈곤하고 낙후된 것과 동등한 의미가 아님을 강조했고, 상품경제와 시장체제의 경험을 장려했다. 경제특구와 토지위탁 책임제(土地承包責任制) 및 '1국 양제(一国两制)'로 홍콩과 마카오 문제를 담판으로 해결하는 등 여러 가지 측면에서 중국과 서방 관계의 발전에 대한 각종 의구심을 없애는 데 주력했다.

바로 이러한 것들이 중국사회로 하여금 경제회복의 생기와 활력을 갖게 한 것이다. 중국을 글로벌 최대 신흥시장으로 육성시켰으며, 중국의 미약한 경제성장과 세계 경제의 주류가 서로 격이 맞지 않던 국면을 변화시켰다. 이 시기를 시작으로 중국 경제와 세계 경제의 의존도는 대폭 증가되었다. 외부 요소의 중국 발전에 대한 공헌도도 급속하게 상승했으며, 글로벌 경제에 대해서도 이전과는 달리 능동적인 작용을 하게 되었다.

---

12) 역자 주: '4개 현대화(四个现代化)'란 공업 현대화, 농업 현대화, 국방 현대화, 과학기술 현대화를 지칭한다.

둘째, '베이징의 정치 풍파'[13] 이후 특수한 역경기(1989~1992년)가 있었다. 소련 연방의 해체, 동구권의 몰락, 서방의 적극적인 제재, 중국에게 불리하게 바뀌는 국제 분위기에 직면하게 된 것이다. 국내의 각종 어려움과 혼란, 나아가 국제적 비난이라는 거대한 압력에 직면했다. 이때 덩샤오핑은 대외적으로 "냉정하게 관찰하고, 침착하게 대응하며, 조용히 실력을 길러 필요할 때 맡은 바 역할을 다해야 한다"[14]는 점을 요구했다. 대내적으로는 개혁개방을 변동 없이 추진해야 하고, 경제건설이 여전히 전 국면의 중심적 전략의 결단임을 요구했다.

이 시기의 어려운 환경 아래, 덩샤오핑에게는 국제정세와 연관된 각종 중요한 판단과 중국의 주권 안전과 발전 기회에 대한 여러 가지 계획이 있었다. 소련 연방의 해체 원인에 대한 분석, 미국의 패권 및 서방의 제재방식에 대한 반대, 국제정세에 대한 장기적인 전망, 발전 중인 국가가 맞이할 수 있는 새로운 도전, 중국이 장차 강대해져도 패권을 추구하지 않는 것, 중국은 음모(陰謀)를 꾀하지 않고 단지 '양모(阳谋)', 즉 '공개적인 전략'만 있다는 등의 깊고 예리한 논리를 펼쳤다. 이는 당시 중국이 처한 난관을 극복하도록 유도하면서 위기를 안정으로 전환시켰을 뿐만 아니라, 지금까지도 여전히 지도적인 의의를 갖고 있다.

덩샤오핑 집권 시기에 남겨진 풍부한 정신은 당대 중국 외교 역사상 마오쩌둥의 국제전략 사상을 이어가는 또 다른 위대한 업적이었다. 전체적으로 보자면, 덩샤오핑 시대는 중국 외교관계에서 새로운 발

---

13) 역자 주: '천안문 사건'을 간접적으로 표현한 것이다. 중국은 아직도 천안문 사건에 대해 자유롭지 못함을 느낄 수 있다. 중국의 향후 발전과정에서 천안문 사건에 대한 새로운 정립은 중국의 숨겨진 변화를 감지할 수 있는 좋은 지표 중의 하나로 생각된다.

14) 역자 주: 덩샤오핑의 유명한 방침으로, "冷静观察, 沉着应对, 韬光养晦, 有所作为"라는 이 말은 향후 중국 개혁개방의 국가통치 기본 이념으로 자리 잡았다.

전, 즉 양적인 발전과 질적인 상승이 있었다. 바로 이 시기의 영토 완성을 포함한 중국 국가 주권의 보장과 보호 정도, 중국과 수교한 국가의 숫자와 분포, 이웃 나라와 주변지구의 화해관계, 국민총생산에서 해외 이익 부문의 상승, 세계 경제에서 중국의 위치와 작용, 중국인의 글로벌 안전과 정치적 시각 및 영향력 등 이 모든 것이 개혁개방 이전과는 다른 분위기였다.

만약 마오쩌둥을 당대 중국의 가장 위대한 혁명가라고 한다면, 덩샤오핑은 당대 중국의 가장 뛰어난 설계사라고 할 수 있다. 한 사람은 신중국을 창립하여 첫 30여 년간 '사회주의 혁명'으로 깊은 각인을 남겼다. 또 한 사람은 개혁개방의 항로에 시동을 걸면서 이후 30여 년을 '사회주의 건설'이라는 역사적 지표를 남긴 것이다. 덩샤오핑 시기는 중국의 개혁개방과 현대화 과정에서 기초시기이고, 냉전 종결과 소련 연방의 해체라는 거대한 충격을 받았던 시기다. 국제적인 입장에서 보자면, 중국이 과거 '모반자(造反者)'의 역할에서 점차 '건설자(建設者)'의 위치로 전향한 것이다.

2) 20세기 1990년대: 굴절된 행진의 과도기

덩샤오핑 이후 장쩌민(江澤民)을 리더로 한 집단지도체제가 개혁개방의 대업을 계승했다. 집단지도체제는 중국을 잘 통치하여 일부 어려웠던 시기를 넘겼으며, 점차 좋은 방향으로 정세를 이끌었다. 대체로 이 시기는 20세기의 마지막 10년부터 신세기 초기까지이다. 글로벌 범주에서 보자면, 20세기 1990년대 전체는 냉전 종료 후의 적응과 조정기

였다. 중국 역시 1989년 이후부터 서방의 제재와 압력의 음영에서 걸어

나와 개혁개방의 형세를 회복하여 경제 글로벌화의 큰 조류에 진입한

시기였다.

실천적 측면에서 중국과 외부 세계의 관계를 볼 때, 이후 정권은

덩샤오핑이 열어놓은 항로의 방향을 따랐다. 중국의 정치 지도자층과

외교 부문은 중미 간 교류를 통해 인권 문제와 무역 문제를 분리했다.

중소 선린우호 협력조약(中俄睦邻友好合作条约)을 맺음과 동시에 상하이협

력기구(SCO)[15]를 설립했다. 또한 아세안 국가들과의 우호와 상호 이해

관계를 대폭 확장했다. 홍콩과 마카오의 귀속 문제를 평화롭게 처리했

으며, 몇 년간의 담판을 통해 세계무역기구 가입에 성공했다. 대만과의

양안 위기, 나토군의 영사관 오폭사건, 미국 첩보기 침입 등의 굵직한

위기를 적당히 잘 처리하는 등 점차 미국 및 서방의 제재와 봉쇄에 대

한 압력을 풀어가려 노력했다.

전략사상적 측면에서 장쩌민을 주축으로 한 지도층은 국내 발전

에 있어서 중국공산당의 심각한 변화를 예시한 '3개 대표(三个代表)'[16] 학

설뿐만 아니라, 대외관계에 있어서 전면적으로 중국의 평화발전 가능

---

15) 역자 주: 상하이협력기구(Shanghai Cooperation Organization, SCO)는 중국 주도로 러시
     아 · 카자흐스탄 · 키르기스스탄 · 타지키스탄의 5개국이 1996년 상하이 회담에서 처음 거
     론했고, 2000년 우즈베키스탄 합류 이후 2001년 6월 15일 상하이에서 정식 출범했다. 회원
     국 상호 간의 신뢰와 우호 증진, 각 분야의 협력관계 구축, 역내 평화와 안보 및 안정을 추구
     하기 위한 공조체제 구축 등이 이 기구의 설립 목적이다. 상호 간 신뢰 회복과 합동 군사훈
     련, 테러와 분리주의 및 극단주의 척결, 포괄적 동반자관계 구축 등이 주요 활동 업무이지
     만, 실제로는 중러 간의 협력을 통해 미국의 동아시아 패권에 대한 대응의 일종으로 보는 것
     이 일반적이며 비공개적인 관점으로 이해되고 있다.

16) 역자 주: 중국공산당은 ① 항상 중국의 선진사회 생산력의 발전 요구를 대표하고(始终代表
     中国先进社会生产力的发展要求), ② 항상 중국의 선진문화의 전진 방향을 대표하며(始终
     代表中国先进文化的前进方向), ③ 항상 최대한 많은 중국 인민의 근본 이익을 대표한다
     (始终代表中国最广大人民的根本利益).

성을 역설했다. '중대 전략 기회 시기'라는 판단을 제시하여 주변 국가(주로 한국과 아세안 지역)들에게 '평등협력, 호혜공생'의 새로운 안보관을 공시했다. 또한 국제사회에 대해서는 서로 다른 사회제도, 문화, 가치관의 다양성에 관한 방침에 대해 명백하게 규정하여 덩샤오핑의 외교 이론과 실천을 풍부하게 했다.

　　이 시기에 중국의 대외관계와 관련된 여러 중요한 지표들이 모두 상당히 높아지고 강화되었다. 예를 들면, 국가 주권과 영토 완성은 새로운 보장을 받았는데, 홍콩과 마카오가 귀속된 것이 특별한 상징이다. 중국과 국교를 맺은 국가로는 새로운 파격이 있었다. 북한과 전통적인 우호관계를 유지하는 전제하에서 한국과 수교를 맺은 것이 전형적인 사례이다. 주변 국가와 조화의 정도가 더욱 강화되었다. 특히 국경 문제 해결에 대해 공동 인식을 가진다는 기초 아래 러시아와의 전략적 협력관계를 맺은 것이다.

　　일련의 중대한 외교방침과 국제전략 사상도 제시되었다. 신안보관, 신발전관, 신문명관, 전략 기회 시기 개념 등이 있었다. 중국의 국가 이익 중에서 해외 이익의 비중이 끊임없이 상승하여 세계 경제에서의 중국의 역할이 계속해서 높아졌다. 중국이 경제 글로벌화의 중요한 수혜자와 추진자가 되었는데, 세계무역기구(WTO)에 가입한 것이 그 이정표가 되었다. 또한 지역 국제정치와 안보 계통에서 중국의 영향력이 증강되었다. 중러 주도로 설립된 상하이협력기구(SCO) 및 중국의 아프간 경제원조가 그 전형적인 사례이다.

　　그럼에도 이 시기에 여러 가지 부족하고 유감스러운 부분들도 있었다. 예를 들면 타이완 문제는 중국이 당면한 일대의 도전으로 점차 상승되어갔다. 중일관계는 중미관계나 중러관계 및 중유럽관계와 비교했을 때 진전이 더뎠다. 중국과 아프리카의 전통적인 우호관계도 새로운 난제를 맞이한 것 등이 바로 그것이다. 그러나 이 시기에 성장의 기틀을 굳게 다졌고, 국제적인 지위가 높아졌다. 외부 세계와의 관계에서도 파격적인 변화가 있었으며, 또 한 번의 도약식 성장을 실현했다.

이 13년간의 시작과 끝을 비교해보면, 거대한 진전이 있었음을 어렵지 않게 살펴볼 수 있다. 소련 연방의 해체, 동구권의 격변 및 '베이징 정치 풍파' 이후 중국 내에서 한때 시국이 불안정하고 형세가 열악해져서 국제적으로 중국의 앞날은 비관적이었다. 아마도 소련 연방 해체의 뒤를 따를 것이라고도 했지만, 신세기에 들어서면서 중국은 이미 현 국제정세에서 가장 희망적이고 능력 있는 신흥대국이 되었다.

3) 신세기 첫 10년: 쾌속 평화 굴기

신세기의 첫 10년은 통상 중국공산당 16기 전국인민대표대회 개최를 기점으로 한다. 덩샤오핑과 장쩌민에 이어 후진타오를 총서기로 하는 새로운 집단지도체제가 개혁개방 대업의 단계를 추진했다. 중국의 글로벌 영향력과 대외관계에서 지속적인 발전을 이룬 새로운 단계였다. 글로벌 시각의 관점에서 관찰하자면, 중국이 글로벌 대국으로 급속하게 성장하면서 국제세력의 판도에 심각한 변혁을 일으킨 시기이다. 동시에 국제사회가 중국에 대한 기대와 압력이 급격하게 높아지면서 해외에서 중국의 급속한 이익 성장이 원래의 국제질서와 마찰을 경험하게 되는 새로운 시기였다.

중국 국내의 이러한 배경 아래 집단지도체제는 '인민이 근본(以人

为本)', '조화사회(和谐社会)', '과학적 발전관(科学发展观)' 추진 등의 전략 목표를 제정하고 제시했으며, 덩샤오핑 이론을 더욱 풍성하게 했다. 외교 사무 중에서 내정의 요구에 서로 적응하기 위해 여러 가지 중요한 의의를 가진 조치들을 만들었다. 예를 들면, "인민이 근본, 인민을 위한 외교"라는 방침 제정, 외교 영사 보호제도의 개혁 출현, 국외 진출을 통해 중국 공민과 기업이 세계의 새로운 정세에 적응하도록 했다.

후진타오는 영구평화와 공동번영의 '조화로운 세계(和谐世界)'라는 구호를 제시했다. 외교부문은 조화로운 주변관계의 건설, 협조적인 대국 전략대화 및 협력관계, 저개발국가들과의 새로운 호혜공영의 개방전략 실행, 그리고 국제 다변 기제의 참여와 역할의 발휘에 있어 창의적이고 효과가 있는 행동의 실천을 구체적으로 추진했다. '평화발전 노선 견지'와 '국내와 국제의 두 가지 전면적인 정세 계획 수립'이라는 지도 방침은 중국의 대내와 대외 사무에 새로운 분위기를 조성했다.

이 시기에 중국의 외교제도는 여러 가지를 새롭게 수립했다. 예를 들면 새로운 외교 의전개혁을 추진하여 더욱 실무적이며 절약이 되도록 했다. 외교부는 대민 봉사를 위한 직접적인 여러 가지 처리를 추가했다. 대중외교 활동일 설립, 공중외교처 설립, 외교 역사의 점진적 개방, 네티즌과의 대화, 긴급 돌발 사건에 대응하기 위한 기제 설립, '국제연합요원과 관련요원의 안전에 관한 협약'[17] 가입 등이다.

---

17) 역자 주: '국제연합요원과 관련요원의 안전에 관한 협약(Convention on the Safety of the United Nations and Associated Personnel, 联合国人员和有关人员安全公约)'. 1994년 12월 9일 작성, 미발효. 비준국(批准國)은 4개국. 국제연합평화유지활동에 종사하는 요원에 대한 공격 등의 방지 및 처벌의 실효성을 높이는 것을 목적으로 한다. 'PKO요원안전협약'이라고도 하며, 전문 및 29개조로 이루어진다. 자료출처: 네이버, 21세기 정치학대사전, 검색일 2014년 4월 17일. http://terms.naver.com/entry.nhn?docId=726445&cid=503&categoryId=503

이 시기에 중국은 대외관계에서 긍정적인 진보를 이루었다. 특히 중국의 다변외교에 새로운 창조적인 변화가 있었다. 대규모의 영향력 있는 중국-아프리카 정상회담을 수차례 개최한 것이나 미국, 러시아, 일본, EU 및 각 지역의 강대국들과 전략적 협력 및 대화 채널을 도입한 것 등이다.

이 시기의 중국 외교는 중국 스스로의 이익에 대한 발전과 주권 안전의 기초를 보호하는 데 집중했다. 국제의무와 책임에 대한 참여를 늘렸으며, 중국인이 더 많은 국제조직의 고위직을 담당하고, 여러 국제 규범의 제정에 참여하도록 했다. 세계 위생기구, 국제금융기구, 유엔 평화수호 활동, 세계무역기구의 법원 제소, 헤이그 국제법원 등의 영역과 기제에 관련되도록 했다. 또한 중국이 글로벌 환경과 기후변화, 글로벌 무역의 새로운 담판, 글로벌 금융개혁과 위기 대응, 글로벌 대량 살상무기 확산방지와 반테러, 유엔 안보리 및 유엔대회 혁신 등의 역할에서도 더욱 커다란 인정을 얻게 되었다.

중국과 세계의 관계는 신세기 초에 역사적인 새 고점에 도달했다. 170여 개국과 정식 외교관계를 수립했고, 200여 개 국가 및 지역과 경제무역 교류가 이루어졌다. 중국은 세계 경제에 현저하게 기여하는 BRICs[18]의 선두주자가 되었다. 이 시기에 중국의 국가 권익의 보장 정도, 주변 국가와의 협력관계, 중대 외교전략의 출현 횟수, 중국의 글로벌 경제발전 선도력, 국제안전 보장력 등은 과거의 그 어떤 시기보다 초월했다. 최고 지도층에서 제시한 "국내와 국제의 두 가지 전면적인 정세 계획 수립"이라는 구호는 중국 각급 지방정부로 하여금 더욱더 외

---

18) 역자 주: BRICs란 브라질(Brazil), 러시아(Russia), 인도(India), 중국(China)의 영문 머리글 자를 딴 약어이다. 2010년 남아공이 제5의 회원국으로 가입해 의미가 확장되었다.

부 세계의 존재와 영향에 대해 중요시하도록 했다.

　세계의 새로운 고지 위에 섰을 때, 중국인은 더 많고 더 아름다운 풍경을 볼 수 있었고, 전대미문의 호기를 누릴 수 있었지만, "높은 곳에서는 한기(寒氣)를 이길 수 없다"거나, "나무가 다 자라지도 않았는데 먼저 바람을 맞이한다"는 특별한 압력과 적막감도 동시에 느끼게 되었다. 중국 경제의 성장과 강력한 대외수요는 많은 국가와 여러 분야 사람들에게 새로운 '중국위협론' 혹은 '신식민주의'의 근원으로 보이게 했다. 중국이 일부 서방국가나 모순이 있는 국가와 경제무역 교류를 하면, (중국이) '세력범위를 양성'한다거나 현재의 국제제도에 대항하는 것으로 해석되었다. 베이징에서 개최한 올림픽의 성공은 외부 세계로 하여금 중국이 저개발국가라는 본질에 대한 의문을 강화시켰다. 중국의 전통적인 우방이었던 제3세계 국가들을 포함한 더욱더 많은 국가들과 국제기구들이 중국에 더 많은 압력과 요구를 제시했다. 이러한 것들은 결국 중국 민중의 심리가 수용할 수 있는 능력 범위를 넘어서게 되었다.

　중국 외교가 제공하는 원조 전략과 국제공공재는 다른 세계 대국, 특히 오랜 서방국가들과는 상대적으로 아직도 적지 않은 차이가 있다.[19] 중국의 국제 영향력과 중국 민중의 기대 역시 여전히 거리가 있

---

19) 국제사회에서 북유럽지구의 각국(스웨덴, 노르웨이, 핀란드, 덴마크 등)은 GDP에서 제공되는 국제공공원조가 차지하는 비율이 가장 높은 국가들로 인식되고 있다. 대체로 이러한 국가들의 국민과 정부는 GDP의 약 0.7%를 국제평화 수행과정에 기부한다. 특히 유엔 평화유지 활동과 각 지역의 군사충돌 조정과 해결을 위한 활동들이다. 중동평화와 연관된 '오슬로 프로세스', 스리랑카 내전과 연관된 조정 과정, 캄보디아와 연관된 정치 화해 및 유엔의 개입 과정, 인도네시아 정부와 분열하려는 아체(Aceh)지역과 연관된 정치세력과의 대화과정 같은 것들이다. 사례 중의 하나로, 아래의 연구는 흥미 있는 독자들이 참고할 만하다. 노르웨이 정부가 발표한 백서의 하나이다. Lelv Lunde and Henrlk Thune, ed., National Interest-Foreign Policy for a Globalises World, The Case of Norway, Oslo, Cappelen Damm, 2008.

다. 중국의 경제성장 속도와 규모는 매우 비대칭적이다. 문명 대국과 독특한 정치대국으로서 중국의 신분 역시 일치하지 않는다. 새로운 기점 위에서 중국과 외부 세계와의 갈등은 도전성과 불확실성으로 가득 차 있었다.

4.
신세대 지도자:
세계대국의 기상과 시련

21세기의 두 번째 10년의 시기에 접어든 중국은 이미 새로운 기점에 서 있고, 완전히 새로운 목표와 전환점에 있다.

1) 새로운 이정표와 표지

현재의 새로운 지도자는 대체로 덩샤오핑 시대의 생각을 따르고 있다. 그러나 그들이 맞이한 국제와 국내의 새로운 정세와 문제들은 이전과는 다른 특징이 있다. 여러 가지를 고려해볼 때, 필자의 생각에는 중국 대외관계의 새로운 기점의 상징은 2008년부터의 5년간이고, 이것이 비교적 타당할 것이다. 이 5년은 중국의 종합국력을 새로운 고점과 수준에 도달하게 했다. 또한 일종의 질적인 도약과 돌파가 가능하도록 했다. 단순히 외교와 국제관계의 영향만 보더라도 다음과 같은 여러 사건이 아마도 이 시기의 상징적인 기호가 될 것이다.

2008년 베이징에서 거행된 올림픽은 쉽게 알 수 있는 첫 번째 이정표이다. 20세기인 1960년대 중반에 개최된 도쿄 올림픽은 전후 폐허 속에서 일본의 회복을 상징한다. 올림픽은 일본을 당시 세계 경제에 활력을 불어 넣은 세계 제2의 경제체가 되도록 했다. 이와 같이 베이징 올림픽도 실력이 뛰어난 중국 올림픽 군단의 출중한 성적을 포함하여 놀랄 만큼 아름답고 독특한 중국의 풍격을 국제사회에 힘차게 표현했다. 즉 중국이 (과거의) 위풍을 다시 회복한 위대한 국가이고, 실력이 급속하게 높아지고 진취적 정신이 충만한 신흥대국임을 표현했다. 몇십 년간 두텁게 쌓아온, 특히 개혁개방 시대에 쌓였다가 뿜어져 나오는 웅장한 힘을 나타낸 것이다.

중국 국내 관점으로 보면, 베이징 올림픽의 성공적인 개최는 또 하나의 특별한 의의를 갖는다. 이것은 다른 대국이 능히 할 수 있는 일들에 대해 중국도 할 수 있을 뿐만 아니라, "더욱 높게, 더욱 빨리, 더욱 강하게(更高, 更快, 更强)" 할 수 있음을 증명했다는 것이다. 실생활에서도 어렵지 않게 관찰할 수 있는 것은 베이징 올림픽 이래로 몇 년간 중국 민중의 '정신력과 원기'가 이전과 달랐다는 점이다. 전체적인 민족의식과 민족주의 정서가 전대미문의 높은 수준에 도달했다.

이뿐만이 아니다. 베이징 올림픽 한 달 후에는 중국의 우주인이 첫 우주유영에 성공했다. 2008년 9월 25일, 세 명의 중국 우주인을 태운 '선저우 7호(神舟7号)' 우주선은 지우치엔(酒泉) 위성발사센터에서 상공을 향해 성공적으로 발사되었다. 27일, 우주인 자이즈깡(翟志剛)은 중국인 최초의 우주유영을 하면서 우주에서 오성 깃발을 선보였다. 28일, '선저우 7호'는 회항하여 중국 네이멍구에 성공적으로 착륙했다. 세 명의 우주인이 우주선에서 걸어 나옴으로써 선저우 7호의 유인 우주비행 임무는 성공을 거두었던 것이다. 이것은 중국의 유인 항공 우주기술이 새로운 수준에 도달했음을 상징하는 것이었고, 미국과 러시아에 이어 세계에서 세 번째로 완전히 독립적인 우주 행보를 성공적으로 실현한 국가가 되었다.

유인 우주비행은 현재 첨단고급 기술 중에서도 가장 도전성을 지닌 영역 중의 하나이며, 한 국가의 종합국력을 나타내는 것이다. 최근 몇 년간 중국의 북두위성 관제시스템 역시 커다란 진전을 보였다. 현재 16개의 위성이 궤도상에 있고, 동아시아 지구와 오스트레일리아 지역을 관측할 수 있다. 이 시스템은 2020년에 이르면 전 세계를 관측할 수 있어 미국 GPS 시스템에 중요한 도전자가 될 것으로 예상된다.

우주영역에서 중국의 발전은 해방군의 공격위성(Anti-Satellite, 反卫星卫星) 작전능력의 이해도 포함된다. 이것은 상대방의 궤도위성을 격추할 수 있다. 2012년, 우주에서 처음으로 유인 우주선을 도킹하여 '티엔궁 1호(天宫1号)' 우주실험실 건설에 박차를 가했다. 최근 중국은 우주영역에서 뛰어난 발전을 보였다. 이것은 국내외의 폭넓은 보도와 관심을 일으켰고, 중국 굴기의 새로운 상징의 하나가 되었다.

모두 알다시피, 우주비행 기술은 최첨단 과학기술과 발달된 군수공업이 결합한 산물이다. 중국인의 우주유영은 곧 중국 국방과 군사 현대화가 더욱 새롭고 높은 단계에 도달했다는 결과이자 상징이다. 국제적 범위에서 보면, 중국 군비가 10여 년간(1997년을 시작으로 중국의 군비는 매년 두 자릿수의 성장을 유지했다) 급속하게 성장한 이후 2008년에는 미국을 제외한 모든 강대국을 추월하여 세계 제2의 군사 예산국이 되었다는 것이 여러 권위 있는 국외 연구기관과 강대국 군사전문가들의 보편적인 생각이다.

비록 중국 정부(예를 들면 2009년 1월에 발표된 국방백서)가 이에 대해 공개적인 태도를 보이지는 않았지만, 국제적으로 상당한 영향력이 있고 상대적으로 객관적이라고 인정되는 전문적인 보고가 있다. 2008년 스웨덴 스톡홀름 국제평화연구소(SIPRI)의 연도보고에 의하면, 2008년의 중국 군비는 849억 달러로 처음으로 세계 2위로 올라섰으며(1위는 미국으로 6,070억 달러이고, 프랑스, 영국, 러시아, 독일, 일본, 이탈리아가 그 뒤를 잇는다), 2009년은 1,000억 달러 안팎이었다(미국은 약 6,000억).

최근 몇 년간 이러한 추세가 계속되고 있다. 최근 출판된 SIPRI 보고에서 2012년 전 세계 무기 방면의 소비 지출은 1조 7,000억 달러에 달한다. 미국이 여전히 세계 최대의 군비대국(7,110억 달러)이고, 중국은 1,430억 달러로서 그 뒤를 잇고 있다. 러시아도 빠른 성장으로 군비지출이 720억 달러에 달하여 영국(627억 달러)과 프랑스(625억 달러)를 추월했고, 미국과 중국 다음으로 세계 제3위 군비대국이 되었다.[20] 각종 요소를 종합적으로 판단해볼 때, 중국의 군비지출이 세계 제2위에 위치하는 것이 대체로 상당히 안정적으로 보인다.

실제로는 2007~2008년 이래 세 가지 요소가 중국의 군비를 현저하게 증가시켰다. 첫째, 군인의 급여와 복리가 대폭적으로 제고되었다. 예를 들어 2007년도의 봉급 인상은 보편적으로 보자면 중국 군대 역사상 최대 폭으로 상승했다. 둘째, 중국군이 담당하는 비전투 군사업무가 대폭 증가되었다. 중국 군인들이 최근 몇 년간 참가한 홍수 구호, 지진 구호, 반테러, 평화유지, 교민 철수 등의 활동이 수없이 많았다.

---

20) 「환추스바오(环球时报)」 2010년 6월 3일자 제3판과 2012년 4월 17일자 「환추왕(环球网)」 궈원징(郭文静) 기자의 보도를 참조할 것.

범위도 광범위했으며, 모두 역사 이래로 없었던 일들이다. 셋째, 중국 군대의 첨단 과학기술 장비 및 실험이 명확하게 증가했다. 위에서 제기했던 우주비행 프로젝트 이외에도 전형적인 사례들은 첫 중국 항공모함인 '랴오닝호(辽宁号)'의 진수, 심해 잠수정 '자오롱호(蛟龙号)'의 7,200미터 대양 해저 도달, 2009년 국경절 행사에서 선보인 일련의 새로운 신형 유도탄 등이다. 이것은 다른 측면에서 중국 국방력의 현저한 증강을 보여주고 있으며, 특히 원거리 군사 투사력을 높인 것이다.

중국의 종합국력 제고를 가장 잘 표현하고, 여러 면에서 높은 관심을 일으킨 지표가 한 가지 있다. 최근 중국 경제의 급속한 발전으로 국내 총생산(GDP)이 세계 2위에 도달한 것이다. 보도에 따르면, 2010년 일본의 명목상 국내총생산은 5조 4,742억 달러였고, 중국은 5조 8,786억 달러였다. 이것은 중국의 경제력이 처음으로 일본을 추월하여 미국에 이어 세계 2대 경제체가 되었음을 의미한다. 2010년, 일본은 1968년 이래 처음으로 '제2의 경제대국' 위치를 내준 것이다.[21]

많은 사람들은 중일 간의 글로벌 경제력 순위 교체가 근대 이래 일본의 도도함과 중국의 치욕에 대한 역사적 종결을 의미하는 것이며, 중국 부흥의 시작을 알리는 상징의 하나라고 보고 있다. 이것은 동아시아의 파워가 이동하는 하나의 상징이다. 중국과 일본의 양국 국민과 언론매체 및 정치인들이 여기에 대해 서로 다른 반응을 보였고, 일정한 수준에서는 일본과 중국의 경쟁과 갈등을 유발하게 했다.

세계무역기구(WTO)에 가입한 몇 해 동안 중국 GDP의 성장은 전 세계 강대국 중에서 가장 빨라서 10년 전 6위에서 현재 2위로 도약

---

21) '2010년 GDP 처음 중국에게 추월당하다', 일본 「교도통신(共同通信)」 2011년 2월 14일 보도.

했다. 실제로 아직도 다른 많은 지표들이 이와 같은 방향과 의미를 내포하고 있다. 예를 들면, 최근 2~3년간 중국은 미국을 초월하여 세계 제1위의 에너지 생산 대국과 제1의 석유 수입 대국이 되었다. 국외의 여러 기구(예를 들면 영국 석유회사가 2011년에 발표한 'BP 세계 자원통계 보고')와 언론매체 보도를 보더라도 중국이 미국을 초월해 세계 제1의 에너지 소비 대국(중국과 미국은 각각 전 세계 에너지 소비 총량의 20%와 19%를 차지한다)이 된다는 것이다.

이로부터 외부 세계의 관심과 광범위한 과장이 생겨났다. 중국의 급속한 공업화와 현대화 및 도시화에 따라 대기오염 배출 증가와 전 세계에 불확실한 후유증을 가져올 것이라고 했다. 또한, 2011년에는 중국 해상 운수선박 총규모가 처음으로 적재량 2억 톤을 돌파했다. 전국 항구의 화물 물동량이 100억 4,100만 톤에 달했고, 표준 컨테이너 물동량도 1억 6,400만 개에 달했는데, 이 모두 세계 제1위가 되었다. 항구의 화물 물동량과 컨테이너 물동량은 이미 9년 연속 세계 1위를 차지했다. 현재 세계의 10위권 대형 항구 중에서 중국 대륙이 8개를 차지하고 있으며, 세계 10위권 컨테이너 대형 항구 중에서 중국 대륙이 5개를 차지하고 있다. 상하이 항은 이미 세계 제1위의 대형 항구이자 제1위의 컨테이너 항구가 되었다. 중국 선원수는 165만 명에 달하고, 선원 총수는 세계 1위이다.[22] 이미 알고 있듯이, 최근 새롭게 출현한 중국 고속철도 건설은 매우 짧은 시간 내에 글로벌 영역을 덮을 만한 최대 인원과 최장 운영노선, 그리고 가장 빠른 속도의 철도 운수 시스템을 건설했다.

---

22) 중국 해운업과 관련된 수치는 「중국경제일보(经济日报)」 2012년 8월 27일의 '중국해운업 쾌속발전, 화물물동량 세계제일(中国航运业快速发展 货物吞吐世界第一)'을 참조할 것.

「중국환징바오(中国环境报)」의 기자는 2011년 11월 14일 현재, 중국의 이산화유황(SO₂)과 질소산화물(nitrogen oxide) 배출이 모두 세계 1위에 도달했다고 보도했다. 환경보호부 오염방지사(污染防治司) 사장(司长)인 자오화린(赵华林)은 중국의 대기오염 배출 부담이 매우 커서 대기환경 오염이 매우 심각하다고 했다.

중국공정원(中国工程院) 원사(院士)이자 칭화대학(清华大学) 교수인 허지밍(郝吉明)은 현재 중국 대부분 도시의 PM2.5(초미세먼지) 농도가 세계보건기구(World Health Organization, WHO)에서 규정한 제1단계의 배출 표준보다 높다고 폭로했다. 그는 환경표준을 제정하여 공중 건강을 보호하는 것을 우선해야 한다고 호소했다.

당일 베이징에서 개최된 제7차 중미(中美) 지역 공기품질관리 국제세미나에 중미 양국의 많은 공무원들과 전문가들이 참여했다. 자오화린은 자신의 주제 발표에서 중국이 당면한 대기오염에 대한 스트레스가 아주 크다고 했다. 또한 2010년 전국의 중점 도시 대기오염물이 여전히 비교적 높은 수준을 유지하고 있고, 중국의 현행 환경공기품질 표준에 따르면, 중점 구역 도시의 15%가 표준에 도달하지 못했다고 말했다.

그와 동시에 스모그와 오존오염이 동부 도시 공기오염의 명백한 문제가 되었고, 상하이(上海), 광저우(广州), 톈진(天津), 선전(深圳) 등 도시의 스모그 일수는 연중 일수의 30~50%까지 점유하고 있다는 것이다. 중국의 지역성 대기오염 문제는 날이 갈수록 명확해지고 있다. 이 중 도시 지역의 여러 오염물 배출량이 지속적으로 증가하고 있고, 이러한 대기오염은 압축형 및 복합형의 특징을 보여주고 있다. 자오화린은 이산화유황, 질소산화물 등의 농도가 높은 수준에 처해 있을 뿐 아니라, PM2.5(초미세먼지) 등으로 특징되는 복합형 오염 현상도 가중되는 상태라고 말했다.

2010년 전국 자동차 보유량이 2억 대로, 자오화린은 자동차의 오염 문제가 더욱더 두드러져서 사람들의 신체 건강에 대해 심각한 위협이 되고 있다는 견해를 보였다.

또 하나 강조할 것이 있다. 2008년 이래 몇 년간은 마침 서방 선진국가들이 경제위기에 빠진 단계였다. 중국은 상대적으로 빠르고 튼튼한 발전을 유지하는 매우 드물고 상반된 면모를 보였다. 이번 위기는 몇 가지 중요한 특징이 있다. 첫째, 이 위기가 슈퍼 강대국인 미국에서 시작되어 유럽과 일본의 모든 선진 경제체로 이어졌고, 전 세계의 기타 지역에 직접적으로 폭넓게 영향을 주는 글로벌 위기로 널리 퍼졌다는 것이다. 둘째, 금융영역에서 가장 먼저 도산의 흐름이 나타났으며, 오늘에 이르기까지 아직도 유럽의 채무 위기가 뚜렷하게 나타나고 있다. 또한 동시에 실질경제에 파급되어 사회적으로 고실업률 등 심각한 후유증으로 인한 충격을 가져오고 있다. 셋째, 이번 위기는 현재까지 아직도 종결될 기미가 없다. 아마도 앞으로 반세기 내에 미국과 유럽 현 체제의 폐단을 더욱 심각하게 드러낼 것이다. 제2차 세계대전이 끝난 이래 서방 선진국가들의 글로벌 경제발전 영역에 대한 지배적 지위가 심각하게 흔들릴 것이라는 점이다.

당연히 다른 모든 신흥대국처럼 중국도 이번 위기의 강력한 영향을 받았으며, 스스로의 발전에 있어서 속도 조절과 여러 문제점을 발견했다. 전체적으로 보면, 중국의 태도는 여전히 모든 경제체제 중에서 상대적으로 비교적 좋았다. 성장 폭 역시 상대적으로 비교적 빨랐으며, 글로벌 경제 판도에서의 역량 확대 역시 가장 명확했다. 단지 여러 거시경제적 수치로 보자면, "서양은 어둡고, 동방은 밝다"라는 말이 이 시기에 아주 적합할 것이다.

　　빠른 성장으로 강력한 국력을 갖게 된 현 중국 지도자들은 이전의 어떤 시기보다 더욱 자신감을 보이고 있다. 18기 전인대(全人大) 보고에 대한 해설은 이런 면에서 가장 유력한 증명 중 하나이다. 2012년 연말에 소집된 중국공산당 제18기 전국인민대표대회에서 중국 지도자는 처음으로 "노선에 자신감을, 이론에 자신감을, 그리고 제도에 자신감을 (道路自信, 理論自信, 制度自信)"이라는 구호를 제시했다. 이것에 대한 한 가지 중요한 근거는 지난 10년간 중국이 "여러 가지 새로운 역사적인 성과를 얻었다. 전면적인 소강사회(小康社会), 즉 인민이 기본적으로 먹고 살 만한 사회 건설을 위한 튼튼한 기초를 닦았다. 중국의 경제력이 세계 제6위에서 제2위로 도약했다. 사회 생산력, 경제력, 과학기술력이 하나의 커다란 층계를 올랐으며, 국가의 면모는 새로운 역사적 변화를 이루었다"고 말한 것에 있다.

　　18기 전인대(全人大)의 국제부문 보고에서 "현재 세계에는 때마침 심각하고 복잡한 변화가 발생했고, 평화와 발전은 여전히 시대의 주제이다. 세계의 다극화와 경제 글로벌화가 깊이 있게 발전하고 있으며, 문화 다양화와 사회 정보화도 지속적으로 추진되고 있다. 과학기술 혁명은 새로운 돌파구를 잉태하고 있고, 글로벌 협력은 복합적이고 전방위적인 방향으로 전개되고 있다. 신흥국가의 시장과 개발도상국의 전체적인 국력이 증강되고 있으며, 국제적 힘의 차이도 세계 평화를 유지하고 보호함에 유리한 방향으로 발전하고 있다. 국제정세는 총체적인 안정유지를 위해 여러 유리한 조건을 구비하고 있다"고 제시되었다.

이러한 상황 아래 "중국은 앞으로 중국 인민의 이익과 각국 인민의 공동이익을 결합하여 적극적인 자세로 국제사무에 참여할 것이다. 대국의 역할에 대한 책임을 발휘하고, 공동으로 글로벌 도전에 대응할 수 있도록 할 것이다"라고 했다.

"중국은 평화공존 5대 원칙이라는 기초 위에 각국과의 우호협력을 전방위적으로 발전시켜나갈 것이다. 우리는 앞으로 다른 선진국가와의 관계를 개선하고 발전시킬 것이다. 협력 영역을 넓히고, 서로 다른 의견을 타당하게 처리하며, 장기적으로는 안정적인 신형 대국관계가 건강하게 발전되도록 할 것이다. 우리는 앞으로 이웃을 선의로 돕고, 이웃과 협력할 것이다. 선린우호를 굳건히 하고, 상호 간 이익과 협력을 심화시키며, 스스로의 발전이 더욱더 주변 국가에 도움이 되도록 노력할 것이다. 우리는 앞으로 개발도상국과의 단결과 협력 증대를 강화시킬 것이다. 개발도상국의 정당한 권익을 공동으로 보호하고, 국제 사무에서 개발도상국의 대표성과 발언권 확대를 지지할 것이다. 개발 도상국과 영원히 믿을 수 있는 친구 또는 진정한 파트너가 되도록 할 것이다. 우리는 앞으로 적극적으로 다자관계의 사무에 참여하여 유엔, G20, 상하이협력기구(SCO), 브릭스(BRICs: 브라질, 러시아, 인도, 중국 및 남아프리카공화국의 신흥경제 5국) 등에서 적극적인 역할을 발휘할 것이다. 국제질서와 국제체제가 공정하고 합리적인 방향으로 발전하도록 할 것이다."[23]

위에서 서술한 내용은 현 시점에서 긍정적이고 진취적인 중국인의 태도와 웅장한 기상이 충만한 고위층의 내외적 추구를 반영한 것이

---

23) 후진타오의 연설. 중국 고유의 사회주의 노선을 바꾸지 않고 그대로 따라 전진하여 전면적인 소강사회 건설을 위해 분투하자(堅持不移沿着中国特色社会主义道路前进 为全面建成小康社会而奋斗), 2012년 11월 8일. http://www.xj.xinhuanet.com/2012-11/19/c_113722546.htm

다. '3개의 자신감(三个自信)'[24] 논조와 '책임대국' 개념 등의 어휘는 중국의 최근 10년간 발전에 대한 가장 힘 있는 표현이 되었다. (아래에서 분석하는 것처럼) 중국인이 얼마나 많은 문제와 불편함, 도전이 있었는지를 불문하고 자국의 성장에 대한 자신감과 국제적 사무에서 더욱 커다란 역할을 발휘할 것을 기대한다는 것은 아마도 신흥대국 중에서 가장 강렬할 것이다. 또한 세계 모든 강대국 중에서도 가장 낙관적일 것이다. 역사의 측면에서 보자면, 몇천 년 동안 강성했던 문명전통을 가진 중화민족이 최근 반세기에 가장 낮은 골짜기에서부터 세계의 위대한 민족들이 서 있는 고지에 다시 서게 된 것이다.

2) 새로운 도전과 전환점

중국공산당 제18차 전국대표대회는 시진핑(习近平)을 총서기로 하는 새로운 중앙영도 집단지도체제를 선출했다. 신세대 지도자들의 성장 배경은 이전과는 매우 달랐다. 그들에게는 더욱 강력한 국력이 뒷받침하고 있다. 이러한 능력을 운용할 수 있는 더욱 커다란 자신감이 있으며, 중국에 대한 외부 세계의 느낌과 글로벌 도전의 시대에 대한 이해가 추가되어 있다.

신세대 중국 지도자들이 앞으로 몇 년간 마주칠 외교적이고 국제적인 도전은 주로 다음과 같은 몇 가지로 요약된다.

---

24) 역자 주: 후진타오 주석이 2012년 11월 중국공산당 18차 대회에서 제시한 것으로, 중국공산당은 '노선에 대한 자신감(道路自信)', '이론에 대한 자신감(理论自信)', '제도에 대한 자신감(制度自信)'으로 중국 고유의 사회주의 고수를 강조한 내용이다.

첫 번째 압력은 매우 강대해지고 왕성해지는 국내의 민족주의 정서와 국제적인 이의 제기이다. 중국은 몇천 년에 빛나는 역사를 가진 오랜 문명국이자, 근대에 외부 열강으로부터 능욕과 착취를 당한 낙후된 국가였다. 지금은 드디어 "위풍을 회복하고, 활개를 칠" 기회를 얻게 되었다. 수많은 일반적인 중국인에 대해 말하자면, '중국'이 다시 사람들의 존경을 받는 국가가 된 것이다. 베이징 올림픽, 일본을 초월한 GDP(미래에는 미국을 추격하게 될), 중국 우주인의 우주유영, 국방 현대화의 고속 발전에 대해 비록 각양각색의 사람들의 해석이 있지만, 이 모든 것에는 일종의 마음에서 우러나오는 자부심이 있다.

13억 인구의 이러한 강렬한 민족정서가 정치 지도자에게는 한 자루의 진정한 '양날의 칼'이다. 만약(이러한 민족주의의) 동원과 조정이 적당하다면, 이것은 사회와 민심을 단결할 수 있다. 현대 민족국가를 건설하고, 국방과 군사 현대화 건설을 앞당기며, 어떠한 외부의 압력과 강탈에도 저항할 수 있다. 더 많은 국제발언권과 핵심 역할이라는 강한 힘을 얻을 수도 있다.

반대로 이러한 점은 아마도 정책결정 부문으로 하여금 어떤 논쟁이 발생한 국제분쟁 사태와 문제에서 부득불 강경한 조치와 타협 없는 입장으로 몰아가게 할 것이다. 이것은 국제적인 담판과 전략수립에 필요한 탄력성과 행동의 여지를 잃어버리게 하거나, 심지어는 사태가 더 크게 번지도록 방치하여 결국 통제를 잃게 하고, 외부와의 충돌을 악화시키도록 유도한다.

강력하게 일어난 중국을 지속적으로 왕성한 민족정신을 유지하도록 하는 것과 겸허하고 신중하며 개방적인 학습 태도를 유지하게 하는 것은 쉽게 균형을 잡을 수 있는 일이 아니다. 마오쩌둥과 덩샤오핑이 여기에 대해 논술한 적이 있지만, 많은 부분이 이성적 예측에 기초한 것일 뿐 현실에 기초한 평가가 아니었다.

위와 일부 연관된 것으로서 두 번째 큰 전환점은 새로운 글로벌 '해양 종획운동(Blue Enclosure Movement, 蓝色圈地运动)'[25]이 한창인 상황에서 다수의 처리하기 난처한 해양주권 분쟁을 맞이하고 처리해야 한다는 것이다. 사실 이 문제는 새로운 세기 초의 몇 년 동안 이미 출현했다. 20세기 중엽에 '유엔 해양법 협약'이 발효되어 강렬한 충격파를 만들었다.[26] 특히 베이징 올림픽 이래 몇 년간 중국의 남해와 동해 쪽의 문제는 끝임없이 나타나고 있으며, 해결 방법도 그다지 마땅치가 않다.

동남아 국가와 중국의 관계를 예로 들자면, 아세안(ASEAN, 동남아시아국가연합) 10개국 중에서 5개국이 중국과 해역, 섬과 암초, 어장 및 대륙붕 구획 등 서로 다른 권익을 둘러싼 분규들이 있다. 해양 분쟁이 발발하기 이전의 중국과 아세안 국가 간의 관계는 신속하고 건강한 발전을 유지해왔다. 특히 자유무역구 실시는 쌍방으로 하여금 상호 간의 이익을 더욱 크게 나누는 장점과 필요성을 느끼게 했다. 중국과 아세안 관계의 신속한 발전은 일본과 아세안의 관계와 비교했을 때에도 압도적인 우세를 보였다.

그러나 최근 2~3년간 중국은 베트남과 필리핀 사이에 해양에서의 마찰이 격화되었다. 중국은 말레이시아, 인도네시아, 브루나이와 비록 '날카롭게 맞서는 것'을 원하지 않지만, 주권과 해양권익의 문제에

---

25) 역자 주: 각국이 해양자원의 확보를 위해 해양에 자국의 주권을 표시하는 것으로, 일종의 해양에 주권 울타리 치기이다.

26) '유엔 해양법 협약'의 자극하에 전 세계 150여 개 국가가 해양에 대한 요구와 규획을 제출했고, 해양영역의 투입과 쟁탈을 키웠으며, 현재도 여전히 60여 개 국가가 이웃 국가와 주권분쟁 혹은 어업분규가 존재한다. 중국은 남해, 동해, 황해의 세 방향에서 8개 국가 사이에 정도가 상이하고, 그 성격이 각기 다른 해양분쟁이 있다.

있어서 움츠러들어 타협할 의사는 없다. 그러다 보니 중국과 동남아 국가의 관계는 갑자기 미묘한 긴장감이 일어나고 있다. 이와 동시에, (중국의) 동해 방면에서 일본과의 분쟁, 특히 댜오위다오(釣魚島) 문제로 인한 양국의 대치는 더욱 엄중한 난제를 더하게 되었다. 사실 한국, 북한, 인도 등 중국과 해양 또는 육지에서 국경 분규를 겪고 있는 국가들도 사태의 발전을 면밀하게 관망하면서 중국의 저의와 허점을 찾고 있다.

다른 한편으로는 중국 국내에 상당히 많은 민중과 언론매체의 요구가 있다. 종합국력이 점차 강해지는 배경 아래 어떤 특정 '도발자'에 대해 분노가 가득 차고, 노여움을 억제하지 못하여 정부와 군에 도발하는 국가에 대해 수단을 취하여 징벌 혹은 '교훈'을 주라는 강렬한 요구를 하고 있는 것이다. 또한, (이들은) 기회를 엿보아 잃었던 땅을 수복하라고 한다. 이것은 지난 20여 년 이래 가장 심각한 외교 딜레마의 하나이다.

잊지 말아야 할 것은 중국의 주권분쟁 수가 글로벌 범위에 미칠 정도의 최대인 국가 중의 하나라는 것이다. 역사와 현실의 복합적인 원인이 매우 복잡한 국면을 조성했으며, 이러한 문제들은 절대 하루아침에 해결될 일이 아니다. 정책 결정 부문에 대해 말하자면, 현재 국내 각 부문의 외침과 요구에 부응하여 일본, 필리핀, 베트남 등의 국가와 해양 문제들을 잘 처리하려면, 한편으로는 민첩하게 바다로 나갈 수 있는 해상통로를 확보해야 한다. 역사적 권리에 대해 보다 잘 보호할 수 있도록 해야 하고, 강대한 중국의 해 · 공군 역량을 빌려 '해양강국'이라는 민족의 새로운 꿈을 진정으로 실현해야 한다. 다른 한편으로는 중국과 이웃 국가 간의 관계가 '혼란 현상의 근원'이 되지 않도록 해야 한다. 중국과 주변지역에 손해가 되지 않으면서 우호적인 관계가 되도록 하는 것은 확실히 중국이 대국으로서의 지도적인 지혜와 능력에 대한 일종의 '시금석'인 것이다.

여기까지 분석했으니 세 번째 커다란 도전에 대해 언급하자. 미국의 '아시아 회귀'와 '전략 재균형' 등의 심각한 태세에 어떻게 대처하고, 이러한 초강대국이 중국의 지속적인 굴기와 평화적인 발전에 '걸림돌'이 되지 않도록 할 것인가? 밝은 눈을 가진 사람이 분명하게 볼 수 있는 것처럼 최근의 해양분규를 둘러싼 사태에서 일본과 일부 동남아 국가들이 중국에게 집요하게 매달리고 있다. 물러서지 않으려 하는 배후에는 '엉클 샘(Uncle Sam)',[27] 즉 미국 정부의 강력한 후원이 있는 것이다.

필자의 관찰에 의하면, 중국의 신세대 지도자들과 다수의 중국 인민의 마음속에 미국은 현 세계의 초특급 강대국이다. '전능한 챔피언'이며, 중국의 굴기와 민족부흥의 가장 마지막 과정에서 심각한 장애를 조성할 수 있는 유일한 서방국가이다.

미국을 반대하는 측에서 보면, (미국의) 중국에 대한 지침에는 양면성과 동요성 및 불확실성이 명확하게 존재한다. 어떤 좋은 말이든 간에 미국인은 결코 어떤 국가가 군사와 첨단과학기술 등의 핵심 영역에

---

27) 역자 주: 엉클 샘(Uncle Sam)은 '미국, 미국 정부, 전형적인 미국인'을 뜻한다. 엉클 샘은 샘 윌슨 또는 새무얼 윌슨(Samuel Wilson, 1766~1854)이라는 이름을 가진 실존인물이었다. 1812년 미영전쟁 때 윌슨은 뉴욕의 트로이(Troy)에 주둔한 군부대에 고기를 납품했는데, 병사들에게 보낸 고기에는 미국을 표시하는 'U.S.'라고 쓰인 도장이 찍혀 있었다. 정부 검사관이 'U.S.'가 무엇을 의미하느냐고 묻자, 상상력이 풍부한 윌슨상점의 직원은 그것이 윌슨의 별명인 '엉클 샘'을 의미한다고 대답했다. 이때부터 연방정부에 납품하는 모든 군수물자에는 '엉클 샘'이라는 이름이 붙게 되었다. 자료출처: 네이버 지식백과, 교양영어사전, 인물과 사상. 검색일 2014년 1월 10일. http://terms.naver.com/entry.nhn?docId=1922296&cid=86&categoryId=86

서 미국의 우세한 지위를 대신하거나 세계 패주로서의 미국의 지위를 흔드는 것을 용인하지 않을 것이다. 중국 같은 사회주의 국가가 아시아-태평양 지역에서 미국을 내쫓아버리거나 다른 지역과 영역에서 미국의 이익에 커다란 손해를 끼치게끔 내버려두지 않을 것이다. 따라서 군사비 지출, 경제생산력 및 우주사업 발전이 오늘에 이른 것처럼 중국의 현 굴기가 커져 일정한 정도에 도달하게 되면, 미국인의 의혹과 방어심리는 자연적으로 증가하게 될 것이다. 예를 들어 미국이 동아시아 해양도서 분쟁의 막후에서 계략을 꾸미고 판세를 조작하려 하는 것 같은 각종 상응하는 전략전술이 생겨나게 될 것이다.

그러나 오늘의 중국은 예전의 소련과는 다르다. 중미 간의 상호 경제 의존과 민간사회 차원의 교류에서도 미국과 소련 간의 관계보다 훨씬 깊고 두텁다. 더구나 글로벌 시대의 국제적 기회와 난제의 처리에서도 중미관계는 미소 간에 완전히 갖추지 못한 어떤 부분들을 자연스럽게 채우게 한다. 이러한 것들이 미국이 중국에 대한 정책 결정을 쉽게 할 수 없는 중요한 이유이며, 미국과 중국 간에는 전략적 상호 불신과 전략적 필요성이 동시에 존재하고, 교차 상승하는 핵심이 있는 것이다.

신세대 중국 지도자들에 대해 말하자면, 그들은 미국에 대해 더욱더 많은 감성적 인식이 있고, 이해 역시 더욱 깊으며, 특히나 동란의 시대에 중미 간 대립이 중국에 엄중한 후유증을 주었다는 것을 깊이 인식하고 있다. 개혁개방의 기간에 중국이 강대해지고 발전한 것이 미국과 무관하지 않다는 것을 이해하고 있다. 그들 역시 현재의 중미관계가 어떤 부분에서는 민감하고 심각한 부분이 있음을 알고 있다. 그렇기 때문에 "신형 대국관계를 창설하자"라는 화법과 기대감이 있는 것이다.

그러나 정상적으로 보자면, "알기는 쉬우나 행하기는 어려운

법"이다. 이와 같은 난국을 맞이하여 (비록 다른 궤도에서일지라도) 중미 간의 미래가 서로 마주보며 가다가 점차 가까이 접근하게 될 것인지, 아니면 반대방향으로 힘이 작용하여 충돌을 가속할 것인가에 대해 현존하는 경험적 관습이 없으니 어느 누구도 감히 단언하지 못한다. 이것이 현재 세계 유일의 초강대국과 최대 신흥국가 간의 복잡한 제로섬 게임이다. 어쩌면 상대가 죽고 내가 사는 결과이거나, 득은 많고 실은 적은 관계가 되거나, 아니면 공존공영의 결과가 될 것이다.

역사가 하나의 계시를 보였다. 대립을 하든 협력을 하든 간에 미국은 현재 글로벌 체제의 지배자로서 중국에 대해서는 줄곧 하나의 거대한 그림자 혹은 중심적인 존재였다. 중미관계는 줄곧 현 중국 대외관계의 골격을 제약하는 가장 중요한 하나의 양자관계라는 것이다. 과연 중국의 신세대 지도자들이 역사적 경험의 교훈을 통해 장점을 높이고, 단점을 피하며, 새로운 국면으로 나아갈 수 있겠는가?

네 번째 도전은 국내의 복잡한 민족 구성과 새로운 상황과 관련된 것이다. 국제적 범위에서 격화되는 각종 민족 종교의 모순 및 이른바 '문명의 충돌' 같은 것과 연관된 것이다. 이것은 즉 "민족 분리주의가 중국의 변방 소수민족 구역에서 세력을 확장하고 넓히는 것을 어떻게 잘 처리할 수 있으며, 연관된 국제분규와 압력을 어떻게 교묘하게 처리할 것이며, 동시에 이러한 과정에서 중국 국내의 지속적인 안정과 통일의 완성을 유지할 것인가?"이다. 세계 각국, 특히 신흥대국의 상황과 비교해보자면 국내의 복잡한 민족분규 처리와 이로부터 유발하는 국제적 모순은 각국의 정책 결정자들이 끊임없이 당면하는 하나의 가혹한 임무이다. 잘못 처리하면 곧 국내외에서 나쁜 결과를 조성할 것이다. 더 나아가서는 원래의 전략 일정에 혼란이 오고, 부민강국(富民强国)의 일정이 늦어지게 될 것이다.

러시아는 최근 20년간 체첸공화국 문제로 인해 심각한 '내상'을 입었다. 주요 민족인 러시아 민족과 코카서스(Caucasus) 외부 일대의 소수민족 간의 긴장관계는 '북극곰'의 힘을 제약하는 중요한 늑연골의 하나가 되었다. 뿐만 아니라, 러시아와 서방과의 관계를 긴장시키는 중요한 근원의 하나가 된 것이다. 인도는 근래에 경제와 군사력이 급속하게 성장하여 세인의 주목을 받았지만, 국내의 힌두교도와 이슬람교 사이의 심각한 갈등은 매번 국내 종교 민족 충돌 및 이웃 국가와의 마찰과 대립의 도화선이 되고 있다. 미래에도 아마 이 신흥대국의 웅대한 포부의 목표 실현을 가로막는 주요 장애가 될 것이다. 남아프리카, 멕시코, 나이지리아, 인도네시아 등도 지역 대국의 희망이 적지 않다. 서로 다른 정도의 어려움이 존재하며, 각국 내부의 종족과 민족 충돌을 해결하는 것은 이러한 국가들의 정책을 결정하는 엘리트들이 민족국가의 진흥목표 실현을 시험하는 커다란 관건이 되고 있다.

중국에서는 오랫동안 공산당과 정부가 각 민족의 단결과 조화로운 공동발전의 방침을 유지하고 있지만, 개혁개방 이래 내륙과 연해 지구나 변방 소수민족 구역의 발전 차이가 계속 확대되고 있다. 더구나 냉전이 끝난 이래로 주변 지구의 분리주의, 테러리즘, 종교 극단 세력들의 강력한 굴기와 영향이 중국 내로 흘러 들어옴에 따라 중국의 정책 결정층이 국내 민족 문제를 처리하는 데 따르는 어려움도 점차 증대되고 있다. 2008년, 라사 및 몇 개 성(省)의 장족(藏族) 자치구에서 발생한 '3·14사건'과 2009년 신장 우루무치의 '7·5사건'은 문제의 심각한 면모를 증명했다.

외교와 국제관계의 시각으로 분석하자면, 이른바 '티베트 문제'의 배후에는 여러 종류의 국제적 요소가 개입되어 있다. 미래 '티베트 독립' 세력에 만약 '후(後) 달라이 시대'가 출현한다면, 더욱더 처리하기 복잡한 외부 세력을 형성할 가능성이 있다. 또한 중국 서북부 민족 분리주의의 번식이 만연할 것이며 중앙아시아, 서아시아, 북아프리카 일대의 혼란스러운 국면의 심각한 영향을 직접적으로 받게 될 것이다. 중국 정부로 하여금 단순히 이 일을 국내 시각으로만 미래를 계획하고 대책을 세우게 하지 못하게 할 것이다.

외교와 국제전략의 시각에서 관찰하자면, 다섯 번째 도전은 나날이 증가하는 중국의 자원 수요와 대외 의존도에서 온다. 현재 중국은 세계 최대의 제조업 기지이자, 공업화와 도시화 발전 속도가 가장 빠른 세계 대국이다. 자원 소비의 급속한 상승은 피할 수 없게 되었다. 석유, 철광석, 구리 같은 중국의 화석 에너지 매장량과 생산량은 거대한 소비의 일부분을 만족시킬 뿐이다. 핵발전, 풍력발전, 수력발전, 메탄가스 자원 등 새로운 자원의 증가는 비록 빠르긴 해도 비중이 여전히 작다(현재 에너지 총 공급량의 10%에도 미치지 못함). 부족한 부분은 부득이하게 세계의 관련 생산지와의 협력에 의존하여 수입할 수밖에 없다.

중국 인구와 경제규모 및 성장 추세를 고려할 때, 이렇게 끊임없이 상승하는 에너지 수요를 어떻게 확보할 것인가? 국내에 자원의 생산 증대와 에너지 소비절약 및 산업 구조의 조정이라는 거대한 방침을 제시해야 한다. 또한 대외전략과 배치에서 구체적인 계획들을 마련해야 한다. 특히 세계 자원 산지 및 국가들과의 교류에서 적합한 준비를 마련해야 한다. 에너지 수급 통로나 공급을 위협하는 각종 외부의 돌발

사태에 대해서도 경보와 대응책을 마련해야 한다. 이는 중국의 대외 정책 결정에 있어서 중요한 우선순위 배열의 문제 중 하나인 것이다.

이것은 절대로 일반인이 상상하는 매매관계 같은 간단한 것이 아니다. 하나의 예를 들자면, 중국이 비록 전 세계 석유생산량의 상위 국가이긴 하지만, 석유생산 자급률은 매년 떨어지고 있다. 수입량이 해마다 증가하여 2008년의 석유 수입 비중이 48.5%에서 2010년을 전후하여 50%를 넘어섰다. 2012년에는 57%로, 2013~2014년에는 60%에 이를 것으로 전망된다.[28] 2012년 중국이 수입한 석유는 2억 7,000만 톤으로, 매일 540만 배럴을 수입하는 것과 같다.[29] 이러한 공급 사슬을 장기적으로 안정되게 보장한다는 것은 쉬운 일이 아니다.

중국의 주요 3대 석유 수입산지는 중동지구, 러시아와 그 주변 및 아프리카 지구이다. 이들 지역 모두 서로 정도가 다른 혼란의 위험이 잠복해 있다. 이외에도 근래에 글로벌 에너지 수요공급의 국면과 가격 형성의 기제에서 심각한 변화가 발생하고 있다. 에너지 수요의 중심은 동쪽으로 급속하게 이동하고, 공급의 핵심은 서서히 서쪽으로 이동하고 있다. 에너지 안보에서도 이전과는 다른 새로운 특징이 나타났다. 중국, 인도 등 신흥시장은 글로벌 에너지 소비와 무역의 새로운 성장지역이 되고 있고, 북미나 유럽 등 국가의 전통 에너지 소비는 점차 하락

---

28) 역자 주: 원작 출판이 2013년 8월로서, 당시의 시점에서 2014년을 전망한 것임.

29) "중국, 내년도 석유 대외의존도 60%에 이를 것"(中国明年石油对外依存度将达60%), http://politics.people.com.cn/GB/n/2012/1119/c1001-19616544.html. 2012년 연말 이래 중국 석유 수입이 최고치에 이르렀다는 관련 보도가 끊임없이 제기되었고, 국제에너지 인터넷 소식(国际能源网讯), 중국인터넷(中国网), 중국 해관총서(中国海关总署) 수치 발표 공고 등의 정보 경로를 통해 이와 관련된 각종 수치들을 쉽게 찾을 수 있었다. 국제에너지 인터넷 소식(国际能源网讯, http://www.in-en.com/), 중국인터넷(中国网, http://www.china.com.cn/), 중국 해관총서(中国海关总署, http://www.customs.gov.cn/publish/portal0/).

하는 추세이다.

이와 동시에 세계 에너지 생산의 중심도 나날이 다원화되고 있다. 중동–북아프리카와 중앙아시아–러시아가 전 세계 석유 매장량의 64.7%를 점유하여 아직도 공급의 중심이다. 석유가 포함된 근원암(source rock)에서 나오는 셰일가스(Shale Gas)나 셰일오일(Shale Oil), 돌이나 모래에 석유가 포함된 오일샌드(Oil Sand) 등은 특수한 에너지이자 새로운 비화석 에너지로서 갈수록 폭넓은 개발과 응용의 대상이 되고 있으며, 북미로 하여금 에너지 소비지와 동시에 점차 에너지 공급지로 전환하게 하고 있다.

이것은 추적해볼 만한 가치가 있는 새로운 추세이다. 위에서 거론한 각종 요소에 대해 어떻게 처리할 것인가를 고려하는 것은 더욱 장기적인 글로벌 에너지 외교와 전략의 배치를 발전시킬 수 있다. 동시에 국제사회로 하여금 이에 대해 최소한도의 이해와 수긍을 하게 할 것이다. 중국의 새로운 지도자들이 직면한 하나의 난제이다.

여섯 번째 도전은 중국 정부와 정부의 정책결정에 대한 공신력을 높이는 것이다. 이것은 국내외 양쪽을 모두 포함한다. 대내적으로는 정부와 당에 대한 민간의 신뢰가 강화되고, 국내의 사회와 정치에 있어서 갈수록 더 정의롭지 못하거나 불공정한 현상들을 빨리 처리해야 한다. 나쁜 것들이 만연하여 중국 스스로 성장의 기초와 중국 대외관계의 긍정적인 발전의 궤도에 손상이 가지 않도록 해야 한다. 대외적으로는 "중국이 강대해지고 부유해질수록 우방이 적어지고 친화력이 약해진다"는 추세를 막아야 한다. 효율적인 행동으로 중국의 국제공헌과 이미지를 개선하여 여러 종류의 '중국위협론'으로 인해 스스로 자멸하지 않도록 해야 한다.

현재 국내에는 정부의 대외교섭이 너무 약하다는 것이 보편적인 느낌이다. 그러나 국외에서는 중국이 갈수록 강하게 변모한다고 널리 인식되고 있다. 중국의 국민은 행복감이 그리 강하지 않다고 느끼고 있으며, 물가상승과 일상생활에 대한 스트레스에 대해 적지 않은 원망이 있다. 하지만 외부 매체와 민간에서는 중국이 마치 부유한 민중, 국가의 세수와 외환이 많아서 다 사용하지 못할 정도의 국가라는 오해를 하고 있다. 이렇게 끊임없이 확대되는 상반된 인식은 중국 지도자에게 일종의 경각심을 준다.

필자가 보기에 국내 민간이 외교 부문과 정치 지도층의 대외 입장에 대해 때로 의심하는 이유는 민족국가의 근본적인 이익을 가지고 합당하지 않은 교역을 할까 봐 걱정하는 것이다. 결국은 중국의 많은 공무원들이 국내 사무를 불공정하게 처리한다거나, 사리사욕을 채우기 위해 부정을 저지르며, 부패 문제가 줄곧 근본적으로 치유되지 않고 있기 때문이다. 극단적인 민족주의 정서의 상승, 특히 이른바 '성난 젊은 이들'[30]의 출현은 많은 사람들이 마음속에 있는 분노와 불만을 분출하는 것이다. (이것은) 어느 정도의 사회 불공평에 대한 굴절현상이 엄중하다는 것을 뜻한다.

적지 않은 국민이 국가가 부유하게 되었다지만 분배에 있어서는

---

30) 역자 주: 1950년대 영국에서 일어난 전후세대(戰後世代), 특히 젊은 작가들을 지칭하는 말이다. 이 호칭이 널리 저널리즘에 오르내리게 된 것은 J. J. 오스번의 「성난 얼굴로 돌아보라」가 1956년에 로열코트극장에서 상연되어 압도적인 지지를 얻었기 때문이다. "전후에 일어난 새로운 계층의 젊은이가 변함없이 은연한 세력을 유지하고 있는 기성(旣成)의 권위에 도전한다" 같은 그들의 주장은 영국이 내걸고 있는 복지국가 이념으로의 새로운 문제 제기가 되어 한층 더 뚜렷한 '뉴레프트(新左翼)' 운동으로 발전하여 오늘에 이른다. 출처: 네이버 지식백과, Angry Young Men, 두산백과. 검색일 2014년 1월 10일. http://terms.naver.com/entry.nhn?docId=1123831&cid=200000000&categoryId=200003411

불합리하다고 느끼고 있다. 국가의 자산이 증가했다지만 국민 스스로의 소득과 지출은 비례가 맞지 않는다고 느끼고 있다. 얼마나 극단적이고 단편적인지와는 상관없이 사회에 이러한 정서와 불평의 증가는 정부로 하여금 부득이 분배의 불공평 해결과 공무원 부패의 억제 및 정치 체제 개혁 진행 등의 중요한 과제를 심각하게 고려하게 만든다.

때때로 우리의 입장을 잘 이해하지 못하거나 받아들이지 못하는 국외의 이유에 대해서는 그 원인을 하나로 논하기 어렵다. 어떤 것은 질투와 근심으로 중국이 강해지는 것을 왜곡하거나 곡해하려는 것이고, 어떤 것은 중국의 실정을 이해하지 못함으로 인해 오판과 마찰로 이어지는 것이다. 어떤 것은 우리의 외교 홍보의 설득력 부족으로 인해 중국의 외교 해석상에서 차이와 충돌이 발생하기도 한다. 어떤 것은 중국의 어떤 제도나 방식이 국제적으로 통용되는 규범과 다르기 때문에 발생되는 문제이기도 하다.

그러나 전체적으로 말하자면, 중국의 대외 이미지가 생각과는 다르다는 것은 거론할 필요조차 없는 사실이다. 진심으로 중국의 발전을 이해하고 지지하는 사람들은 모두 신세대 지도자들이 여기에 대해 커다란 개선을 이룩하고, 확실히 효력 있는 방법을 제시하기를 희망한다.

마지막 도전은 어떻게 스스로 글로벌 고지의 방향을 확정할 것인가이다. 한편으로는 효율적이고 현명하게 끊임없는 성장과 국제화의 국가 이익을 보호하고, 다른 한편으로는 국내외의 수요에 따라 글로벌 책임에 대해 보다 더 적극적이고 최대한 책임지도록 해야 한다. 여기에서 최대의 난제는 주변 국가들과의 주권 분쟁을 잘 처리하는 데 있는 것도 아니고, 초강대국인 미국의 중국에 대한 의혹 및 이른바 '재평형'

수단에 대해 제대로 응대하는 데 있는 것이 아니다. 국내의 거대한 중심(정책결정 우선성)과 끊임없이 증강되는 국제적 역할(권리와 의무) 간의 관계에 대해 어떻게 합당하게 처리할 것인가에 있다. 외교와 국방 및 무역 등의 부문에서 어떻게 알맞은 기제를 사용하여 잠재적인 모순을 조정하고 총괄하는가에 있다.

일반적인 국가와는 달리 중국과 같이 거대한 규모의 시장과 독특하게 이루어진 체계적인 문화적 전통은 지도자들로 하여금 자연스럽게 절박한 국내 사무를 바로 해결하는 것에 아주 쉽게 중요한 주의력을 두게 한다. 외부 세계의 중국에 대한 관심이나 수요 및 민감하고 복잡한 비평적 의견에 대해서는 소홀하거나 적어도 경시하는 경향이 있다.

다른 많은 신흥국가와는 달리 중국의 사회제도와 이데올로기는 유럽과 미국이 주도하는 국제체제나 가치체제와는 매우 다른 차이와 마찰이 있다. 중국의 지도자들은 비교적 '특별'한 주변 및 글로벌 환경 중에서 국제공공재의 제공에 대한 경험과 기술이 상대적으로 결여되어 있다. 중국 국내의 복잡하고 다양한 민족구성과 새로운 변화는 아마도 러시아처럼 외부의 비평을 실컷 받은 뒤에 내외적 마찰에 대한 반격을 하게 될 수도 있다. 중국은 아마도 인도처럼 주변 국가와의 역사적 원한과 현실적 난제를 잘 해결하지 못할 수도 있을 것이다. 동북아와 동남아의 전통적인 '외교영토'에 반복적으로 머물러 있을 뿐 글로벌 고지 위에 손을 뻗치지 못할 수도 있다.

중국은 현재 갈수록 더 많은 글로벌 수익과 글로벌 위협이라는 글로벌 이해관계에 처해 있다. 경제와 무역 등의 측면에서도 더욱 커진 글로벌 대국의 기상을 갖게 되었다. 그러나 전체 인류의 정치철학을 인도할 만한 기호를 포함한 중국의 글로벌 정치의 역할은 명확하지 않다.

글로벌 안전 목표와 책략 역시 체계적인 연관이 없다. 글로벌 사회와 문화 영역에 대한 지렛대 작용에서는 말할 것도 없다.

비록 사람들은 중국이 이러한 측면에서 과거보다는 "많이 강해 졌다"고 하지만, 단지 이러한 수준의 증가로는 중국인의 잠재력을 발휘하거나 적합한 수준에 도달하려면 아직 멀었다. 뿐만 아니라, 이상적인 방식으로 역할을 발휘하는 것과의 비교는 더더욱 거론할 필요도 없다.

필자의 관찰에 의하면, 신세대 지도자 앞에는 대외관계의 각종 난제가 존재하고 있다. 대부분은 전통적이거나 순전히 소극적인 성질의 문제들이 아니다. 구시대나 해묵은 구조적 문제가 아니며, 새로운 시대와 새로운 환경 아래 나타난 상황으로 진전되는 과정에서의 특유의 '병목현상'에 속하는 것들이다.

합당한 판별능력, 훌륭한 평형감각, 기본 목표가 흔들리지 않도록 하는 견고함은 쉽게 확보할 수 있는 것이 아니다. 특히 중국의 빠른 성장이나 독특한 역사와 정치제도의 대국(및 이들 엘리트 계층)에 대해서는 더욱 그러하다. 예를 들면, 소비 저수준시대의 중국에는 자원부족이라는 문제가 존재하지 않았고, '자원외교' 혹은 '자원안보'라는 종류의 도전도 존재하지 않았다. 만약 기술진보와 자금이 충족되지 않았다면, 몇몇 나라에게도 '유엔 해양법 협약'이 최근 10년간 가져온 충격파가 그렇게 거대한 압력으로 나타나지 않았을 것이다. 예를 들면 중국 주변에는 현재 이렇게 복잡하게 뒤얽힌 해양주권 분쟁(이른바 '신해양 종획운동')이 있다.

만약 문호 개방과 국내 경제와 사회가 성장하지 않았다면, 중국의 보통 사람들이 현재와 같이 대량으로 유학, 취업, 여행, 비즈니스 등의 이유로 출국할 수 없었을 것이다. 뿐만 아니라, 외교 부문에서도 이와 같이 임무가 많고 중책을 거의 견디기 힘든 영사 보호 업무도 없었을 것이다. 중국이 만약 13억의 인구대국이 아니었다면, 국력의 급속한 발전과 끊임없이 강해지는 것이 주변국과 전 세계의 기타 대륙에서 발생하는 진동효과(각종 '중국위협론'을 포함한) 역시 지금처럼 계속되지 않았을 것이다.

만약 이러한 문제의 성격에 대해 잘 생각하지 않는다면, 단지 부정적인 어두운 면만을 볼 것이다. 마치 일부 인터넷 언론에서 줄곧 비평하는 것처럼 현재 미국과 일본 주도의 각종 반중화 세력에 봉쇄되어 중화민족이 곧 위급한 지경에 처하여 '팔씨름'을 할 시각에 처했다고 말할 것이다. 혹은 다수의 대중매체들이 근심스럽게 토론하는 것처럼 현존하는 국제체제와 규칙이 갈수록 중국의 존재공간을 축소시키고, 갈수록 '중국의 꿈'에 대한 실현을 방해한다고 말할 것이다. 또한 소수의 학계 학자들이 시도한 해석처럼 현 글로벌 금융위기는 자본주의의 총체적인 위기임과 동시에 사회주의가 전면적으로 절정기에 진입하는 징조라고 말할 것이다.

만약 중국의 국가 정책결정과 대외전략 수립이 이렇게 사이비 또는 일방적이고 편협한 판단 위에서 수립된다면, '해양강국'을 추진하는 단계와 주변국과의 목린우호적 국면을 유지하는 복잡하고 평형적인 사고 및 총괄적 수단을 수립할 수 없을 것이다. 서방의 일부 다른 꿍꿍이속이 있는 세력들의 선전수단 및 구호를 진정으로 전 인류의 진보와 국제사회의 보편적인 추구를 반영하는 보편적인 가치와 혼합하지 않을 것이다. 또한 미국과 일본 등 서방의 주요 대국과 "다투지만 깨지지 않고, 합치지만 서로 다른" 신형 대국관계를 요구하지 않을 것이며 현존하는 국제제도와 규범을 이용하여 자신에게 필요한 방침을 포기하지 않을 것이다.

본질적으로는 앞에서 거론한 각종 외교와 국제전략의 난제 및 핵심은 사실상 국내정치와 기초사회 사이에 깊고도 내재적인 관련이 있다. 국내체제의 어떤 결점과 문제는 대외관계의 어떤 제약과 부조화를 조성하게 된다. 따라서 만약 외교와 국제관계 측면에서 더욱 이상적인 성과를 얻으려고 생각한다면, 각 대외부문 스스로 게임의 기교를 높이거나 개선하는 것이 필요할 뿐만 아니라 국내의 관념, 체제, 정책에 유리하게 발생하는 새로운 형세의 조정도 더욱 필요하다.

당연히 국내 변혁의 진행은 반드시 적절하고 온건해야 한다. 다수의 국민과 부문에 의해 쉽게 이해되고 받아들여질 수 있어야 하며, 돌발적이거나 동요 혹은 커다란 분파의 존재 아래 추진을 강행해서는 안 된다. 이렇게 새로운 시대와 새로운 형세에 적응하는 변혁과 의사일정은 본국의 정세와 발전의 일정에 따라 확립되어야 할 것이다. 외부 압력의 방해나 파괴가 없어야 하고, 순간적인 '뜻밖의 전략'에 의해 변화되거나 전복되지 않아야 한다.

명백하게도 신세대 중국 지도자들은 위에서 제기한 새로운 난제와 중요한 핵심에 대해 이미 많은 느낌과 생각을 갖고 있다. 그래서 시진핑 총서기가 "세계의 기회를 중국의 기회로, 중국의 기회를 세계의 기회로"라는 새로운 표현을 한 것이다. 이러한 표현의 방향은 마오쩌둥 시대의 혁명 목표를 다시 나타낸 것이 아니며, 덩샤오핑 시대의 외교에서 경제 중심 전략 사상의 보장을 간단하게 중복한 것도 아니다. 이것은 장쩌민 시대와 후진타오 시대의 '신안보관(新安全观)'과 '두 개의 대형 국면(两个大局)' 등의 전략 비전의 변경을 확장한 것이다.

그러나 알지만 행하기 어렵다. 거인 역시 번뇌가 있다. 특히 그가 낮은 곳에서 평원으로, 다시 평원에서 절정에 오르는 순간 …… "나무가 다 자라지 않았는데 바람을 먼저 맞이한다(樹未大先招风)"거나, "높은 곳에서는 추위를 이길 수 없다(高处不胜寒)"거나, "높이 기어 오를수록 급격하게 떨어진다(爬得高摔得重)"는 등의 여러 가지 표현은 모두 중국이 대국으로 성장하는 것이 쉽지 않다는 것을 형용하는 데 사용할 수 있다.

이른바 중국의 지도자들이 말한 중화민족의 대망(大望)은 실현할 수 있을 것인가? 실현과정에서 어떻게 쓸모없는 것은 버리고 좋은 것만 찾아내어 새로운 방향으로 발전할 것인가? 이에 대해 전 세계가 모두 두 눈을 비비며 기다리고 있다.

현실 탐색

내정불간섭 원칙 및 대외원조 방식의 혁신:

중국–아프리카 관계 사례

역자 첨언 **우리가 고민해야 할 문제들**

- 마오쩌둥 시대의 중국은 왜 아프리카에 관심을 두었는가?

- 중국은 왜 60여 년간 '내정불간섭 원칙'을 고수해왔는가?

- G2가 된 중국은 왜 '내정불간섭 원칙'의 포기를 말하기 시작하는가?

- 중국의 적극적인 '창조적 개입'은 어떤 방식으로 구상될 것인가?

- 대한민국은 중국의 '창조적 개입'에 대해 어떻게 준비할 것인가?

새로운 시기의 중국 외교는 어려움을 극복해나가야 한다. 창조적으로 국제사무에 개입해야 하며, 새로운 국면을 열어야 한다. 이에 대한 전제는 사상관념이 반드시 창의적이어야 하고, 실제 업무에서는 적합한 손잡이가 있어야 한다. 여기에서는 중국-아프리카 관계를 접점으로 선택하여 전통적인 내정 불간섭 원칙을 전개하고, 현재의 형세와 요구에 적응하는 것이 왜 필요하고 어떻게 전개할 것인가를 살펴볼 것이다. 핵심은 능력을 효율적으로 발휘하여 서로 돕고 함께 이득을 보는 전제 아래 어떻게 더 많고 더 효과적인 전략원조와 공공재(public goods)[1]를 제공할 것인가이다.

다른 지역과 비교하자면, 아프리카는 적합한 사례 대상이다. 이곳은 일찍이 중국이 오랫동안 개간했고, 개혁개방 이래 수확이 상당히 많은 대륙이다. 특히 최근 10여 년 동안 중국의 정책결정층 및 외교 부문에서 이 지역에 대한 관심과 투자는 중국이 어떻게 창의적으로 전통 우호관계를 경험했는지, 그리고 먼 대륙에서 새로운 대국의 역할을 어떻게 발휘했는지를 비교적 잘 증명했다. 이곳은 수많은 신선한 사례와 계시를 제공하며, 이론 증명에 필요한 확률표준에도 부합한다. 특히 '창조적 개입'의 사유와 방법의 검증에도 적합하고, 연관된 전략을 추진함에 있어 어떤 척도와 경로를 반드시 따라야 하는지를 제시한다. 여기에서 연구하고 토론하는 불간섭 원칙과 대외원조 방식의 창의성은 아프리카 이외의 다른 지역과 영역에서도 사용할 수 있다.

중국-아프리카 관계는 지금 새로운 결정적 시기에 와 있다. 중

---

1) 역자 주: 모든 사람이 공동으로 이용할 수 있는 재화 또는 서비스. 그 재화와 서비스에 대해 대가를 치르지 않더라도 소비 혜택에서 배제할 수 없는 성격을 가진다. 네이버 지식백과, 공공재(public goods), 두산백과. 검색일 2014년 1월 10일. http://terms.naver.com/entry.nhn?docId=1169529&cid=200000000&categoryId=200002696

국의 대(對) 아프리카 정책은 중요한 기회를 맞이하고 있다. 당시 중국 국가주석이었던 후진타오는 2012년 7월 19일 중국-아프리카 협력포럼 제5회 장관급 회의 개막식에서 다음과 같이 제시했다.

"국제정세의 심각한 변화와 더불어 중국과 아프리카 인민의 중국-아프리카 관계 발전에 대한 간절한 기대는 우리 모두에게 높은 책임감과 사명감으로 새로운 형세에 적응하도록 한다. 새로운 목표를 제시하며, 새로운 조치를 추진하여 새로운 문제들을 해결하고, 중국-아프리카 간 신형 전략적 동반자 관계의 새로운 국면 창설의 노력을 요구하고 있다."[2]

필자가 보기에 새로운 형세의 가장 중요한 하나는 신세기의 두 번째 10년 시기이다. 서방 자본주의 국가는 보편적으로 심각한 금융위기에 처해 기력이 다하여 아무것도 하지 못하고 있다. 그러나 중국과 아프리카는 오히려 기세가 오르고 은연중에 전진하여 국제적 위치와 발언권을 높이는 기회를 맞이했다.

새로운 전략목표는 시대의 요구에 의해 생겨난다. 그중에서 가장 중요한 전략목표 중의 하나는 아프리카 국가들에 대한 것으로, 이들이 현재 상대적으로 급속한 발전 국면을 지속할 수 있는가에 있다. 발전의 품질과 수준을 끌어올리고, 특히 내부의 국지적 동란이나 불안정한 충격을 포함한 각종 간섭을 받지 않는다는 전제하에 아프리카 대륙의 전체 역량이 새로운 단계로 올라갈 수 있을지 여부에 달려 있다.

---

2) 중국-아프리카 협력포럼, 제5회 장관급 회의, 베이징 거행, 후진타오 주석의 개막식 대표연설, 2012년 7월 19일. http://news.xinhua net.com/world/2012-07/19/C_112376988.htm

중국에 대해서는 중국과 아프리카의 전통적 우호와 협력관계의 기초 아래 스스로 평화안보 능력을 유지하고 경제성장 동력을 유지하는 것을 포함하는 아프리카의 자주성에 대한 지지를 확대할 수 있는가에 있다. 즉, 중국-아프리카 관계의 기초를 더욱 폭넓고 단단하게 할 수 있는가에 달려 있다는 말이다.

미래의 몇 년은 중국이 위에서 서술한 기회를 잡고, 전략목표의 실현과 중국-아프리카의 신형 전략적 협력관계의 새로운 국면을 여는 결정적인 시기이다. 국제관계 이론과 외교학 연구의 시각에서 관찰하자면, 이것은 추적하고 연구해볼 만한 가치를 지닌 많은 새로운 과제를 나타내고 있다. 또한 국내외에 공동의 인식이 부족했다고 공감한 부분에 대한 새로운 영역과 새로운 도전을 포함한다.

중국 외교 부문과 외교학계에 대해 말하자면, 풍부한 의의가 있어도 많은 어려움을 가진 한 가지 문제가 있다. 어떻게 하면 우리가 장기적으로 지켜왔고 오늘에 이르기까지 아직도 유효한 불간섭 원칙을 견지하고 혁신할 것인가이다. 어떻게 부문별로 지역성 국제공공재를 포함한 각종 원조를 능력에 맞게 제공하면서 이러한 기초 위에 중국의 아프리카 원조에 대한 새로운 골격을 펼칠 것인가이다.

여기서는 먼저 중국-아프리카 관계의 현실과 사례에서 출발하여 중국의 불간섭 원칙의 발전과 혁신에 대해 분석하고, 이것을 새로운 전략적 원조와 조합적 원조의 이론과 사상 실천의 근거로 삼고자 한다. 이어서 중국의 아프리카 원조에 대한 종류와 특징을 정리한다. 정치원조, 경제원조, 군사원조, 외교원조 및 새로운 지역성 국제공공재 제공 등의 범위에 대해 크게 구분하여 나눈 뒤 새로운 종합적인 전략성 원조의 틀과 여러 경로를 개정하는 것에 대해 정리할 것이다.

1.
내정불간섭 원칙의 전개

　　국제정세와 발전 추세 및 중국 자체의 변화는 모두 분명해 보인다. 중국의 국제 문제 연구 분야는 마땅히 새로운 시대와 정세에 적응해야 한다. 따라서 중국이라는 특징을 갖추면서 국제적 추세에도 부합하는 불간섭 학설로 발전하도록 노력해야 한다.

　　여기에서는 먼저 중국의 불간섭 원칙이 제시하는 배경과 원초적인 함의를 간략하게 정리하고자 한다. 모두 알고 있듯이 중국은 인도, 미얀마와 20세기인 1950년대에 공동으로 평화공존 5대 원칙을 제창한바 있다. 그 핵심 내용 중의 하나가 바로 '내정불간섭' 원칙이다.

　　1953년, 당시 중국 중앙인민정부 정무원 총리였던 저우언라이(周恩来)가 인도 정부의 대표를 회견할 때 처음 정식으로 5대 원칙을 제시했다. 즉 "주권과 영토보전의 상호 존중, 상호 불가침, 상호 내정불간섭, 평등호혜, 평화공존"이며, 양국관계를 처리하는 원칙으로 삼았다.

　　1954년, 저우언라이는 다시 인도와 미얀마를 방문하여 당시 인도 총리였던 네루와 미얀마 총리였던 우 누(U Nu, 본명은 Thakin Nu)와 각각

'공동성명'을 발표했다. 쌍방은 의견일치에 이어 평화공존 5대 원칙을 중-인도와 중-미얀마 양국관계를 이끌어갈 기본 원칙으로 삼았다. 뿐만 아니라, 각국이 아시아 및 세계의 다른 국가들과의 관계에서도 당연히 이러한 원칙을 적용할 것임을 강조했던 것이다.

1954년 4월, 중-인도 쌍방은 '중-인도 간 중국 시짱(西藏)지역과 인도지역의 통상 및 교통협정'을 체결했다. 서문에 평화공존 5대 원칙을 반영했으며, 이는 평화공존 5대 원칙이 처음 정식으로 국제문서에 기록된 것이다.

동년 6월 28일, 중-인도 양국 총리는 아래의 공동성명을 발표했다.

최근 중국과 인도는 이미 하나의 협의를 체결했다. 이 협의에서 우리는 양국 간의 관계를 이끌어갈 모종의 원칙을 규정했다. 이 원칙은 ① 주권과 영토보전의 상호 존중, ② 상호 불가침, ③ 상호 내정불간섭, ④ 평등호혜, ⑤ 평화공존이다.

양국 총리는 이 원칙을 거듭 천명했으며, 아시아와 전 세계 다른 국가들과의 관계에서도 마땅히 이러한 원칙을 적용해야 한다고 생각했다. 만약에 이러한 원칙이 각국 간에 사용될 뿐 아니라 일반적인 국제관계에서 통용된다면, 이 원칙이 앞으로 평화와 안보의 견고한 기초를 형성할 것이다. 또한 현존하는 공포와 근심들은 앞으로 신뢰감으로 대체될 것이다.

1955년 4월, 인도네시아 반둥에서 29개 국가와 지역에서 참가한 반둥회의가 개최되었다. 회의에서는 '세계 평화와 협력 증진에 관한 선언'이 발표되었으며, 여기에 이 5대 원칙의 전체 내용이 포함되었다.

중국·인도·미얀마 3국 정부의 제창 아래 평화공존 5대 원칙이 국제적으로 중요한 영향을 끼쳤다. 세계의 많은 국가들에 의해 받아들여졌으며, 서로 다른 사회와 정치제도를 가진 국가들의 상호관계를 처리하는 기본적인 원칙의 하나가 되었다.

또한 평화공존 5대 원칙은 수많은 국제조약과 국제문헌에서 확인할 수 있다. 1970년 제25차 유엔대회에서 통과한 '각국의 유엔헌장에 의거한 우호관계 수립과 협력의 국제법 원칙 선언'과 1974년 제6차 특별 유엔총회에서 통과한 '새로운 국제 경제질서 건설 선언' 모두 명확하게 평화공존 5대 원칙을 내용에 포함하고 있다.

마침 당시 중국 국무원 부총리였던 첸치천(钱其琛)은 평화공존 5대 원칙 50주년 기념으로 열린 국제 세미나에서 다음과 같이 평가했다. "그때 이후 반세기 동안 평화공존 5대 원칙은 세계의 정세가 급격하고 복잡하게 변하는 경험을 통해 점차 국제사회에서 보편적으로 받아들여졌고, 국제관계의 기본 원칙을 이끌게 되었다." 현실이 증명하는 바, "오늘 이렇게 상호 의존적이면서 다원화와 다양한 세계에서 국제관계를 이끄는 기본 이론으로서 가장 생명력을 가진 것은 역시 평화공존 5대 원칙이다."[3]

여기에서 평화공존 원칙은 단지 각각의 존중과 평화공존을 강조하는 것만이 아니다. 더욱 중요한 것은 불간섭 원칙이라는 핵심적인 요구를 통해 실제로 이제 막 민족해방과 정치적인 독립을 획득하고, 식민주의적 제국주의의 구속에서 벗어난 수많은 저개발국가의 절실한 비전

---

3) '평화공존 5대 원칙 발표 50주년 첸치천의 발전 건의에 담긴 의미(和平共处五项原则发表50周年钱其琛建议发展其内涵)', 2004년 6월 14일. http://news.xinhuanet.com/newscenter/2004-06/14/content.1525075.htm

이 반영된 것이다. 즉, 서방 열강의 노예로 다시 전락하거나 국제무대에서 자주권 행사를 할 수 없는 경지에 또다시 빠지지 않도록 방지하려는 데 있다. 차라리 이것은 피압제자와 약소군체의 공통적인 바람을 대표하며, 현존하는 국제정치 질서에 대한 비평과 항의를 분출하는 여러 국가들의 마음의 소리를 대표한다고 하는 것이 옳을 것이다.

반여 세기가 지난 오늘, 국제정세는 천지개벽의 변화가 발생했다. 평화공존 원칙도 끊임없는 조정과 혁신 과정에 처해 있다. 여기에 중국은 20세기 후반부에 급속한 굴기를 이룬 신흥대국이 되었다. 인도 등의 저개발국가들과 함께 역사 창조의 대열에 들어섰다. 국제관계에 대해서도 새로운 시각과 요구가 생겨났다. 기왕 평화공존 5대 원칙의 주창자가 된 바에야 이러한 원칙의 혁신도 최대한 추진할 수 있는 능력이 생긴 것이다.

첸치천은 연설에서 "관념과 행동이 시대와 함께 변모한 중국인의 새로운 인식과 새로운 이의제기를 선명하게 표현한 것"이라고 했으며, 새로운 정세 아래 시대의 특성에 근거한 새로운 의미를 평화공존 5대 원칙에 부여할 필요가 있음을 지적했다.

첫째, 평등의 관념은 반드시 국제관계의 민주화와 법제화의 기초 실현으로 이루어야 한다. 국가의 크기나 빈부차이 및 국력의 강약이 다르지만, 법률적으로는 평등한 것이다. 모두 평등하게 국제사무에 참여할 권리가 있다. 민주와 평등 원칙은 반드시 국제관계에 있어서 더욱더 제창되고 이행되어야 한다.

둘째, 상호 신뢰와 상호 이익, 평등과 협력의 새로운 안보관을 수립해야 한다. 대화로 신뢰를 증진하고, 협력으로 안전을 촉진해야 한다. 국가 간의 문제는 반드시 대화를 통해 평화롭게 해결해야 한다. 걸핏하면 무력을 행사하거나 무력으로 서로를 위협해서는 안 된다.

셋째, 당연히 세계의 다양성을 존중해야 한다. 다른 문명 간에는 먼저 상호 존중과 조화로운 공존이 필요하다. 각국은 당연히 개방적인 태도를 취하여 상호 장단점을 보완하며, 함께 나아가야 한다.

넷째, 적극적으로 다자주의를 제창해야 한다. 글로벌화와 정보화 시대에 있어서 각국은 상호 의존도가 더욱 심화되어 어떤 나라도 스스로의 역량만으로 안보를 완전히 책임지기 어렵게 되었다. 테러리즘을 막고, 환경을 보호하고, 전염병을 막으며, 금융위기에 대비하는 등의 모든 것이 다자협력을 필요로 한다. 다자주의는 인류가 공동으로 도전에 대응할 하나의 유효한 수단인 것이다. 충분히 다자기제의 작용이 발휘되기 위해서는 국제협력을 통해 위협과 도전을 해결해야 한다.

다섯째, 인류사회의 지속적인 발전을 추구해야 한다. 현재 세계 발전과 관련된 문제들은 여전히 상당히 심각하다. 남북 간의 차이가 아직도 크게 벌어져 있으며, 빈곤현상은 더욱더 뚜렷하다. 세계는 상호 연관된 하나의 총체로서, 반드시 상호 이익을 위한 협력을 전개해야 한다. 글로벌화 과정이 상호 이익과 상호 윈-윈 방향으로 발전하도록 해야 한다.[4]

그의 연설에는 중국의 지도층이 글로벌화 과정에서 이익을 추구

---

4) '평화공존 5대 원칙 발표 50주년 첸치천의 발전 건의에 담긴 의미(和平共处五项原则 发表50周年钱其琛建议发展其内涵)', 2004년 6월 14일. http://news.xinhuanet.com/newscenter/2004-06/14/content.1525075.htm

하고 손해를 피할 기회를 본 것이며, 평화공존 원칙에 대한 새로운 방향전환을 강조한 것이다. 즉, 각국은 공평하고 합리적인 참여와 정책결정의 권리가 있어야 한다는 것이다. 새로운 강조의 요점은 상호 의존하에서의 호혜적인 협력에 있다. 그러나 이것이 문제를 제대로 보지 못함을 의미하는 것은 아니다. 서방이 여전히 주도하는 구조가 존재하지 않는다거나 '심각한' 면이 출현하지 않았다고 인정하는 것도 아니다.

점차 강대해지고 자신감을 가진 중국은 현재 더욱더 평온한 마음과 온화한 태도를 보이고 있다. 또다시 혁명과 폭력이라는 방식으로 불공정한 세계 정치질서를 변화시키려 하지 않으려 할뿐더러 대화와 협력, 평화 및 비폭력적 개혁과 점진적인 방식의 유효성을 믿고 있다.

필자는 위의 토론에서 이미 관념과 행동이 시대와 함께 진보하여 변화시키는 불간섭 원칙의 필요성 및 총체적인 혁신방향을 제시했다고 생각한다. 전통적으로 중국은 반세기 이상의 대외교류에서 줄곧 각국의 주권과 내정불간섭 원칙 존중을 견지했다. 이는 아시아와 아프리카 및 라틴아메리카의 신흥 독립국가들로부터 광범위한 지지를 받았다. 중국이 국제사회에서 대국의 역할을 확립하고 발휘하기 위한 독특한 좌표를 확정했던 것이다.

이 원칙의 핵심은 충분히 각국 인민과 정치가들의 지혜와 능력을 믿고, 구시대의 강권정치와 패권주의의 나쁜 결과에 대해 깊이 반성하며, 외부로부터 이식하는 방식으로 당사국이 원하지 않는 방안을 강요하는 것을 단호하게 막는 데 있다. 이러한 이유로 이 원칙을 장기적으로 고수해왔으며, 이미 중국의 미래전략과 함께 인내심을 갖고 이 원칙을 분리하지 않고 지켜왔다. 이 원칙은 여러 국가의 실질적인 상황 및 중국의 필요와도 연결되어 있다.

근본적으로 이 원칙도 현 세계에 있어서 주권이 종속된 민족국가들이 주된 구성원이 된 국제체제 구조와도 일치한다고 할 수 있다. 주권이나 주권에 대한 존중이 없는 국제체제는 대국이 소국을 무시하고, 강국이 약소국을 깔보는 야만적인 정글의 법칙에서 벗어날 수 없다. 항상 이러한 원칙을 위반하는 서방의 대국들조차 완전하고 철저하게 이 원칙을 포기하지는 못할 것이다. 왜냐하면 그럴 경우 대외교류에 있어서 국가 이익 위주나 국가 행위체가 외교와 국제관계를 주도하는 모든 근대 국제관계의 이론 및 실천이 효력을 잃는다는 것을 동시에 의미하기 때문이다.

이는 제2차 세계대전 이후의 역사가 증명하고 있다. 중국은 줄곧 이 원칙을 유지해온 주요 대국 중의 하나이다. 특히 광범위한 저개발국가가 정치적 독립과 외교적 자주성을 추구하는 정치투쟁에 있어서 중요한 파트너였다. 같은 의미로 중국은 유엔 상임이사국과 책임대국으로서 단지 스스로 이 원칙을 계속 고수할 이유가 있었으며, 그럴 가능성도 있었다. 뿐만 아니라, 전력을 다해 국제사회에 있어서 이 원칙의 합법성과 정의성 및 광범위한 효용을 유지해야 했다.

그러나 다른 각도에서 관찰하자면, 이 원칙을 더욱 풍부하게 하고 수정하여 더욱더 새로운 시대의 특징과 중국 스스로의 필요에 부합하도록 하기 위해 나날이 절실하고 요긴한 일들을 한창 추진하는 중이다.

먼저, 글로벌화의 가속적 발전과 글로벌성 도전의 냉엄성이다. 정보의 전달은 더욱더 신속해져서 어떤 지방의 나쁜 소식이나 그에 따른 심각한 결과는 이전의 다른 어떤 시기보다 널리 퍼져 나가게 되었다. 만약 즉시 개입하거나 제어하지 않는다면, 한 국가 내부의 부정적 사태는 단지 본국과 해당 지역의 사람들에게 피해를 줄 뿐만 아니라,

주변 국가와 국제사회 전체의 이익에도 위험이 미치게 된다.

내전의 외부 확산이 바로 전형적인 사태이다. 보스니아 전쟁에서부터 걸프 만 전쟁, 최근의 시리아 전쟁 등이 모두 이러한 문제에 속한다. 아프리카에서 벌어지고 있는 최근 몇 년간의 전란과 충돌의 절대다수가 모두 이와 유사한 특징이 있다. 예를 들면 코트디부아르의 충돌, 말리 북부의 전쟁, 소말리아의 내전 등이다.

이 전쟁들은 역사가 남긴 문제를 포함한 내부의 모순으로 시작했고, 점점 이 모순들이 상승하여 국가 전체에 피해를 입히는 폭력 충돌로 발전하게 되었으며, 마지막으로는 주변 지역의 불안정을 조성했다. 서방의 오랜 식민주의 종주국들의 강력한 간섭을 포함한 각종 국제적인 간섭을 유발했으며, 국제적인 관심을 끌면서 끊임없이 국지적 핫이슈를 만들었다. 다른 평가 수치에 근거하자면, 최근 20여 년간 내전 혹은 혼란한 정국에 의해 유발된 국제적 충돌은 지역적 충돌과 국지적 전쟁의 전체에서 60% 이상을 차지한다.

따라서 새로운 시대에 국제안보의 보장과 각국의 안정, 더 나아가 글로벌 거버넌스의 추진 등은 모두 전통적인 불간섭 원칙에 대한 일종의 수정을 요구한다. 당사자의 기본 권리 보장이라는 전제, 특히 유엔 헌장의 정신과 일치한다는 전제 아래 주변 지역이나 어떤 중요한 국가와 국제사회가 개별 국가의 내부 위기의 해결에 참여하도록 허용해야 한다는 것이다. 반드시 인정해야 할 것은 이러한 측면에서 아프리카 대륙의 많은 국가를 포함하여 중국이 새로운 역할을 맡을 가능성에 대해 갈수록 많은 기대와 요구가 존재한다.

둘째, 국제범위로 시선을 넓히면, 서방의 선진국들은 이미 간섭에 대한 필요성을 인식했다. 일부 서구유럽 대국의 사회에서는 이러한 간섭에 대해 일반대중과 매체의 토론과 호응의 소리가 있었다. 일부 지난 시기에 있어서 많은 이론과 정책 실천이 형성되었을 뿐 아니라, 이러한 것들이 국제 공동 표준과 규범으로 확산되도록 노력했다.

여기에서 바로 생각할 수 있는 것이 있다. 예를 들면, 인도주의 개입 학설, 인권이 주권보다 우위라는 학설, 보호의 책임 학설, 지역 일체화와 거버넌스 학설, 글로벌 차원의 간섭 학설, 반테러 및 선제공격 학설, 국제조직 기능변화 학설, 유엔 평화유지 행동의 새로운 사명 학설 등이다.

인정해야 할 것은 이러한 학설에는 새로운 시기의 국제사회가 공동으로 필요로 하고, 다수 국가들이 바라는 상당히 많은 내용들이 표현되어 있다는 점이다. 상당히 진보적인 의의와 계몽적 내용들이 있다. 그렇지만 이러한 간섭 학설은 종종 왜곡되고, 좁은 의미로 사용된다. 간섭하는 서방국가의 이익과 패권적 의도를 우선적으로 만족시킬 뿐 아니라, 대부분이 다수의 국제사회 토론이나 동의를 구하지 않았다. 당사국들이 허용하거나 이해를 구하는 전제 없이 시행되었다. 이로 인한 후유증은 종종 평형을 잃은 실패로 나타났으며, 심지어는 더욱 큰 재난과 불확실성을 초래했다.

이 시각에서 보자면, 중국은 유엔 안보리에서 유일한 저개발국가의 대표이자, 정의와 평등한 권리를 강조하는 사회주의 대국이다. 당연히 국제 개입의 최신 토론에 적극적으로 참여해야 하고, 실천 중에 나타날 새로운 요구와 기회를 성실하게 연구해야 한다. 국제안보와 글로벌 거버넌스에 부합하는 새로운 요구를 수립해야 한다. 또한 약소국가와 위기에 처한 지역의 다수 민중이 받아들일 수 있는 개입이론이 되도록 하는 것을 스스로의 공헌으로 삼으려 해야 한다.

　당연히 가장 중요한 이유 중의 하나는 해외에서 거두어들이는 중국의 이익이 지속적으로 확대되어 뻗어가고 있기 때문이다. 중국의 국내 발전도 외부 세계와 더욱더 긴밀한 상관관계가 있기 때문이며, 중국의 외교 방침과 전체 국제전략은 필히 이러한 새로운 현실을 고려해야 한다. 해외의 각종 이익에 대해 더욱더 힘을 기울이고, 더욱 광범위한 보호를 해야 한다. 또한 중국의 대외관계에 대한 새로운 특징과 요구에 따라 더욱 많은 지지와 보호가 제공되어야 하기 때문이다.

　증가되고 보호가 필요한 이러한 이익들은 우선 경제무역과 에너지자원 및 해상통로 등에 관한 내용들을 포함한다. 예를 들면, 중국의 민간인 출국자가 개혁개방 이전에는 연간 1만 명이 안 되었던 것이 현재는 8,000만 명에 이른다. 세계 각지에서 유학하는 중국의 젊은이들이 30년 전 세계 대국 중 가장 적었던 국가 중의 하나에서 지금은 가장 많은 국가로 상승했다(어떤 통계는 중국 유학생이 전 세계 유학생 총수의 1/7을 차지한다고도 한다). 중국의 여행객 수도 15년 전에는 거론조차 하기 힘들었지만, 현재는 이미 매년 5,000만 명을 넘어서고 있다. 중국이 해외에 파견하는 인력들이 20세기인 1990년대 초기에는 1년에 수만 명에 불과했으나, 현재는 매년 100만 명에 가까운 대군이 파견된다.

　단지 이러한 방대한 대오(隊伍)에 대한 영사보호만 해도 어떤 국가도 거론하기 힘든 어렵고도 막중한 외교사명이다. 위기시기에 필요로 하는 교민철수나 어업보호, 해적 소탕 및 난민구호 등의 비전투 군사행동 성격의 어렵고 막중한 특수 안전 임무는 말할 것도 없다.

　중국은 최근 10여 년 사이에 이미 단순한 자본 수입 대국에서 거액의 투자자본과 건설항목의 자본을 수출함과 동시에 노무수출의 대국으로까지 변모했다. 중국 정부와 개인 및 회사가 합병 혹은 지분으로 사들인 선단, 항구, 광산, 삼림 등이 지구의 각 영역과 지역에 고루 분포되어 있다. 중국 정부는 이렇게 매우 뛰어난 중국의 해외자산에 대한 자산가치 보호와 증식 및 보장과 보호 등의 방법을 제시할 필요가 있다. 이전에는 갖추지 못한 적극적인 태도와 총괄 전략으로 각종 외부 사무에 개입할 필요가 있다.

단지 아프리카에 대한 중국의 투자는 2000년 1년에 5억 달러에서 현재는 1년에 150억 달러 이상으로 발전했다. 같은 시기에 중국-아프리카 무역 총액도 106억 달러 안팎에서 1,600억 달러로 증가했다. 3년 연속 아프리카 제1의 대외 무역 파트너로서, 중국의 최근 아프리카에 대한 각종 투자액은 이미 400억 달러를 초과했다.

중국과 아프리카의 에너지 협력은 중국-아프리카 경제무역 관계의 중요한 구성부분이다. 수단, 앙골라, 리비아, 알제리, 콩고, 이집트, 콩고민주공화국과 모리타니 등의 국가들은 중국의 중요한 석유무역 파트너이다. 중국의 에너지 기업들은 우혜대출 항목과 공사도급, 상호 무역과 공장 건설 투자 등 다양한 방식의 실행을 통해 아프리카 국가들과 에너지 협력을 전개하고 있다. 아프리카의 대(對) 중국 석유 수출이 아프리카 석유 수출 총액에서 차지하는 비중은 2000년의 0.7%에서 2009년에 10.7%로 증가했다. 2011년 중국이 아프리카에서 수입한 원유는 5,797만 톤인데, 중국이 그해 수입한 원유 총량의 23%를 차지한다.[5]

---

5) 李立凡:《贷款换石油》,《石油中文版(석유중문판)》, Oil Magazine, 이탈리아 ENI 석유회사 출판물), 제19기, 2012년 10월, pp. 40-41.

중국과 아프리카의 상호 이익은 예전과 비교할 수 없을 정도라고 할 수 있다. 현재의 규모는 아프리카 대륙 이외의 어떤 대국과 아프리카와의 무역 총액보다 한참 초월한다. 외부에서 무어라 평을 하든 간에 중국인은 반드시 견고한 태도로서 나날이 증대하는 이러한 양자관계를 보호해야 한다.

끊임없이 증가하는 해외 이익 중에서 상당한 내용들이 '고차원 변경(高边疆)'의 군사안전과 연관되어 있다. 특히 해양권익, 더욱더 지속적으로 수립해야 할 주변 및 글로벌 생태환경, 더욱 우호적으로 수립해야 할 국제여론 및 국제제도 발언권 등의 내용이 그것이다. 이러한 새로운 내용들은 전통적인 외교나 국제관계의 범주를 크게 넘어선 것이며, 중국의 외교관들과 전략결정 부문은 완전히 새로운 안목으로 심사숙고와 서두르지 않는 전통적인 태도로 자세히 살펴볼 것을 요구한다.

예를 들자면, 유엔 해양법 공약의 효력 발생 후 근 10여 년간 글로벌 범위에서 '해양 종획운동(Blue Enclosure Movement, 蓝色圈地运动)'의 풍조가 물결쳤다. 수많은 국가들이 앞 다투어 해양개발의 방향과 구상에 뛰어들었고, 이로 인해 나날이 증가하는 해양 분규와 주권 마찰이 조성되었다. 여기에서 중국과 관련된 모순과 분쟁의 수량이 특히 많고 상황도 복잡하다. 현재 적어도 8개 국가가 중국과 연루되어 중국의 황해, 동해, 남해의 각기 다른 방향에서 권리 쟁탈을 하고 있다.

이러한 국면하에서 단순히 무기력하게 참으며 양보하거나, 쟁론을 잠시 접어둔다거나, 회피하여 지연시키는 전략은 거의 쓸모가 없다. 반드시 (바둑에서) 선수를 둔다거나 규칙이나 판세를 장악하는 전략을 배워서 자신과 연관된 분쟁에 주도적으로 개입해야 하고, 쌍방이 받아들일 수 있는 방안이나 생각을 내놓아야 한다. 이러한 과정에서 아마도 아태지역을 안정시키고, 중동과 서남아시아로의 진출이 필요할 것이다. 지지자와 전략적인 준(準)맹방을 찾을 필요가 있고, 초기 투자 혹은 조기 예방이 필요할 것이며, 쟁점 지역과 거리가 먼 대륙과의 협력이 필요할 것이다.

이러한 것들이 모두 '창조적 개입'에 속한다. 이전과는 다른 불간섭 입장의 적극적인 태도라고 할 수 있으며, 신시대 해외 이익의 증대에 따라 전체 중국의 전방위적인 굴기의 확산이 실현되게 하는 것이다.

'내정불간섭' 사상에 대해 기계적인 이해나 해석을 하지 말아야 한다. 사실상 중국 외교사전의 일반적인 함의든 아니면 중국 외교가 아프리카에서 대량으로 실천하는 것을 관찰했든 간에 이 사상은 뚜렷하게 내재적으로 일치되는 함의가 있다. 한 국가 내부의 중요한 사무들, 특히 정치제도나 안보배치, 통치방식 및 지도자 선택 등과 같이 국가와 민생과 관계된 큰 문제 같은 것들은 당연히 해당 국가와 민족 그리고 그 땅에서 장기간 거주한 국민이 결정해야 한다는 것이다. 만약 외부 세계가 그 국가와 국민을 존중하여 위에서 서술한 목표를 실현하는 것을 적극적으로 돕는다면, 이것은 곧 내정을 간섭한 것으로 볼 수 없다. 반대로, 정권이나 지도자를 선택한다거나 다른 국가들이 월권행위를 하여 안보사무 혹은 경제대권을 접수한다면, 이것은 국가 주권에 대한 찬탈이며, 해당 국가의 내정에 부당한 간섭을 한 것이다.

이러한 의미에서 당연히 "개입을 늘려야 한다"는 중국의 말은 중국의 외교 전통, 특히 불간섭 원칙을 부정하는 것이 아닐 뿐만 아니라, 반대로 새로운 정세 아래 이 원칙의 확장과 발전이다. 뿐만 아니라, 현재 세계를 주도하는 어떤 힘에 대한 불합리하고 불공정한 질서의 편향성을 바로잡는 것이고, 중국이 평화애호와 정의주도 및 책임대국이 이미지를 보호하고 높이는 방법이다.

여기에서 특히 필자가 제시할 것은 불간섭 원칙과 주권 원칙은 본래 동전의 양면과 같고, 현 시대의 국제관계 틀에서 가장 중요한 한 쌍의 기둥형 범주라는 것이다. 주권 원칙은 융통성 없이 고정되어 있거나 고정불변이 아니다. 사실상 줄곧 변화의 과정에서 최근 몇 년 동안에도 중요한 새로운 의미가 주입되었다. 이러한 의미에서 언급하자면, 불간섭 원칙은 자연스럽게 관념과 행동이 시대와 함께 진화하고 변화하는 것을 필요로 하고, 의미를 혁신하고 넓힐 수 있다.

간단히 말하자면, 주권 원칙은 당대 국제관계의 실천과 이론에서 다음 두 가지 측면에서 진화하고 창조된다. 첫째, 역사적으로 보자면 초기의 주권은 군주에게 속한 절대적인 전제성 권력이었다. 주로 종교 귀속이나 봉지 분할, 황실 결혼 등의 배치와 관련된 일이었다. 그러다가 근대 자본계급 혁명 이후 주권의 개념은 점차 국가(정부) 권력을 강화하는 쪽으로 기울어졌다. 여기에서 민족국가의 의식이 깨어났으며, 근대 국제체제의 확장에 대한 필요성과 서로 일치했다. 특히 제2차 세계대전 이후 주권사상의 중심은 점차 사회와 공민 주체성의 궤도를 향해 접근했다. 국가와 사회관계의 진보적 조류는 소정부와 대사회로 변하게 했다. '사람 인(人)' 자가 점차 큰 글씨로 쓰이게 되었으며, 주권의 행사와 인권의 존중은 불가분의 긴밀한 사이로 변해갔다.

둘째, 주권이 갈수록 하나의 독립적이고 단일한 법률적 술어로 간단하게 인식되지 않게 되었다. 뿐만 아니라, 다원적이고 종합적이며 융통성 있는 차원의 실천규범이 되었다. 예를 들면, 주권의 안전과 정치 핵심은 여전히 견고하고 중심적인 위치에 처해 있다. 경제주권은 부분적으로 상대적인데, WTO 가입으로 인한 활동과 규칙에 적응할 새

로운 필요가 있다(전형적인 사례 중의 하나로 과거에는 각국의 정부급에서 중요하게 보

았던 관세장벽 구축 등이 주권 권리로 인식된 적이 있었다. 이것은 WTO 건립과 기능의 확장

에 따라 지속적으로 양도되고 약화되었다).

각국과 정책결정자들도 깊이 인식하게 되었다. 융통성 있는 주권방식은 이른바 국가 간의 상호 의존에 필요한 것이기도 하지만, 새로운 정세하에서 민족국가의 경제적 흡수와 성장에도 유리하다. 즉, 안보와 정치주권 측면에서 고려해야 할 여러 종류의 필요와 민감성의 차이는 갈수록 많은 국가들이 핵심주권, 중대주권, 차선주권 및 일반주권의 우선순위를 나누는 경향을 보이고 있다. 편리하게 합리적인 배치와 유효한 자원으로 사용함과 동시에 국가와 국가 간의 어떤 미묘한 분쟁들을 더욱더 기교적으로 처리하고 있다. 예를 들면 주권을 공유, 분할, 위탁, 보류 등의 개념으로 나누어 도서 분쟁의 과도성과 타협성을 분배하는 것이다. 주권개념 자체를 점차 점유권, 관할권, 사용권, 대리관리권 등의 부분 요소로 나누기도 한다.

주권은 더 이상 단일성이거나 융통성 없이 불변하는 개념이 아니다. 강하거나 약할 수도 있고, 앞으로 나아가거나 뒤로 물러설 수도 있다. 내부의 핵심과 외부의 피막도 있다. 불변의 부분도 있고, 흥정할 부분도 있는 복잡한 권리와 권익의 유기적 시스템이다.[6]

결국, 주권 범위의 역사가 진보했다. 전통의 불간섭 원칙에 혁신이라는 나날이 증대하는 압력을 주게 되었으며, 더욱 많은 기회의 창구와 귀중한 계몽을 제공했다. 새로운 정세 아래 훌륭한 주권관을 운용한

---

6) 국제관계에서 주권범위의 발전과 진보에 대해서는 필자의 저작에서 토론한 관련 부분을 참조할 것. 《全球政治和中国外交: 探寻新的视角与解释》, 世界知识出版社, 2003년 출판, 제2장 "国家主权和国际社会", pp. 20-35.

다는 것은 단지 국가와 민족의 핵심적이고 중대한 이익을 보호할 수 있을 뿐 아니라, 실천의 필요와 외부의 변화에 근거하여 탄력적인 조정을 만들어낼 수도 있다. 국제무대에서 이미 원칙이 있고, 유동적인 능력이 있는 국가로서 이익을 추구하고 손해를 피하며, 흐름을 이끄는 성과가 있다.

위에서 서술한 세계의 대세를 깊이 이해하면, 중국 스스로 실천하는 것 중에서 성공사례의 추출과 사상의 원천을 발견할 수 있으며, 새로운 단계의 중국 외교 연구의 중요하고 긴박한 임무를 발견할 수 있을 것이다.

2.
중국-아프리카 관계의 재검토

1) 아프리카의 변화와 중국에 대한 요구

　　과거의 많은 중국인은 아프리카 국가와 그 학계가 완전히 중국의 전통적인 불간섭 원칙을 찬미하고, 고민할 것도 없이 지속적으로 양자관계와 국제사무에서 중국의 이러한 입장을 지지할 것이라고 생각했다. 결국은 그들도 중국과 유사한 역사적 운명을 겪은 터여서 정치와 경제 및 외교에 있어서 더욱더 강렬한 자주적 욕구를 찾을 것이고, 서방의 패권주의와 강권정치의 예민한 아픔이 있을 것이라고 여겼던 것이다.

　　일반적으로, 이러한 판단이 틀린 것은 아니다. 그러나 현실이 보여주는 것은 이것에 대해 지나치게 간단하게 인식한다는 것이다. 어떤 경우에는 쉽게 오판을 조성한다. 필자가 각종 국제회의에서의 격렬한 논쟁과 사적인 교류를 통해 어렵지 않게 느낄 수 있었던 것은 (이에 대한) 새로운 상황을 인식할 필요가 있다는 것이다.

우선, 아프리카 국가의 정부와 학계 및 대중의 의견은 서로 완전히 일치하지 않는다. 각국 정부는 대체로 원래의 변하지 않은 입장을 유지하지만, 학자나 매체 및 사람들 사이에는 분명한 의견의 차이가 있다. 후자의 이러한 집단 중에서 상당히 많은 사람들은 중국으로부터의 대량의 경제원조와 재정원조 및 배후의 불간섭 입장이 아프리카의 일부 '부패관리'들에게 권력으로 사리사욕을 취하는 더 많은 기회를 줄 것이라고 생각한다. 원조국의 대중과 사회는 원래 예정되었던 그런 수익을 갖지 못할 것이라고 걱정하는 것이다.

아프리카 정부의 입장에 대한 중국의 일부 매체와 공무원들의 판단 역시 종종 이전 세대가 남겨놓은 기초에 근거한다. 중국-아프리카의 우호적 관계는 깨뜨릴 수 없는 공통의 역사적 운명이 있다는 식으로 강조한다. 그러나 이것은 현실 속에서의 신세대 아프리카 공무원들의 다원적이고 복잡하며 민감한 의식을 간과하고 있는 것이다.

냉전이 끝난 이래 20여 년간 아프리카 국가들은 한때 서구식 민주주의 물결의 심각한 충격을 받았다. 적지 않은 부정적 효과와 비평이 있었지만, 현실적인 상황은 소수 국가를 제외하고 다수의 아프리카 국가들이 이미 선거로서 만들어지는 다당제 제도를 도입하여 익숙해졌다. 이들이 자유와 민주 및 인권 등의 규범을 받아들이게 됨에 따라 실천적인 방법에서 역외 대국 및 국제사회에 대해 더욱더 현실을 존중하고 정치 민주적인 정책을 요구하게 되었다. 아프리카 대륙에서 발생한 위기사태를 군사정변이나 국지전쟁 및 학살난동 등으로 구별하여 대응했다. 필요한 강제적 간섭과 도의적 책임추궁의 진행에도 협조하게 된 것이다.

이런 측면에서 일부 아프리카 싱크탱크와 학자들이 공개적이거나 사적으로 중국에 '더욱 높은 요구'를 제시했다. 이는 아프리카 다수 국가와 대중의 바람에 대한 지지이다. 헌법과 좋은 정권을 지지해 달라는 것이자, 비민주와 인권을 존중하지 않는 부패 행위에 대해 더욱더 구속하고 압력을 가해 달라는 것이었다. 특히 국제적 도덕과는 전혀 어울리지 않는 그러한 전제정권 및 집권자에 대해 상당히 많은 아프리카 매체는 중국 정부가 경제적 · 외교적 · 군사적 원조나 지지를 제공하지 말 것을 호소했다. 단순하게 경제이익으로 양자 간의 관계나 협력을 확정하지 말아달라는 것이다.

둘째, 아프리카연맹과 각 지역조직들은 아프리카 지역의 사무에 더욱더 활발한 개입을 바라거나 결심하는 양상을 보였다. 이는 중국의 전통적인 내정불간섭 원칙에 새로운 충격을 주었다.

2012년 7월 베이징에서 개최된 중국-아프리카 제5차 장관급 회의에서 중국 정부는 아프리카 전체의 지역안보와 안정 능력과 관련하여 더욱 큰 힘으로 지지할 것을 제창했고, 여러 곳으로부터 광범위한 관심과 많은 호평을 받았다. 동년 연말에 에티오피아에서 개최된 제2회 중국-아프리카 고위층 싱크탱크 회의에서도 적극적인 호응을 얻었다. 필자가 참가했던 싱크탱크 회의의 느낌에 근거하자면, 아프리카에 동행한 다수는 모두 중국 측이 다양한 융통성과 실무에 효율적인 방식으로 아프리카의 신시대적 지역관리와 발전과정에 참여하자는 강렬한 희망을 갖게 되었다.

확실히 세계 각 지역의 지역공동체 추세는 가속되고 있고, 아프리카도 예외가 아니다. 중국이 만약 더욱더 많은 친구와 전략적인 협력 기회를 얻으려고 생각한다면, 이 대륙에서 아프리카연맹 같은 기구와 협력하는 것을 배워야 한다. 아프리카의 진보(혹은 낙후)에 대해 더욱더 적당한 다른 측면의 지지(혹은 부정)를 해야 한다. 아프리카와 평화를 유지할 수 있는 능력 수립, 안보조정 과정의 추진 및 군사 자주성 건설 과정에 적절하게 참여해야 한다. 또한 이러한 것들이 모두 새롭게 건설적 참여와 창조적 개입 및 협력적 접촉의 범주로 귀속되어야 한다. 중국이 줄곧 고수하는 불간섭 원칙을 고양하고 왕성하게 해야 하며, 아프리카 국가의 주권과 민족 자립의 입장에 대해 더욱 존중해야 한다. 아프리카 다수의 국가와 인민의 근본 이익에 대한 일종의 시대에 맞는 도움을 주어야 한다는 것이다.

글로벌 정치와 국제관계의 측면에서 고려하자면, 아프리카 전체의 발전은 확실히 새로운 사거리에 놓여 있다. 아프리카가 세계의 무대에 서서 이전과는 다른 초석을 세우게 되었다. 이로 인해 중국으로 하여금 새로운 단계의 중국-아프리카 관계를 만들기 위해서는 반드시 새로운 긴박감과 에너지가 있어야 한다.

첫째, 비록 아프리카 대륙이 최근 몇 년간 경제발전이 크게 일어날 기색이 있고, 세계은행(정식 명칭은 국제부흥개발은행, International Bank for Reconstruction and Development, IBRD)과 IMF(국제통화기금, International Monetary Fund) 및 기타 여러 국제신용평가기관들의 보고서에서 아프리카에 긍정적인 평가가 주어지고 있기는 하다. 그러나 아프리카 국가들은 여전히 자금 부족과 관리경험 부족 및 전문기술 부족 등의 병목현상에 처해 있다. 역외 대국과 국제조직의 지속적인 원조 제공을 필요로 하는 것이다. 이러한 측면에서 서방의 선진국가들은 자신들의 금융위기와 사회 모순의 증가 때문에 이전과 같이 여러 가지 원조를 승낙하지 못하는 상황이다. 이미 체결된 계약도 실현할 수 없거나 말뿐인 경우가 허다하여 많은 아프리카 국가의 정부들이 중국의 개입과 중국의 '바통 이어받기'에 대해 매우 높은 기대를 가지고 있다.

둘째, 평화와 안보영역에서 비록 아프리카 대륙이 이전보다는 더욱더 안정적인 질서가 생겼고, 스스로의 혼란과 위기를 해결하는 방법에 있어서도 더욱 큰 효과를 거두긴 했다. 그러나 전체적으로 분석해보면 이 지역에는 아직도 "남쪽의 안정과 북쪽의 혼란" 등 내부 불균형과 불확실한 정치 · 안보 형세가 존재한다. 글로벌 국면에서 보면 지속적인 안전보장이 결여된 지역이라고 할 수 있다. 이에 대해 국제사회, 특히 유엔의 시스템과 여러 강대국의 전략대화 기제에서 다양한 기대와 압력이 느껴진다. 책임지는 글로벌 대국으로서의 중국의 개입에 대해서도 이미 이전에는 없던 도전이 있을 뿐 아니라, 크게 작용할 기회가 된 것이다.

바꾸어 말하자면, 아마 장래의 역사도 증명할 것이지만, 서구유럽과 미국 및 일본 등의 선진국들이 보편적으로 쇠퇴하고 적자 출현 및 전통 자본주의의 현대화 모델에 대한 흡입력이 끊임없이 하락하는 이 시기에 중국 등 비서방 강대국들의 굴기는 동서양 관계의 세력전이를 대동한다. 또한 남남관계의 새로운 긍정적 상호작용을 가속시켰다.

중국은 글로벌화의 진행을 충분히 이용하여 거대한 이익과 기회를 얻었으며, 국제사회에 보답할 책임도 갖게 되었다. 세계 평화와 발전의 국면을 유지하고 보호하기 위함과 동시에 스스로의 지속적인 성장을 위해 마땅한 공헌을 해야 한다. 이것은 권리와 의무 간의 상부상조이며, 분리할 수 없는 것이다. 중국 고유의 글로벌 거버넌스의 관념과 방법의 추진이라든지 전통적인 불간섭 원칙에 대한 창의성은 점차 시대에 흐름과 시대의 요구에 따라 나타나게 될 것이다.

2) 최근 중국의 대(對) 아프리카 사무 실천 중의 새로운 창조

늘 듣게 되는 일종의 걱정이나 우려의 시각이 있다. 이러한 분쟁 지역에서 더욱더 조정 능력을 키우는 것을 포함하여 중국이 더욱더 적극적으로 글로벌 사무에 개입하면 중국 스스로 불필요한 충돌의 소용돌이에 말려들지는 않을까? 서방 여러 국가의 전철을 밟아서 현지인들의 반감과 심지어 증오를 일으키지는 않겠는가? 우리가 줄곧 아껴오고 보호하려고 노력해온 평화공존 5대 원칙과 상호 모순이 있어서 중국의 외교사상과 실천에 있어서 혼란을 조성하지는 않겠는가?

필자가 보기에 이러한 우려에 대해 이해할 수 있을 뿐만 아니라, 당연히 이에 대답해야 한다. 이러한 문제들의 존재와 논쟁은 우리의 정책결정 부문과 이론 실무자들을 일깨우는 데 도움을 준다. 글로벌 거버넌스의 참가 필요성과 중국의 국제개입 역량의 증가 상황에서 반드시 협력적 발전과 상호 이익 공존 등의 대외교류의 이념을 명심해야 한다. 타국의 주권과 존엄 및 기타 권익과 관계된 일에서는 반드시 신중하게 처리해야 한다. 이후에도 이것이 유용하고 훌륭한 방법과 생각이었다고 증명될 수 있도록 중국이 계승하고 발전시킬 수 있도록 해야 한다. 사실상 중국은 지난 몇 년간 외교와 군사 및 무역에서 많은 실천이 있었다. 이론 실무자들보다 전면에 나서서 전통적 틀의 한계를 크게 초월했고, 우리 학계의 창의성에도 끊임없는 사례를 제공했다.

외교적 시각에서 관찰하자면, 중국 외교 부문과 특사들은 평화적인 방법과 비폭력의 수단으로 각종 복잡하고 오랜 분쟁들을 해결해야 한다. 아무리 어려운 상황일지라도 협상이 최우선이고, 대화가 최상이며, 화합이 가장 소중함을 쟁취하고 견지해야 한다고 줄곧 주장했다.

중국인의 세심한 참을성은 각국의 외교계에 오랜 명성을 얻었다. 저우 언라이로부터 시작하여 많은 신세대 외교가들 모두 이러한 면에서 우수한 품격을 갖추었다. 경제무역의 제재 수단을 사용할 때에도 중국 정부는 조심했을 뿐 아니라, 예를 들면 유엔 안보리의 결의요구 같이 통상 부득이한 제재방식에 대해서도 전문적인 설명을 했다. 이러한 세심한 인내의 태도는 비평과 징계를 받은 측에 대해서도 비교적 용인하는 중국인의 태도를 의미한다.

중국 외교관들이 각종 공식 및 비공식 회합에서 아프리카 내부의 모순과 견해차이, 심지어는 충돌 위험이 있는 상황을 접하는 경우가 있다. 이러한 경우 중국은 줄곧 아프리카 전체 이익의 보호 관점에서 출발했고, 아프리카 형제들의 상호 투쟁이나 학살을 피할 수 있는 측면을 고려했다. "협상이 우선이다"와 "평화지상과 화목이 가장 귀하다" 거나 "대화가 대항보다 강하다"는 지도원칙을 줄곧 고수했으며, 위급 상황의 '연착륙' 실현을 도와주고 쟁취하기 위해 노력했다.

중국 외교 부문과 유엔 대표는 에티오피아와 에리트레아의 분쟁 조정에서도 이러한 태도를 보여주었다. 이러한 가장 전형적인 사례가 중국의 최근 10년간 수단 위기에서 전개한 조정행동이다. 이 사례는 수단의 안정과 발전을 위해 대량의 원조를 제공함에 있어서 탁월한 성과를 거두었다. 또한 중국은 아프리카 대륙의 기타 지역에서의 유사한 조치에서 유익한 깨우침을 제공했다. 중국의 중재능력은 풍부한 석유자원을 보유한 이 국가에 대한 중국 엔지니어들과 석유 관련자들의 경제원조와 인력자본의 축적에 힘입어 아프리카 북부에서 가장 빈곤했던 국가로 하여금 성장의 활력이 시작되도록 했다. 이러한 점은 서방의 간섭방식이나 이념과는 본질적으로 구별된다.

중국 군인의 아프리카 국제안보 사명의 수행도 그러하다. 과거 20여 년간 중국은 유엔의 평화유지 활동의 틀에서 중요한 아프리카 평화유지 사명을 많이 수행했고, 지금까지 우수한 평가를 받고 있다. 중국 군인들은 엄격한 규율로 현지의 풍습과 관습을 준수했고, 유엔에서 주어진 임무를 충실히 수행했다. 중국 군대는 처음부터 직접 현지의 무장 충돌에 말려들지 않았으며, 한쪽 편에 작전부대를 파견하여 다른 한 편을 제압(프랑스 등 서방의 열강들이 이곳에서 늘 사용하는 방법임)하지 않았다. 반대로, 중국의 평화유지군과 군사감독관은 줄곧 중립적인 입장을 유지했고, 중국이 파견한 군인들은 대부분 공병이나 후방 지원군의 성격을 띠고 있었다. 중국 정부가 평화유지 활동 시기를 선택함에 있어서도 대부분 전후 복구의 과정이었다. 중국 군인들은 과거에도 교전할 이유가 없었고, 앞으로도 직접 아프리카 국가 내전의 어떤 편과도 직접적인 교전을 하지 않을 것이다.

이 점이 중국이 개입의 힘을 증대해도 오히려 현지인들이 반감을 일으키지 않는 기본적인 담보 같은 것이다. 중국이 유엔 평화유지의 틀 아래에서 이러한 아프리카 전란 국가와 지역을 위해 제공한 평화유지 부대는 아프리카 국가의 내부 정치에 있어서 어떤 편에도 직접적인 군사 제압을 한 적이 없다. 오히려 개입의 대상을 위해 힘이 닿는 한도 내에서 정전 감독, 대화 협력, 전후 복구, 민심 안위 등의 원조 제공을 끝까지 고수했다. 이로 인해 가장 규율을 잘 지키고, 가장 건설에 능하며, 가장 현지 풍습을 존중하는 외국 군대라는 찬미를 얻었다. 냉전 이후의 20여 년간 중국은 책임 있는 유엔 안보리 상임이사국의 하나로, 아프리카 대륙에서 이러한 기록은 약점을 잡을 곳이 없고, 다른 어떤 상임이사국도 비교할 수 없는 것이라고 할 수 있다.

중국이 여러 서방 강대국과 다른 점은 개입 조정의 과정과 수단의 선택에 있다. 즉, 협소하게 본국의 경제무역이나 전략적 이익과 적나라하게 결부시키지 않았거나 이러한 결부가 매우 적다는 데 있다. 중국은 설령 관련 국가와 경제무역 부문의 협력에서도 안보사무의 처리에 여전히 공정하고 합리적이다. 국제결의에 부합하는 것을 계승하여 당사국의 국가 정세에 부합하고 현지인 다수의 원칙을 존중하고 있다. 중국 특사가 수단에서 몇 년간 시종일관 평화 중재 노력을 시험했다. 중국 외교관들의 아랍 국가들과 중동 지역에서의 유사한 경험은 곧 중국의 조치가 관련 국가들과 지역의 근본 이익과 일치함을 어렵지 않게 이해할 수 있게 한다.

중국의 재정부와 상무부 등의 부문들이 여러 해 동안 아프리카에 대량의 기초 설비와 융자 원조를 지원했고, 아프리카가 경제적 발전과 재정상의 어려움 해소를 실현하는 데 도움을 주었다. 또한 중국 정부의 통일된 계획과 필요에 따라 중국공산주의청년단의 중앙청년지원자 프로젝트, 위생부의 아프리카 의료 지원대 프로젝트, 농업부의 시범공정 및 중국 평화유지부대의 아프리카 활동에 대한 재정적 보장과 지원을 제공했다. 중국은 새로운 시기에 아프리카 대륙에서의 총체적 포석을 위해 후방 지원과 전략적 지주 역할을 했던 것이다.[7]

많은 아프리카 사람들이 보기에 중국 정부의 아프리카 개발성 경제원조가 이전의 다른 열강들의 아프리카 원조 방식과는 아주 명백하게 다르다고 인식한다. 후자는 종종 경제 혹은 금융원조를 시행하기 이전에 높은 표준을 제시한다거나, 어떤 때에는 심지어 가혹하게 정치, 생

---

7) 다음을 참조할 것. 李安山:《中国援外医疗队的历史 · 规模及影响》,《外交评论》2009년 제1기, pp. 25-45.

태환경, 인권 등에 대한 요구를 먼저 제시했다. 예를 들면 서방의 허가와 감독하에서 선거 민주제를 시행할 것을 요구했다. 프로젝트 실행에 앞서 먼저 현지인들이 들어보지도 못한 대량의 환경평가 작업을 할 것을 요구했다. 또한 근무 조건과 국제표준을 연결하라는 요구 등이 있었다. 특히 세계가 끊임없이 진보하고 더욱 높은 단계로 향하는 오늘날에는 이러한 것들을 듣다 보면 전혀 이치가 닿지 않는 것은 아니다. 하지만 긍정적인 외부의 어떠한 방법이나 제도도 현지의 특수성에 적합하지 않는다면, 기후풍토에 맞지 않아서 결국 효력이 없어지게 될 것이다.

이러한 점이 서방의 경제원조가 효과 없이 종결되는지에 대한 원인일 것이다. 반대로 중국의 원조는 거의 정치적 조건을 거론하지 않았다. 생태환경이나 인권 방면의 규정에서도 명확하게 느슨하고 탄력적이다. 중국인은 경제투자의 실질적인 효력과 일상적으로 볼 수 있는 생활 개선을 더욱 중시했다. 중국의 실무자와 프로젝트 관리자들은 늘 몸으로 실천했고, 근면하고 민첩했다.

물론 이러한 점이 중국의 원조가 약점이나 개선해야 할 점이 없다고 말하는 것은 아니다. 단지 매우 분명한 것은 가장 기본적인 생활 보장을 실현하고 GDP를 높이려는 많은 아프리카 국가들의 갈망에 대해 중국의 개발성 원조는 더욱더 실용적이고 편리하며 적은 원가를 필요로 한다는 것이다.

글로벌화와 국제 거버넌스의 새로운 형세와 새로운 요구는 날이 갈수록 절박한 환경하에 있다. 중국은 평화 조정, 안보 대화, 충돌 해결, 사회·경제 재건과정에 대한 참여를 더욱 늘려야 한다. 이러한 본질은 중국이 전통적으로 제창한 평화공존 5대 원칙의 기본 정신과도 부합한다. 즉, 중국이 조정의 목소리와 자신의 자원을 통해 당사국 국민과 다수의 정치파벌에게 충분히 존중받는다는 전제하에 관련 국가의 자주적인 발전방향의 결정 능력을 증강하는 데 도움을 주어야 한다. 아프리카 국가들과 국민 스스로 가장 적합한 방향과 방법을 찾을 수 있음을 믿어야 한다. 어떤 외부 세력이 강제적으로 이들 주권 국가들의 정권을 개조하려는 행동에 반대한다. 특히 외부 군사력으로 제압하거나 침략하여 점령하는 방법으로 어느 한편의 정치 권리와 안보능력을 박탈하여 억압하는 것에 반대한다.

이와 같은 여러 사례들은 여전히 많이 찾아낼 수 있다. 이러한 사례들은 다른 측면에서 중국의 대국의식을 굴절시킨다. 구체적인 정부 부문의 실천은 학술계보다 앞서서 움직여야 함을 분명하게 말해둔다.

3.
탐색과 새로운 창조의 몇 가지 방법

내정불간섭 원칙에 대한 새로운 창조의 구체적인 방법[8]에 대해 여기에서 일부 초보적인 탐색을 하려 한다.

1) 아프리카 전체 평화유지 원조 능력

2012년 7월 베이징에서 열린 제5차 중국-아프리카 장관급 회의 석상에서 중국 지도자가 "오늘 이 시간 이후 중국은 앞으로 아프리카 국가 전체의 자주안보와 안정적인 능력을 보호하기 위해 필요한 지원을 늘려갈 것"임을 언급했다. 후진타오 주석은 아래와 같이 표명했다.

---

8) 중국 국내에 현존하는 연구는 이 방면의 '개요'에 대한 초보적인 토론에 그친다. 중국 외교부 아프리카 부서에서 편찬한 아래의 자료를 참조할 것. 中国外交部非洲司编,《中非联合研究交流计划: 2011年课题研究报告选编》, 世界知识出版社, 2012년 출판.

"중국은 앞으로 아프리카의 평화와 안정을 촉진하기 위해 도울 것이다. 아프리카 발전을 위한 안전한 환경을 창조하기 위해 중국은 '중국-아프리카 평화안보 협력 파트너 제안'을 발의할 것이다. 이를 통해 아프리카연맹 및 아프리카 국가들과 아프리카에서 평화안전 영역의 협력을 심화할 것이다. 아프리카연맹이 아프리카에서 평화유지 활동을 전개하고 상비군을 건설하는 등에 필요한 자금 지원을 제공할 것이다. 아프리카연맹의 평화안전 사무 관원들의 교육과 평화유지 인원을 증가하도록 할 것이다."[9]

이것은 중요하고 새로운 제안이다. 그러나 단지 초보적인 실마리에 불과하고, 체계적인 설명이 결여되어 있다. 중국이 제공하려는 이러한 안보능력의 수립에 대한 (재정지원에서의) 지지는 주로 어떤 측면에 대한 표현일까? 어떻게 아프리카연맹의 평화유지 활동을 돕고, 아프리카 상비군 건설에 재정지원을 하겠다는 것일까?

지난 몇 년간 중국과 아프리카 국가들 간에 이미 여러 가지 협력의 형태가 있었다. 예를 들면 (평화유지부대와 군사감독관의 두 부분을 포함한) 유엔 평화유지 활동 병력 파견이나 중국이 안보리에서 아프리카 안보를 보호하고 충돌 완화를 위해 많은 노력을 기울인 적이 있다. 중국 해군과 특수부대는 아프리카 동부 해역의 소말리아 일대에서 해적에 대비한 순찰을 실시했다. 중국의 특사는 수단에서 힘들고 어려운 조정을 진행했다. 중국은 '아프리카의 뿔(The Horn of Africa)'[10]에 해당하는 각국의 소

---

9) 후진타오의 중국-아프리카 협력포럼 제5회 장관급 회의 개막식에서의 연설을 참조할 것. 「신화왕(新华网)」 2012년 7월 19일자 보도.

10) 역자 주: 지도상의 모양 때문에 『아프리카의 뿔(The Horn of Africa)』로 불리는 나라는 일반적으로 아프리카의 북동부 10개국을 말한다. 10개국은 에티오피아(Ethiopia), 소말리

말리아 내전을 해결하기 위한 노력에 대해 재정지원도 제공했다. 중국은 에티오피아의 수도에 아프리카연맹 본부 건물을 지원하여 건설했다. 중국 공안부문 및 하급 교육기관에서 아프리카 여러 나라의 경찰을 위한 수차례의 교육과 중국 국방대학 국방사무 대학원(防务学院)의 아프리카 국가 장교 정기교육 등이 있다. 이러한 방식은 의심할 것도 없이 중요한 작용을 한다. 아프리카의 평화와 안정을 증진시키는 데 공헌함으로써 유엔과 아프리카 국가들의 호평을 얻었던 것이다.

현재 필요한 토론은 이러한 상황과 프로젝트에서 아직도 어떤 부분에서는 부족함이 존재하므로 필요한 것을 어떤 식으로 보강하고 개선하는가에 있다. 첫째, 필자가 보기에는 이미 진행하고 있는 일에 대한 전면적이고 세밀한 평가가 필요하다. 아프리카의 전체 안보능력 건설에 대한 지원을 더욱 키우려면 맹목적인 프로젝트나 자금을 늘리는 것만으로는 부족하다. 당연히 대상에 따른 우선순위를 만들어내야 한다.

둘째, 이러한 일들이 중국의 글로벌 전략에서 차지하는 비율에 대한 추가적인 검토가 반드시 필요하다. 돌출되는 문제들은 "중국이 아프리카에 대한 군사와 안보원조에 필요한 국방과 군사 현대화의 포석에서 어떻게 자원의 조절과 배치를 만들어낼 수 있는가? 중국이 아프리카에 추가하는 이러한 투자와 역량이 미군의 아프리카 사령부와 전략적 마찰이 있지는 않은가? 또 어떻게 예방하고 경계할 것인가?"라는 것이다.

아(Somalia), 에리트레아(Eritrea), 지부티(Djibouti), 수단(Sudan), 부룬디(Burundi), 케냐(Kenya), 르완다(Rwanda), 탄자니아(Tanzania). 우간다(Uganda)이다. 출처: 네이버 지식백과, 아프리카의 뿔(The Horn of Africa), 시사상식사전, 박문각. 검색일 2014년 1월 10일. http://terms.naver.com/entry.nhn?docId=70040&cid=770&categoryId=2227

이러한 문제들에 대해 군사와 외교 부문은 소통과 협력을 더욱 강화해야 한다. 또한, 아프리카 전체의 안보능력에 대한 원조는 아프리카 기초시설 측면에 대한 원조 및 포석과 어떻게 관련지을 것이며, 어떻게 상호 보충할 것인지에 대해서도 고민이 필요한 문제이다. 지난 10여 년간 중국은 경제 기초 시설 방면에서 크게 투자했다. 명확한 강점이 있고, 초기 투자의 이점을 잘 활용하여 안보협력의 전개에서 '사반공배(事半功倍)', 즉 적은 노력으로 많은 효과를 거두는 데 도움이 되었다.

가장 핵심적인 한 가지 문제가 있다. 중국의 아프리카 안보원조에서 "어떻게 효과적으로 아프리카의 많은 국가들을 도울 수 있도록 함과 동시에 중국의 서로 다른 단체들이 이 지역에서의 에너지 자원 개발, 상품시장 개척, 해상통로 안전, 인력과 재산 보호, 외교 발언권 강화 등의 다각적인 목표들을 절묘하고 효과적으로 살필 수 있을 것인가?"라는 점이다.

여기에 대한 전략 단계는 풍부하고 복잡하다. 게임의 법칙과도 같은 고난도의 기교가 있어야 하지만 기회도 많다. 새로운 시기에 있어서 중국의 정책 결정부문과 학계의 연구에 대한 필요성과 압력이 공존하며, 반드시 전체적으로 고려해야 한다.

2) 안보원조 프로젝트의 증설

주지하다시피, 국제적으로 어떤 국가 혹은 세력들이 이른바 '중국의 아프리카 군사기지 건설'이라는 화두로 토론을 벌이고 있다. 중국 국내에서도 종종 이와 유사한 제안을 볼 수 있다. 관련된 한 가지 증거로는 최근 중국 해군의 3개 함대가 순환기제를 수립한 것이다. 정기적으로 각자의 함대를 파견하여 아프리카 동부 해역에서 다른 주요 국가의 해군처럼 해상통로를 보호하고 해적 저지 등의 해상 범죄 활동의 임무를 수행하는 것이다.

그렇지만 유럽과 미국 등 선진국들과 달리 중국은 아프리카 각지에서 스스로 유지보수를 할 수 있는 기지나 항구시설이 없다. 이는 해군함정의 활동범위와 함정의 전투준비 능력을 제한한다. 중국 군대는 '아프리카의 뿔'이라는 곳에 평화의 서광이 다시 출현할 수 있도록 공헌하는 능력을 발휘하는 것까지라고 제한적으로 말할 수도 있다.

(그런데) 최근 중국이 아프리카에서 우호적인 국가와 군사기지를 설립하는 것과 관련된 토론이 벌어졌다. 필자가 확보한 소식에 의하면, 다수의 아프리카 국가들이 이에 대해 그다지 찬성하지 않는 듯하다. 오히려 중국의 군사력이 접근하는 것을 걱정할 뿐 아니라, 이 지역에서 세계 대국의 군사 조직 간의 대립이 심화되고, 아프리카 전체의 이익에 해가 될 것이라고 우려한다. 많은 아프리카 국가들은 단지 중국이 재정적 측면에서의 원조를 강화하고, 필요한 수단과 시설을 돕는 것을 포함한 아프리카 안보기구와 군경의 교육을 돕는 것을 희망할 뿐이라는 것이다.

위에서 서술한 상황에 대해 중국의 학자들과 싱크탱크에서 당연히 고려해야 할 점이 있다. 즉 "중국이 어떻게 적당히 개입하면서 아프리카 안보의 자주능력을 긍정적으로 발전시키고, 중국이 이 지역에서 본국의 경제무역, 에너지 및 해양권익을 보호하기 위한 제한적인 군사적 존재의 틀을 넉넉하게 만들어낼 수 있는가?"라는 점이다.

필자의 제의는 이렇다. 중국 측이 가능하면 관련 국가들과 협상하여 신뢰를 높이고 의구심을 해소해야 한다. 충분히 서로를 존중하는 바탕 위에서 원래 베이징에서 실시했고 중국 국방대학이 주도하는 아프리카 군관 연수 프로젝트를 부분적으로 이식하여 아프리카 본토에 전개하는 것이다. 동시에 아주 적은 수의 '중추적'인 우호 국가를 선별해서 군함과 함정의 수리와 보급을 도울 수 있는 민간용 위주의 전용 항구와 창고 시설을 건설하고, 이러한 시설을 부분적으로 군관과 경찰 훈련 프로젝트에 응용하는 것이다.

이런 일들을 할 때 반드시 주의할 점은 강제로 추진하지 말아야 한다는 것이다. 쓸데없이 군사목표라고 떠벌이지 말아야 하며, 경제원조의 원칙을 잊지 말아야 한다. 믿건대, 조만간 중국 군대와 아프리카 국가 사이에 이러한 측면의 협력이 앞으로 점차 전개되고 깊어질 것이다. 이것은 쌍방 모두에게 현실적인 이익과 역사적인 필연성이 될 것이다. 따라서 현재 조기에 토론을 전개하고 예비적 모델을 시연해보는 것은 매우 필요하다. 대략 미래의 5년 내지 10년 사이에 중국은 아프리카 우호국들의 도움과 상호 호혜, 윈-윈이라는 기초 위에서 반드시 자신의 수요와 방식에 따라 아프리카 대륙의 어느 지역 혹은 주변 지역에서 중국 고유의 군민 양용 물자보급기지와 후방 유지보수 시설을 세워야 한다.

이곳은 서방 같은 새로운 군사기지가 출현하지 않을 것이다. 새로운 전쟁 발발지가 되지도 않을 것이며, 쉽게 무력을 동원하게 되지도 않을 것이다. 중국-아프리카 관계를 악화시키거나 중국과 서방 전통 강대국과의 갈등을 초래하는 근원이 되지도 않을 것이다. 반대로, 이것은 아프리카에 대한 중국의 발전적인 경제원조가 미국과 유럽의 아프리카 원조와는 구별되는 것과도 같다. 중국의 안보원조와 보급시설 건설은 장차 새로운 단계의 중국-아프리카 우호 협력의 무대가 될 것이며, 아프리카 전체의 자주적 안보능력을 강화하는 지렛대가 될 것이다. 중국의 군사 현대화를 이루기 위한 스스로의 보장에 도움이 될 뿐 아니라, 타국의 평화안정을 증명하는 데도 도움이 될 것이다.

3) 지역 조직과 주요 국가를 '손잡이'로 삼자

전 세계 다른 지역에서의 경험과 교훈을 비교하여 아프리카연맹 및 아프리카 대륙에 존재하는 여러 지역조직 혹은 기제의 작용을 많이 고려하는 것도 무방하다. 구체적인 순서와 조치로 그들이 이 부문의 안전자원과 총괄능력을 증강하도록 협조하는 것이다.

제2차 세계대전 이후 유럽의 경험이 제시하는 것이 있다. 당시의 바르샤바조약기구(Warsaw Treaty Organization, WTO, 华约)[11]이든 아니면 현재의 북대서양조약기구(North Atlantic Treaty Organization, NATO, 北约)[12] 혹은 유

---

11) 역자 주: 제2차 세계대전 이후 심각한 동서대립 속에서 서독의 재무장과 NATO(North Atlantic Treaty Organization: 북대서양조약기구)에 대항하기 위해 소련을 비롯한 동구권 8개국의 총리가 1955년 5월 11~14일 폴란드 바르샤바에 모여 체결한 군사동맹 조약기구 이다. 조약 체결국은 소련·폴란드·동독·헝가리·루마니아·불가리아·알바니아·체코슬로바키아의 8개국이었으나, 알바니아는 소련과 의견을 달리하여 1968년 9월에 탈퇴했다. 소련의 위성국들에 대한 지배 강화 및 사회주의 국가들의 동맹 강화를 목적으로 조약을 체결했으나, 서독을 NATO에 가입시킬 것을 결의한 파리협정이 직접적인 계기가 되었다. 조약에는 통합사령부 설치와 소련군의 회원국 영토 주둔권을 규정하고 있으며, 병력 규모는 1980년대 초 약 475만 명에 육박했다. 출처: 네이버 지식백과, 바르샤바조약기구(Warsaw Treaty Organization), 두산백과. 검색일 2014년 1월 10일. http://terms.naver.com/entry.nhn?docId=1097481&cid=200000000&categoryId=200004738

12) 역자 주: 1949년 4월에 조인하고 같은 해 8월 24일부터 효력이 발생되었다. 그 후 유럽 내에서 반공세력을 형성하고 있던 서유럽 국가들의 기본적인 집단방위조약으로 지속되었다. 회원국은 벨기에, 캐나다, 덴마크, 아이슬란드, 이탈리아, 룩셈부르크, 네덜란드, 노르웨이,

럽방위공동체(European Defense Community, EDC, 欧盟防务机制)[13]이든 이 기구들에는 하나의 공통점이 존재한다. 정치적인 신뢰와 고위층의 의지가 자주 이어진다는 전제하에 해당 지역 범위에서 어떤 집단 안보의 협력이 이루어지고 발전될 수 있다는 점이다. 이는 지역 내의 국가들이 일이 있으면 서로 돕고, 어려움이 있으면 공동으로 분담하는 것을 보장했으며, 외부의 부당한 간섭이 내부에서 문란한 질서를 조성하지 못하도록 예방했다. 또한 사실상 상당히 긴 기간 동안 구역 내의 평화와 안정을 유지했다는 것이다.

유럽의 이러한 경험은 냉전이 끝난 후에도 점차 확대되었고, 세계 각 지역에서 모방하고 참고하는 본보기가 되었다. 유럽의 집단 안보 기제가 계시하는 것 중의 하나는 (바르샤바조약기구의 소련이나 나토의 미국 혹은 유럽연맹의 독일과 프랑스가 주축인 것처럼) 구체적인 핵심 엔진의 추진에 있다. 말하자면 주요 강대국의 주도적인 작용 및 결정적 시기에서의 위기 처리는 빠질 수 없는 것이라는 점이다. 또 다른 결정적 요소는 지역 조직

포르투갈, 영국, 미국, 프랑스 등이다. 1952년 2월 그리스와 터키, 1955년 5월 서독, 1982년 5월 스페인, 1999년 3월 체코 · 폴란드 · 헝가리가 가입했다. 프랑스는 NATO 회원국으로 남아 있었으나, 1966년 NATO통합군에서는 탈퇴했다. 출처: 네이버 지식백과, 북대서양 조약기구(North Atlantic Treaty Organization), 두산백과. 검색일 2014년 1월 10일. http://terms.naver.com/entry.nhn?docId=1104325&cid=200000000&categoryId=200004738

13) 역자 주: 약칭은 EDC이다. 프랑스 · 서독 · 이탈리아 · 네덜란드 · 벨기에 · 룩셈부르크 6개 국은 제2차 세계대전 후 서유럽의 안전을 보장하기 위해 유럽통일군을 창설하고, 서독의 재군비를 허용하면서 이를 통일군에 편입하려는 계획을 추진했다. 이는 초국가적 유럽군을 설립함으로써 재래식 병력을 내세워 우위를 과시하는 소련의 세력을 상쇄하려는 목적이었다. 1952년 2월 NATO의 정식 승인을 거쳐 같은 해 5월 파리에서 유럽방위공동체 조약을 체결했다. 그러나 1954년경에 이르자 이 기구 창설의 필요성이 감소되었을 뿐 아니라, 서독의 재군비를 달갑지 않게 여기던 프랑스 의회가 조약의 비준을 거부하는 바람에 1954년 이 계획은 실패로 돌아갔다. 1955년 5월 6일 이를 대신하는 서유럽 통합조약을 체결했고, 같은 해 10월에 WEU(Western European Union: 서유럽연합)가 탄생했다. 출처: 네이버 지식백과, 유럽방위공동체(European Defense Community), 두산백과. 검색일 2014년 1월 10일. http://terms.naver.com/entry.nhn?docId=1132288&cid=200000000&categoryId=200004738

내부의 안보목표, 공동위협, 처리원칙, 처리방식에서 공동인식의 합의가 있어야 하고, 점차적으로 복잡한 규칙이나 기제가 형성되어야 한다는 것이다.

중국의 대(對) 아프리카 관계에 대해 현실적으로 살펴보자. 유럽의 경험이 계시하는 바와 같이 중국도 남아프리카, 이집트, 나이지리아, 에티오피아 등과 같은 아프리카 여러 대국과 협조할 수 있다. 아프리카연맹이 안정유지의 역할을 발휘하는 입장에서 출발하는 이러한 아프리카 안보 무대를 그려볼 수 있다. 예를 들면 안보인력의 교육 자금을 지원하거나 아프리카연맹의 안정을 유지하기 위한 조직의 설비 제공 등이 있다. 동시에 아프리카연맹 각국이 평화유지의 일정을 확립하고 우선목표에서 최소한의 일치를 이루도록 촉진한다. 이러한 공통 인식을 위해 필요한 기술원조와 자금원조를 제공하는 것이다.

최근 몇 년 동안 아프리카에서 일어난 일들은 세상 사람들에게 교훈을 주었다. 아프리카의 안보기능 발휘는 아직도 비교적 초급 발전 단계에 있다. 효율이 높지 않거나, 공신력이 부족하거나, 주요 대국의 협조가 강하지 않는 등 이러저러한 이유로 사람들이 의도하는 바를 제대로 갖추지 못하고 있다. 이러한 기구는 결국 일종의 전체적인 합법성을 대표하면서 비교적 국제안보 조직 표준의 전제에 부합할 것이다. 이 기구의 여러 구체적인 방법도 갈수록 넓은 도덕적 동정과 성원을 얻을 것이다.[14]

따라서 아프리카연맹을 통해 중국이 아프리카의 안보와 안정을 위한 자주능력 측면에서의 개입을 실현하면, 다수의 아프리카 국가들

---

14) 중국 학계의 아프리카연맹에 대한 토론은 아래의 자료를 참조할 것. 罗建波:《通向复兴之路: 非洲与非洲一体化硏究》, 中国社会科学出版社, 2010년판.

의 이익에도 비교적 부합하며, 국제사회에서도 쉽게 이해와 승인을 얻을 수 있을 것이다.

다음 단계에서 중국은 아프리카연맹의 안보능력의 협조에 대해 목표를 겨냥해야 한다. 일의 상황에 맞게 적당한 조치를 취하거나 각자의 구체적인 실정에 맞게 적절하게 대책을 세워야 한다. 때에 따라 적절하게 처리해야 하며, 단지 간단하게 재정상으로 (그들이 중국에게) 의존하거나 의존되는 관계[15]를 양성해서는 안 될 것이다. 조직 자체의 협조력, 조직력, 결단력 및 인재양성 등의 기본적인 건설 작업을 (중국이) 대신해서도 안 될 것이다.

어쨌든 최근 중국 정부의 대(對) 아프리카 관계에서 진행하는 아프리카 인재양성과 인력자본 건설 방침에 대한 협조를 가속화함에 있어서 일부 자금을 아프리카연맹의 안보기제를 양성하는 곳에 사용하는 것도 무방하다.

4) 비동맹정책의 적절한 조정

위의 토론처럼 중국의 대외전략과 연관된 하나의 새로운 문제는 전통적인 비동맹 원칙의 적당한 조정이 필요한지 여부이다. 즉, 서

---

15) 역사상 중국이 원조 건설한 탄자니아-잠비아 철도(The Tanzania Zambia Railway, 坦赞铁路)는 이전에 중국-아프리카 정치관계의 찬란함을 만들었다. 그러나 현실적인 평가는 이 프로젝트의 유지가 갈수록 어려워지고 있고, 여기에는 배울 만한 가치가 있는 교훈이 많으며, 미래의 중국-아프리카의 전략적 협력관계를 위한 참고가 될 것이다. 초기의 토론은 아래의 자료를 참조할 것. (미국) 于子桥:《坦桑尼亚-赞比亚铁路: 中国对非经济援助个案研究》, 北京大学非洲研究中心编:《中国与非洲》, 北京大学出版社, 2000년도 출판, pp. 274-301. 최근의 상황과 수치에 관한 것은 아래의 자료 참조. 陈晓晨:《中国拿坦赞铁路怎么办》,《世界知识》, 2012년 제21기, pp. 50-59.

로 다른 측면에서의 전략적 협력과 우방을 수립하는 목표를 의사일정에 올리는 것이다.

　중국이 과거 30여 년간, 즉 개혁개방 이래 줄곧 비동맹 원칙을 고수해왔고, 자주독립과 평화발전의 외교방침에 대해 많은 사람들이 알게 되었다. 이렇게 장기간 견지해온 방침과 원칙에는 이에 대한 역사적 요인과 중요한 작용이 있다.

　신중국 건립 초기, 여러 측면의 원인에 의해 중국은 일찍이 (사회주의) '일변도(一边倒)'라는 대외정책의 방침을 실시했고, 세계에서 첫 번째 사회주의 국가인 소련과 동맹관계를 형성했다. 20세기인 1960년대에 중소관계가 분열되자, 이로 인해 중소동맹도 결렬되었다. 1970년대 초 닉슨의 방중과 중미 교류의 개시로 사회제도와 이데올로기가 완전히 다른 두 국가는 '소련의 위협'에 대응하기 위한 특수관계를 수립했다. 외부에서는 이를 통상 '준(準)동맹관계'로 칭하기도 했다. 1970년대 말에서 1980년대 초에 이르기까지 중국은 개혁개방의 완전히 새로운 시대에 진입했다. 국제정세와 내부 변화 모두 이전의 대내외 방침에 대한 반성과 조정이 요구되었다.

　바로 이러한 배경하에서 중국 개혁개방의 총설계사인 덩샤오핑은 '비동맹'의 중요한 사상을 제시했다. 이것에 대한 요점은 다음과 같다.

　　"중국은 어떠한 군사동맹과 조직에도 참여하지 않으며, 제3자에 대항하기 위해 어떠한 국가 혹은 조직과 동맹관계를 맺지 않는다. 중국은 평화공존 5대 원칙의 기초 위에서 세계의 모든 국가와 평화적 발전관계를 수립하길 원한다. 중국 자신이 제3세계에 속하는 바, 당연히 제3세계와의 연계를 강화할 것이다. 핍박받았던 민족의 모든 해방투쟁과 정의로운 사업을 지지할 것이다. 패권주의를 반대하며, 세계의 평화를 유지하고 보호할 것이다. 중국이 고수하는 비동맹 대외방침도 스스로의 이익을 보호하고 수립한 기존의 원칙성 및 탄력적인 실무 입장을 발전시키기 위한 것이다."

덩샤오핑이 강조한 것은 중국의 대외정책은 자주독립적이며, 어떠한 국가와도 동맹관계를 맺지 않는 '진정한 비동맹'이라는 것이다. 이러한 비동맹 원칙은 덩샤오핑의 예리한 시대적 안목과 담력을 반영한 것이다. 대내외의 필요에 대해 적응했고, 새로운 시기에 중국의 외교를 위해 중요한 반석을 다지게 했다. 바로 이러한 원칙의 지도가 있었기에 1980년대 이래 중국의 대외방침이 줄곧 자주독립과 평화협력 및 상호공영의 큰 깃발을 높이 쳐들 수 있었던 것이다. 모든 방향에서 세계의 서로 다른 지역 그리고 서로 다른 사회제도와 이데올로기를 가진 여러 국가들과 우호적인 교류관계를 전개할 수 있었다. 국내 개혁과 건설에 유리한 우호적인 외부 환경을 만들어낼 수 있었던 것이다.

먼저, 이러한 비동맹 원칙은 중국이 아시아와 아프리카 및 라틴아메리카에서 많은 우호적 국가들과 수교하는 데 도움이 되었다. 그 국가들은 서방 진영 혹은 소련 진영에 의존하지 않고, 이 양대 조직에 대항하는 것을 원하지도 않으면서 중국의 새로운 입장이 그들에게 중요한 친구가 되도록 했다.

다음으로, 비동맹 원칙은 중국이 간단하게 끌려들어가거나 동맹을 맺게 되지는 않을 것이라는 인식을 세계의 여러 강대국과 조직들이 갖도록 했다. 중국이 오랜 문명을 가지고 있음과 동시에 새로운 의식의 각성을 가진 동방의 대국이며, 소홀히 할 수 없는 독립적인 세력이라는 인식도 품게 했다.

셋째, 중국의 이런 원칙과 방침은 결코 경직되어 불변인 것은 아니라는 점이다. 상당한 탄력성과 실무적인 성질을 가지고 있으며, 덩샤오핑의 전체적인 개혁개방 방침과 실무정신과도 일치하며 연결된다. 이 점은 중국이 국제적인 범위에서 선의로 인연을 맺고 적을 만들지 않는 대국임을 공인받도록 했다.

당연히 지적할 것은 중국이 결코 이 정책을 혼자서 수행하는 것은 아니며, 똑같이 비동맹 입장을 고수하는 많은 나라들이 있다는 것이다. 그중에서 가장 유명한 것이 '비동맹운동'이다. 이 운동은 115개 회원국으로 느슨하게 구성된 국제조직이다. 냉전 시기에 성립되었고, 이 회원국들은 자주독립적이며, 미소 양 강대국 중 어느 한쪽과도 동맹을 맺지 않는 외교정책을 수행했다.

연합국 중에서 3분의 2의 회원국이 이 조직의 회원이고, 세계인구의 55%가 비동맹운동 국가에서 생활한다. 비동맹운동은 정기적으로 정상회담을 개최하는데, 2006년까지 이미 구유고슬라비아, 이집트, 잠비아, 알제리, 스리랑카, 쿠바, 인도, 짐바브웨, 인도네시아, 콜롬비아, 남아프리카와 말레이시아 등의 국가에서 14차례 회의를 진행했다. 아프리카연맹, 아라비아국가연맹과 연합국은 참관국으로 조직되어 있다.

비동맹국가 회의에 참가하는 5가지 조건은 ① 평화공존과 비동맹을 기초로 한 독립적인 외교정책 수행, ② 민족 독립운동 지지, ③ 군

---

16) 역자 주: 비동맹운동을 발기한 5명의 정상 사진은 좌로부터 인도 총리 자와할랄 네루(Javāharlāl Nehrū), 가나 대통령 콰메 은크루마(Kwame Nkrumah), 이집트 대통령 가말 압델 나세르(Gamal Abdel Nasser), 인도네시아 대통령 하지 모하맛 수카르노(Haji Mohammad Sukarno), 유고슬라비아 대통령 요시프 브로즈 티토(Josip Broz Tito)이다.

사대국의 동맹 불참, ④ 강대국과 양자 군사협정을 맺지 않는 것, ⑤ 외국에게 군사기지를 제공하지 않는 것이다.

비동맹운동의 전개는 제3세계의 굴기가 이루어진 반둥회의(Bandung Conference, 万隆会议) 이후 제2의 획기적인 이정표가 되었다. 이의 역사적 배경은 제2차 세계대전 이후 일련의 민족 독립국가들이 강대국의 통제에서 벗어나면서부터였다. 강대국들 간의 대립에 말려드는 것을 피하고, 국가의 주권과 독립을 보호하며, 민족의 경제를 발전시키고, 평화와 중립 및 비동맹의 대외정책을 선택한 데서 기인한다. 비동맹운동은 제3세계 국가 국민이 자기의 생명을 스스로 주관하길 요구하는 것과 평화유지와 발전에 힘쓰는 역사적 조류가 반영된 것이다. 따라서 강한 생명력을 가졌고, 국제무대에서 중요한 작용을 했다.

중국은 비록 비동맹운동의 회원은 아니지만, 줄곧 비동맹운동과 긴밀한 연결을 유지해왔다. 각종 회합에서 광범위한 저개발국가의 국제조직에 확고하고 전면적인 지지를 보냈다. 일정한 의미에서 언급하자면, 덩샤오핑이 제정했고, 중국의 개혁개방 이래 이른바 장기적으로 수행해온 비동맹정책은 중국 스스로의 외교적 전통을 계승한 것이다. 또한 광범위한 저개발국가들과 함께 호흡하는 공동 운명의 신분적 인식에도 반영되었다. 냉전시기 미소의 전(全) 지구적 대치와 대항이라는 가장 험악한 특수 환경에 적합할 뿐 아니라, 일종의 시기와 형세를 잘 판단하고 이익을 추구하며, 손해를 회피하는 외교전략이었다.

오늘날 인류는 이미 새로운 세기에 진입했다. 국제와 국내 형세는 이전보다 비교적 커다란 변화를 보이고 있다. 한편으로는 국제범위에서 신·구 세력의 다툼과 교체의 진행이 가속되었다. 여러 비서방 신흥대국의 급속한 굴기가 오랜 자본주의 강국에게 많은 불편과 문제를 야기했다. 이전에는 없던 방식으로 새로운 시기의 국제관계는 기회와 도전이 병존하는 복합성이 전개되고 있다. 다른 한편으로 중국은 지난 몇십 년의 개혁발전과 전면적인 건설을 통해 종합국력과 전략적 사고 모두가 매우 높아졌다. 경제, 무역, 금융, 군사 등 여러 부문에서 하드 파워(hard power)가 더욱 강화되었을 뿐만 아니라, 자신감과 국제정세에 대응하는 능력 또한 이전보다 훨씬 좋아졌다. 게다가 해외 이익의 부단한 성장과 국제책임 및 권리의 끊임없는 확대는 중국인이 새로운 시기의 세계 정치에 영향을 줄 수 있는 더 많은 이유와 참여 능력을 갖게 했다. 국제안보 구조에 창조적으로 개입하는 하나의 형상을 갖도록 한 것이다.

국가의 안보형세가 나날이 복잡해지는 조건 아래 새로운 상황과 자신의 필요 및 실력에 따라 비동맹 원칙의 상세한 검토와 부흥의 문제는 갈수록 절실하고 중요하게 변하고 있다. 이것이 비동맹 원칙을 완전히 포기하자는 의미는 절대로 아니며, (비동맹 원칙의) 적용성을 적절하고 미세하게 조정하자는 말이고, 창조적이고 풍부한 발전을 기하자는 것이다.

예를 들면, 첫째로는 어떤 국가나 단체와도 군사연맹을 맺지 않는다는 전제를 고수하면서 여러 국가 및 '친구'들과 함께 지역 전략지점의 건설이라는 글로벌 포석을 심각하게 고려할 수 있다. 둘째로는 이러한 기초 아래 전략적 가치가 있는 여러 협력 국가나 각종 국제조직에 대한 참가를 확대해도 무방하다. 또한 존재하고 있는 중요한 잠재 위협의 목표대상(국가 혹은 단체)에 대한 예방과 제약을 확대해도 무방하다. 셋째로는 앞으로 중국 내 일정 기간의 자원수요와 대외무역 확대의 필요, 금융 위험 예방 목표 등의 제시와 실마리에 근거하여 외교와 국제전략의 무대에서 합종연횡(合纵连横)이라는 특수한 수단의 추진을 고려해야 한다. 다중 경보기제와 주변, 본 지역, 다른 대륙, 글로벌 차원 등의 단계별 영토전략을 수립해야 한다.

국제정치와 안보에 관한 사전에는 협의의 '동맹'이 우리가 이미 반대하는 국가 간 군사동맹 수립을 추구하는 그런 것이다. 특히 패권 지배하의 억압적인 군사집단 등의 행위라고 되어 있다.

광의의 '동맹'은 잠재적인 '적'과 '나'와 '친구'에 대한 정리와 구분으로 이해해도 무방하다. 국가 이익의 기초 위에서 결별이나 체결이라는 다른 방식을 이용하여 복잡한 기회와 도전에 대응하는 전략의 계획과 행동을 총괄하는 것이다. 광의의 동맹 역시 일종의 전략 분류방식이다. 새로운 단계에서 중국 외교와 전략 수립 부문이 마땅히 평가되어야 하고 적당히 응용해야 한다.

5) 원조 효율 제고, 부패현상 교정

모두들 알고 있는 것처럼 최근 10년간 중국 정부의 아프리카 원조 범위가 크게 증가되었다. 예를 들면, 중국 국가개발은행의 아프리카에 대한 대출이 아마도 아프리카 역외의 강대국에서 제공하는 가장 많은 은행 중의 하나일 것이다. 중국의 여러 대기업이나 회사의 아프리카 개발 합작 프로젝트 및 공사가 전통적인 서방 열강의 동일 시기의 원조 건설 수치를 초과했을 것이다. 중국이 원조하여 건설하는 아프리카동맹 본부는 아프리카에서 가장 현대식 회의 빌딩이다. 중국의 유엔평화 부대가 건설하는 도로, 학교, 병원 및 항구설비는 유엔 평화유지 부대

중에서 이 방면의 공헌이 가장 많은 부대이다. 그 외에도 이런 측면의 숫자와 상황을 열거하자면 아주 많으나, 여기에서는 더 이상 언급하지 않기로 한다.

그리고 아프리카의 많은 민간단체와 싱크탱크 및 여러 현지 언론들이 언급한 것을 근거로 밝힐 내용이 있다. 중국의 방대한 원조비용 중에는 아프리카 어느 국가의 고위 지도층에게 부당하게 이용당한 일이 있다는 것이다. 현지 공무원과 부패한 자들이 모의하여 사리사욕을 취한 것이라든지, 관리부재와 저효율 및 해당국 민중이 매우 적은 수익을 얻는 등의 뒤끝이 나쁜 공사들도 있었다. 사실, 서구 강대국의 원조를 포함하여 각국의 아프리카 원조는 모두 정도만 다를 뿐 비슷한 문제들이 존재한다. 단지 중국의 원조만이 남용되거나 불법 침해를 당한 것은 아니다.

그러나 경계해야 할 것은 현재 서구의 몇몇 매체들이 이것을 핑계로 제멋대로 베끼고 질책하여 아프리카의 여러 대중이나 지식인들도 불만을 갖게 되었다는 것이다. 이러한 것이 증가 또는 악화되는 추세여서 중국은 매우 중시하지 않을 수 없게 되었다. 여기에는 왜곡된 면과 실정을 잘 이해하지 못하는 요소 이외에도 중국 국내의 불량한 풍조 확산, 합작 프로젝트 관리에서의 비규범성 그리고 나쁜 버릇도 이러한 잘못된 범위에서 벗어나기 어렵다.

그러므로 두 종류의 조치와 개선 방법을 적용해야 한다.

첫째, 아프리카의 관련 국가와 관련된 일에 대해 중국이 스스로 양보하여 분쟁을 없애는 방법을 취하는 것은 좋지 않다. 양자관계의 우호를 보호하기 위해 따지지 않는다거나 심지어는 필요한 추궁을 하지 않는다거나 하면 안 된다는 것이다. 이전에 말했던 이른바 타국의 내정에 대한 불간섭·불개입 정책까지 걱정하여 어떠한 수정이나 개선 및 반성의 조치를 취하지 않도록 하면 안 된다는 것이다. 그럴 경우, 단지 중국 대중의 피땀 어린 돈과 중국 정부의 이미지에 더욱 큰 손실을 입힐 뿐만 아니라 아프리카 대중, 특히 지식인들과 매체들도 날이 갈수록 중국의 원조를 중요하게 여기지 않게 될 것이다. 근본적으로 중국과 아프리카의 상호 우호적 이익, 상호 신뢰관계의 기초도 약해질 것이다.

필자가 느끼기에 여기에 대한 고려는 당연히 중국의 원조 효율을 증강시킬 수 있도록 성실한 연구를 해야 한다. 현지의 투명도를 높이고, 엄중하게 '지대추구(rent seeking)'[17] 행위를 예방하는 제도를 마련해야 한다. 아프리카 합작 파트너와의 합작 가능성과 구체적인 절차에 대해 진지하고 상세하게 대화하고 토론해야 한다. 이것은 절대로 타국의 내정에 간섭하는 것이 아니다. 대리인을 내세워서 감시감독 체제를 세우자는 것은 더더욱 아니다. 쌍방 합작의 수준을 높이도록 촉진하고, 중국 원조의 신뢰도에 대한 아프리카 민중과 여론의 중요한 조치를 증진시키자는 것이다.

둘째, 교훈을 진지하게 받아들여야 한다. 중국이 아프리카에서 실행하는 프로젝트 과정에서 존재하는 문제점들을 상세하게 관찰하고, 신중하게 조사하고 개선해야 한다. 상호 간 부당한 이익을 주고받거나, 공공의 이익을 해치고 사적인 잇속만을 위해 개인이나 회사의 기밀을

---

17) 역자 주: '지대추구(rent-seeking, 쿠租)'란 경제 주체들이 자신의 이익을 위해 비생산적인 활동에 경쟁적으로 자원을 낭비하는 현상, 즉 로비·약탈·방어 등 경제력 낭비 현상을 지칭하는 말이다. 예를 들어 특정 경제 주체가 면허 취득 등을 통해 독과점적 지위를 얻게 되면 별다른 노력 없이 차액지대 같은 초과 소득을 얻을 수 있다. 각 경제 주체들이 이와 같은 지대를 얻기 위해 정부를 상대로 경쟁을 벌이는 행위를 '지대추구행위'라 한다. 네이버 지식백과, 행정학사전, 2009.1.15, 대영문화사. 검색일 2014년 1월 10일. http://terms.naver.com/entry.nhn?docId=77885&cid=520&categoryId=520

바꿔치기하는 행위들을 교정하고 더 나아가서는 엄중하게 처벌해야 한다. 중국공산당 18차 전인대(全人大) 이래로 신세대 지도자들이 이러한 부분에 대해 더욱더 엄격한 요구를 했고, 중국 국내 대중과 여러 계층에서도 강렬한 호응의 소리가 있었다. 따라서 아프리카와 연관된 사무와 지도 원칙에 대해 관련 부문이 새로운 기풍에 따라 일처리를 할 것 그리고 중국과 연관된 불량한 사고의 노출과 조사를 확대할 것을 제안한다.

결국, 계약의 정신에 의한 엄격한 일처리가 아프리카 국가와 중국의 근본적인 이익에 부합할 것이다. 우리는 어떠한 상황하에서도 정치학의 한 가지 원리를 명심할 필요가 있다. 구속이나 감독을 받지 않는 권력이나 이익은 쉽게 부패를 동반하며, 절대적인 권력이나 이익은 절대적인 부패를 조성하게 된다는 점이다.

6) 기초 기반이 넓고, 단계가 다양한 원조 기제의 수립

검토해볼 만한 가치가 있는 한 가지 문제는 아프리카 원조에 대해 중국이 어떻게, 어느 정도의 감독을 포함한 이행과정을 수행할 것인가이다. 정부 주도의 상대적으로 단일한 경로로부터 사회 다방면과 각 계층으로의 광범위한 참여를 지속할 수 있는 경로를 확대해야 한다. 국가와 정부 측면의 '소형 대외원조(小援外, 이하 소형 원조)' 개념에서 사회세력은 물론 더 나아가 해외 화교들이 참여하는 '대형 대외원조(大援外, 이하 대형 원조)'의 범주로 변화시킬 것인가 하는 문제이다.[18] 이 역시 중국 외

---

18) '대형 대외원조(大援外)' 개념은 상무부 부부장(商务部副部长)인 리진자오(李金早) 박사

교의 창조적 개입방법 중의 하나이며, 가까운 시일 내에 양자관계에서 어떤 문제의 해결에 대한 효과적인 보충이기도 하다.

인정하지 않을 수 없는 것은 과거의 오랜 시간 동안 원조와 합작을 포함해 아프리카에서 중국의 존재는 기본적으로 국가 행위체의 역할이었다. 특히 중앙정부의 계획, 유도 및 각종 결과와 책임 부담 같은 참여가 나타났다. 그중에서 외교부, 상무부, 재정부, 농업부, 위생부 그리고 국방부가 중요한 역할을 담당했다. 이렇게 탁월한 능력을 갖춘 국가체제는 국가와 국가 간의 중대 프로젝트의 담판과 합작을 추진함에 있어서, 또한 전통적인 서구 대국이 가졌던 아프리카에서의 영향을 초월함에 있어서 대체할 수 없는 중요한 의의와 긍정적인 역할을 했다. 거대한 규모의 국가와도 같은 중국의 각 지방정부를 지휘·통합하고 (중앙정부의) 각 부문이 노력하는 측면에서도 (국가체제는) 대체할 수 없는 중요한 의의와 긍정적인 역할을 했던 것이다.

그렇지만 모든 일은 종종 긍정적인 면과 부정적인 면이 있다. 국가가 부담하는 것이 많을수록 개인의 책임감은 더욱 제한될 것이다. 정부가 일의 대소(大小)를 묻지 않고 아무 일에나 간섭한다면 사회의 적극성과 상상력은 오히려 발휘할 길이 없다. 정부가 혼자서 도맡아하려고

가 제시한 것이다. 상무부 대외원조 사무를 주관하는 지도자로서, 그는 아래와 같이 강조했다. 과거 상무 부문은 중앙의 배치하에 실시할 원조를 계획했다. 일종의 어느 정도 제한적인 '소형 대외원조(小援外)'는 정세의 발전과 중국의 진보에 따라 이후에는 '대형 대외원조'의 범위로 제시되거나 발전되어야 할 것이다. 즉 중앙에서부터 지방에 이르기까지, 정부에서부터 민간, 더 나아가서는 해외 교포가 공동으로 참여하고 실시하는 중국의 대외원조 프로젝트 방식으로 그 안에 통합되어야 한다. 이 목표는 중화민족의 모든 지역과 모든 성원의 적극성을 충분히 조정하여 새로운 시기에 중국과 외부 세계의 관계를 더욱 좋아지도록 하는 것이다. 필자는 그의 이러한 생각을 매우 좋아하고 동감한다. 이것은 현재 관련 부문의 어떤 새로운 사상을 반영하여 나타낸 것이고, 실천적인 지혜로부터 학계가 함께 아끼고 사색할 가치가 있다.

하면 할수록 기업과 개인은 의존 심리가 더욱더 쉽게 생겨난다. 심지어는 탁구대의 모서리를 맞히는 '에지볼'을 치려고 할 것이며, 법률과 계약의 허점을 노릴 것이다.

신세기 이래로 10여 년간 중국과 아프리카 관계의 진행을 관찰해보자. 한편으로는 중국이 아프리카 대륙에 많은 차관과 프로젝트를 통해 더욱 많은 계약을 체결했다. 다른 한편으로는 실질적인 책임 부담과 참여의 역할이 갈수록 다양화·다원화되었다. 중앙/지방, 정부/민간, 상업계/학계, 단체/개인, 공산청년단과 부녀회의 문화·교육·체육·위생, 더 나아가서는 NGO 등의 행위체로 마치 벌떼처럼 밀려들면서 좋고 나쁜 사람들이 다양하게 섞이게 되었다. 새로운 국면은 중국-아프리카 경제무역 총액과 인원의 왕래가 신속하게 확대되었지만, 불법 이민, 불법 취업, 계약 위반, 프로젝트 파산, 노동분규 등의 부담을 주거나 의견 충돌이 발생했다. 사람들을 머리 아프게 하는 일들도 발생했고, 중국-아프리카 정치협력과 전략적 동반자 관계에 여러 가지 어려움과 충격을 조성했다.

최근 중국의 정치실천이 우리에게 주는 교훈은 사회와 개인의 책임감과 정치체제가 부여한 권리는 대등하다는 것이다. 그들이 더욱 큰 참여 기회와 발언권을 가졌을 때, 자연스럽게 더욱 많은 의무의식과 자아 구속의 태도도 생겨나야 한다. 이러한 행위에 대해 더욱더 세밀하고 효율적인 자기반성과 개선방식이 생겨나야 한다. 기업과 사회가 동시에 더욱 큰 책임과 의무를 부담하는 것이 국제적 업무의 재능과 시야를 더욱 높이며, 기업과 개인의 품격을 높이는 것이다. 중국의 아프리카 교류에 있어서 국내정치의 발전으로부터 획득한 것을 깨우치게 하고, 여러 아프리카 국가와 정부 행위체에 더욱 많은 기회와 권리 및 책임을 부여해야 한다. 매사에 정부 부문이 마음대로 정하는 것과 문제가 발생할 때마다 모두 국가가 떠맡는 국면을 피해야 한다.

실제로 아프리카 국가들은 국제사회의 다수 성원국들과 마찬가지로 몇십 년의 정치발전과 사회건설을 거쳤다. 그들도 부패 현상과 정치적 독재 문제 및 사회의 불량한 행위에 대해 분명한 인식을 갖고 있다. 중국과의 교류와 협력에서 더욱더 합법적이고 합리적이며, 민주(民主)·민권(民权)적이며, 사회참여의 원칙을 더욱 중시하길 희망한다. 중국 측에서도 아프리카 민간과 사회 및 여론의 이러한 측면에 대한 진보와 성장의 소리를 더욱더 이해하고 존중하길 희망한다.

중국의 대(對) 아프리카 원조와 창조적인 개입은 단일 형태의 '소형 원조'에서 (국가/사회의 복합 형태인) '대형 원조'로 점차 전환되어야 한다. 앞에서 거론한 중국-아프리카 관계의 여러 난제에 대해 더욱 종합적이고 탄력적인 다양한 해결방법이 있어야 한다. 구체적으로 표현하자면, '국가는 작게, 사회는 크게' 변화하는 노력을 해야 한다는 것이다. 더욱 기발하고 다양한 원조의 수단과 방식의 실현으로 넓은 기반, 풍부한 단계, 정부의 계획적 유도, 사회의 광범위한 참여라는 중국 대외원조의 '금자탑(金字塔)'을 건설하자는 것이다.

7) 시대의 흐름에 따르는 사상 인식의 유지

2012년 7월, 베이징에서 개최된 중국-아프리카 협력포럼 제5회 장관급 회의에서 후진타오 주석은 '중국-아프리카 신형 전략적 동반자 관계의 신국면 창설(开创中非新型战略伙伴关系新局面)'에 대한 중요한 연설을 했다. 필자가 보기에 이번 중국 지도자의 중요한 연설 내용을 이해하는 관건은 풍부하고 전망 있는 의미를 더욱 강화하여 중국-아프리카 신형 전략적 동반자 관계의 '새로운 국면'이라는 표현법을 어떻게 분석하는가에 있다. 사람들은 아마도 경제무역, 문화, 사회 및 국제관계의 서로 다른 시각으로 이런 중요한 전략적 협력관계를 인식할 수 있다. 외교 연구의 입장에서 출발하자면, 아래 몇 가지 인식의 추진 경로를 볼 수 있다.

첫째, 중국-아프리카 간의 신형 전략적 동반자 관계와 중국과 다른 지역 및 다른 대국 간에 수립한 전략적 동반자 관계는 다르다. 이것은 역사상 서구 열강의 지배와 압제를 똑같이 받았고, 이후에 동일하게 자주독립노선을 걸어온 양대 대륙의 민족(국가)이 신세기에 상호 협력과 공동발전의 방향 수립을 추구하는 일종의 운명 공동체라는 점이다. 아무리 많은 곡절과 어려움 및 의견의 차이가 있다 할지라도 중국-아프리카 간에는 근본적인 이익 충돌이 존재하지 않는다. 국제구조의 개혁 방향과 목표에 대해서도 근본적인 대립이 생성될 수 없다. 이것이 가장 큰 핵심이다. 큰 국면 중에서도 큰 것이며, 어떤 경우에도 모두 잊어버리거나 잃어버릴 수 없는 것이다.

둘째, 지난 몇 년간, 특히 쌍방의 고위층이 중국-아프리카 신형 전략적 협력 동반자 관계 수립을 확실히 추진하던 6~7년간 중국-아프리카의 경제무역과 문화 영역의 교류협력 발전은 매우 급격했고, 만족스러운 성과를 얻었다. 그러나 반대로 보자면, 전략 측면과 국제관계 영역의 소통과 협력이 뒤로 처진 후에는 협력의 수준이나 범위가 이상적이지 못했다. 예를 들면, 중국 각층의 정부 부문이 바라는 것이 있었지만, 실제 진행과정에서 '연합국 개혁', '기후변화 대응', 'WTO 도하 라운드 협상(Doha Round)', '인권과 주권관계의 재(再)정의', "보호의 책임을 어떻게 이행할 것인가?", '국제관계 민주화 촉진', '아프리카 대륙 전체의 자주적 평화유지와 안정의 자주적 능력 제고' 같은 세계적인 주요 의제와 관련된 소통에서는 광범위한 공통 의식을 얻지 못했다. 일부 혹은 심지어 커다란 의견 차이가 존재했다. 경제무역과 정치안보 각 영역 간의 발전이 균형적이지 않았고, 실무 진전과 전략의식의 접점이 부족하다 보니 여전히 신중하게 개선하고 되새겨 생각해봐야 할 가치가 있는 문제가 존재한다.

셋째, 중국 내의 어떤 매체와 학자 및 공무원들은 여전히 냉전시대, 심지어 이전의 아프리카 사무를 상상하는 데 머물러 있다. 여전히 마오쩌둥 시대의 아프리카 국가와 반제국주의·반식민주의의 여러 표현법 및 인식을 입에 달고 있다. 여전히 중국 국내의 부패 같은 불량 현상에 대해 낮은 표준의 정의와 처리방법을 가지고 상대방을 생각할 뿐이고, 20년에 가까운 아프리카 정치발전과 민주화 및 독재에 반대하는 측면의 진보[19]에 대해 잊고 있다. 아프리카의 많은 국가들 특히 지식계의 '자유', '민주', '인권', '양호 통치'(혹은 '좋은 거버넌스', good governance, 良治),[20] '불간섭', '공민사회', '비정부조직(non-governmental organization, NGO)'

---

19) 최근 아프리카 민간조직과 사회단체의 상황 및 중국-아프리카 관계의 영향에 대해서는 아래의 자료를 참조할 것. 刘鸿武, 沈蓓莉主编:《非洲非政府组织与中非关系》, 世界知识出판사, 2009년판.

20) 역자 주: 거버넌스가 어떠해야 하는지에 관한 규범적인 개념으로, '좋은 거버넌스(good governance)'는 책임성, 투명성, 형평성, 이해관계인의 참여 및 관료들의 윤리적 행태가 확보되는 이상적인 거버넌스를 말한다. 이와 대비되는 '나쁜 거버넌스(bad governance)'는 사리사욕을 채우는 공무원과 공공 부문의 부패 등의 특징을 지닌다. 네이버 지식백과, 좋은 거버넌스(good governance), 행정학사전, 2009.1.15, 대영문화사. 검색일 2014년 1월 10일. http://terms.naver.com/entry.nhn?docId=77824&cid=2893&categoryId=2893

등의 개념에 대한 새로운 해석을 소홀히 하고 있다.[21] 중국-아프리카 학자와 싱크탱크 및 매체와 관련된 토론에서 수시로 나타나는 의견 차이와 충돌은 일부 중국 학자의 예상을 초월한다.

반드시 인정할 것은 중국의 학자와 관리들이 아직도 냉전 사고에 머물러 있다는 것이다. 원래는 글로벌 통용인 시대의 진보적 특징을 반영하는 이런 개념들을 서구의 이데올로기 도구나 타국의 강력한 간섭을 실시하는 구실로 간단하게 볼 뿐이다. 중국 국내 정치학계와 정치 고위층은 아프리카 지식층들이 신중하게 연구 토론하고 새롭게 해석하는 데 대해 주의를 기울이지 않는다.[22] 서구 여러 나라가 마음대로 관리하는 보편적 가치이자, 사실은 창조적으로 각지와 각국의 실천에 쓸 수 있는 도덕적 깃발이라는 이런 가치들을 소홀히 했고, 필자가 이른바 기회로 사용하자는 '타산지석'의 의미를 소홀히 했다.

예를 들어보자. 가장 새로운 연구에 근거하면, '자유'와 '인권'이 중국을 포함한 많은 비서방 신흥대국 내에서 먼저 광범위한 사람들의 생존과 발전의 필요에 대한 높은 관심과 끊임없는 만족을 실현해야 한다. 후발 국가들은 전통적인 속박에서 벗어나 자주발전의 권리 선택을 실현해야 한다. 단순히 초기의 서구적 정치권익의 범위만이 아니다.

---

21) 아프리카의 유명한 한 학자의 저서인 『원조의 사망(援助的死亡)』은 읽어볼 가치가 있다. 이 책에서는 각종 외부 원조의 한계를 분석했고, 객관적인 평가로 중국과 서구 강대국들의 아프리카 원조에 대한 차이를 비교했는데, 중국의 방법에 대해 찬양했고, 특히 아프리카 자신의 시각에서 어떤 종류의 원조가 비로소 효과가 있는지에 대한 문제를 심층적으로 연구했다. (잠비아) Dambisa Moyo(丹比薩 · 莫约):《Dead AID》(援助的死亡), 王涛 등 번역, 世界知识出版사, 2010년판.

22) 예를 들면, 아래의 문헌을 참조할 것. 赵可金:《全球公民社会与民族国家》, 上海三联书店; 2008년판, 李景鹏:《中国公民社会成长中的若干问题》,《社会科学》2012년 제1기; 高丙中:《『公民社会』概念与中国现实》,《思想战线》, 2012년 제9기; 应奇, 余天泽:《从民族认同到公民身份: 现代民族国家的社会整合与多元稳定》, 재인용《江苏行政学院学报》, 2012년 제2기; 程同顺, 张国军:《民主的回归: 从选举民主到过程民主》,《探索》2012년 제1기.

'민주'는 곧 국내의 각종 정치권력이 효율적으로 균형 잡는 것을 포함한다. 당연히 주요 국제적 세력이 세계 사무의 결정에서 균형적인 구조를 이루는 것도 포함된다. 사회 내부와 민간의 자발적인 각종 표현과정도 포함된다(이러한 부문에서 중국은 개혁개방 이래 광범위하게 인정되는 풍부한 실천과 경험을 얻었다). 그리고 '양호통치(good governance, 良治)'는 20세기 후반에 비로소 점차 보급된 국제정치 용어로, 광범위한 저개발국가와 선진국가가 함께 지역 운영과 글로벌 사무, 국제위기의 공동참여와 난제해결의 복합적 단계를 규정한 것이다.

여기에서 필자가 특별히 강조할 한 가지는 중국-아프리카 신형 전략적 동반자 관계의 새로운 국면을 전개하는 중요한 요구와 기회에 대해 중국의 학자와 싱크탱크는 구식 교과서와 이데올로기의 교육행정식 해석에 구속받아서는 안 된다는 것이다. 생각을 개방하고, 중국 국내의 여러 부문에서 새로운 단계의 개혁이 견고한 성을 공격하는 전술처럼 어려운 점에 대한 새로운 사고와 고차원적인 포석을 결합해야 한다. 국제적으로 그리고 아프리카 대륙의 최신 동향과 사상에 대해 적극적인 대응을 해야 하며, 외교와 정치 전략에 관련된 전망 있는 분석을 만들어내야 한다.[23]

---

23) 베이징대학교 국제관계(대)학원 류하이팡(刘海方) 부교수가 말하는 이른바 '문화선행(文化先行)'은 확실히 중국이 위와 아래 모두의 중시를 받아야 마땅하다. 중국이 단지 경제무역의 교류와 기초설비 건설의 우세로 미래를 내다볼 수는 없고, 중국인의 지혜와 사상의 빛을 충분히 발휘하여 창조적이고 다방면으로 아프리카의 일에 개입해야 한다. 아래의 책을 참조할 것. 刘海方:《文化先行: 关于中国与非洲发展合作的文化思考》, 재인용 李安山 · 安春英, 李忠人主编:《中非关系与当代世界》, 中国非洲史研究会, 2008년, pp. 322-349.

8) 아프리카 원조와 중국 국내의 새로운 단계와의
접점을 향한 지침

 필자가 보기에 중국 외교의 적극적인 행위의 새로운 방향과 중국 내정의 균형적인 발전이라는 새로운 목표 간의 관계, 즉 중국으로 하여금 지금부터 일정한 기간 동안 아프리카 대륙에 대한 창조적 개입과 국내 개혁 발전의 새로운 추세가 일치되는 것에 대한 연구가 필요하다. 결국, 외교는 내정(內政)을 위한 서비스일 뿐만 아니라, 내정의 연장이다. 어떤 형태의 내정은 곧 어떤 형태의 외교이다.

 신중국 건립 이래 60여 년의 역사를 참고하면, 중국은 아프리카 전체와의 관계에 있어서 이미 세 종류의 서로 다른 시기가 있다. 이들은 서로 연결되지만 더욱 구별된다.

 첫 번째 단계는 '마오쩌둥 시대(毛澤东时代)'라고 할 수 있고, 대체적인 시간 범위는 건국 초기 30년이다. 중국의 대(對) 아프리카 교류의 주제와 주요 내용은 반제국주의와 반식민주의 깃발 아래 일종의 준(準) 정치동맹 관계 수립을 공동으로 추구하여 민족해방과 정치적 자주독립으로 서구 열강의 족쇄를 탈피하는 큰 목표를 실현하려는 것이었다.

 이것은 동일한 시기에 추구했던 중국 국내의 무산계급(프롤레타리아트, Proletariat) 독재 조건하에서 혁명의 지속과 '순혈 중의 순혈' 혁명계급 정권 수립의 '좌(左)' 경향 방침과 일맥상통하는 것이었다. 중국이 근대의 굴욕을 당하고, 산만하여 단결력이 없는 오합지졸이 되어버린 (청대의) 정치적 약세가 전체 민족의 강렬한 혁명 열정과 욕구를 형성하도록 했다. 혁명의 단계적인 목표를 실현하도록 했으며, 신중국 건설 이후에도 여전히 그 열정이 감소되지 않도록 했다. 마오쩌둥 시대의 위대한 유산은 중국 인민으로 하여금 일어서게 한 것이다. 즉, 또다시 곤궁에 빠져도 열강에게 머리를 숙이지 않도록 한 것이다.

그러나 이 시대의 부정적인 효과는 "차라리 사회주의의 잡초가 될지언정 자본주의의 새싹이 되지는 않을 것이다"라는 것이다. 정치적 독립성을 높임과 동시에 국가 민생까지는 깊이 살피지 못한 점이라 할 것이다. 이 시기 중국의 아프리카에 대한 정책에도 이러한 이중의 특징이 있다. 탄자니아와 잠비아를 잇는 '탄잠철도(Tan-Zam Railway, The Tanzania Zambia Railway, 坦赞铁路)'의 건설 원조는 매우 구체적인 상징성을 지닌다. "단지 정치적인 계산만 있었고, 경제적인 계산이 없었다"는 것이다.[24]

두 번째 단계는 세계가 공인하는 '덩샤오핑 시대(邓小平时代)'로서, 20세기인 1970년대 후반 이후의 30여 년이다. "현대화를 향하여, 세계를 향하여, 미래를 향하여(面向现代化, 面向世界, 面向未来)"라는 참신한 구호하에 "흰 고양이든 검은 고양이든 쥐를 잡으면 좋은 고양이"라는 실용주의적 철학으로 중국의 대지에 상품화와 시장화의 풍조가 물결치도록 했다.

이 새로운 국면의 장점은 경제의 활력을 최대한 끓어오르게 한 것이다. 전체 민족의 발전 잠재력이 물질적인 상품의 거대한 생산력으로 끊임없이 전환되도록 했다. 문제의 한 가지 측면은 각양각색의 갈등을 심화시켰다는 것인데, '자본지상의 풍조'는 소득격차나 지역차별 및

---

24) 역자 주: 탄잠철도는 탄자니아의 수도 다르에스살람과 잠비아의 수도 루사카 북쪽의 도시 카피리엠포 시를 잇는 길이 1,859km의 철도로, 1970년 10월에 착공하여 1975년 10월에 개통했다. '우후루(자유)철도'라고도 부른다. 백인이 지배하는 로디지아(지금의 짐바브웨)를 거치지 않고 내륙국 잠비아의 산물, 특히 구리를 반출하고 탄자니아의 자원 및 지역개발을 목적으로 건설되었다. 세계은행과 서방측 제국은 채산이 맞지 않아 협력을 거절했으나, 중국이 이를 인수하여 총 5억 달러의 경제원조와 대량의 기술자를 투입하여 완성했다. 출처: 네이버 지식백과, 탄잠철도(Tan-Zam Railway), 두산백과. 검색일 2014년 1월 10일. http://terms.naver.com/entry.nhn?docId=1152205&cid=200000000&categoryId=200002964

민족차별 등의 끊임없는 새로운 모순을 유도했다. 심지어는 "한 가지 장점이 백 가지 허물을 덮어버린다"는 화법도 등장했다(적지 않은 비평가들은 경제개혁과 발전이 큰 보폭으로 전진했지만, 그와 동시에 정치개혁과 공정한 사회 및 민족 관계의 재균형이라는 각종 임무가 소홀해졌다는 견해가 있다).

이 시기에 중국이 아프리카에서 드러내거나 나타난 모순의 형태가 있다. 한편으로는 경제무역시장과 광물에너지 방면의 투자와 프로젝트가 급속하게 확장되었으며, 중국인의 거대한 열정과 능동성 및 상대적인 우세를 나타낸 것이다. 다른 한편으로는 자연자원이 풍부한 대륙에 몰려든 각양각색의 중국인이 나타내는 수준이 천차만별이었다. 행동이나 행위가 좋고 나쁨이 반반이고, 중국 국내의 장점과 결점이 어느 정도 있던 만큼 그것이 아프리카에도 그대로 반영되었다.

반드시 인정해야 할 것은 서구 매체들이 중국에게 '신식민주의'라는 중상모략의 모자를 사용했지만, 상당히 많은 아프리카 사람들도 이러저러한 의구심과 비난을 품었다는 것이다.

위에서 서술한 복잡한 국면하에서 세 번째 단계가 시대의 흐름으로 나타났는데, 현재가 곧 이 단계의 시작이다. 개인적인 견해로는 새로운 단계의 중국 국내 발전과 개혁의 주요 목표는 당연히 끊임없이 풍부해진 물질의 기초 위에서 재평형을 실현해야 한다는 것이다. 사회공평과 경제활력의 평형, 정치발전과 경제발전의 평형, 중국 국내 각 지역과 각 민족의 성장과 진보의 평형 등이 그것이다.

새로운 목표의 실현은 정치적인 용기와 지혜를 요구하며, 개혁과 개방에 대해 어렵고도 새로운 도전을 필요로 한다. 어려운 정도는 상상할 수 있지만, 이로 인해 중화민족은 각종 위기에서 벗어나 다음 기회를 이끌어낼 수 있다. 이러한 판단과 유도는 새로운 단계에서 아프리카에 대한 건설적 노력과 창조적 개입이라는 것이 결코 고립적이고 우발적인 외교체제 자체의 창의적인 부분을 말하는 것이 아니다. 시대의 흐름에 순응하며 내부 변혁의 방향과 일치하는 중대한 전략적 조치를 이르는 말이다.

　　이것이 내포하는 의미는 이전 두 단계의 우수한 유산을 계승하고, 중국과 아프리카 국가가 해방과 진보 노선상에서 함께 호흡하며, 공동운명체의 정치적 정신을 발휘하자는 것이다. 중국-아프리카 간의 경제무역 영역의 상부상조와 상호 이익의 공동 국면을 발전시키자는 것이다. 동시에 이전 두 시기의 부족함과 결점을 더욱 수정하여 (무기 등의 군사원조와 기초건설 등의 경제원조인) 'hard 원조(硬援助)'와 (인도주의 원조, 교육, 의료, 자원봉사자, 기술협력, 인력개발 지원 등의) 'soft 원조(软援助)'[25]를 결합시켜야 한다. 각종 물질 측면의 건설 협력과 인력자본 측면의 공동 양성을 이루어야 하고, 국가의 능력과 사회의 능력을 결합시켜야 한다. 경제부문의 장점과 우세를 인문과 교육, 과학기술과 예술 등의 방면에서도 학습하며 상부상조하도록 해야 한다. 중국과 아프리카 지도자가 서로 손을 잡고 포용하여 수십억 중국-아프리카 민중의 마음과 혼까지 깊이 있는 접촉과 이해가 미칠 수 있도록 해야 한다.

---

25)　역자주: 'hard 원조(硬援助)'와 'soft 원조(软援助)'의 개념은 아직 보편화되지는 않았다. 단지 중국에서 2009년에 중국의 상무부 대외원조사(商务部对外援助司) 사장(司长)인 왕스춘(王世春)에 의해 제기되어 중국의 일부에서 사용되고 있는 개념이다. 아래의 자료를 참조할 것. 王世春:《提供无私援助促进共同发展》, 中国经贸, 2009년. 陈莹:《中国对印度尼西亚的援助及策略取向》, 暨南学报(哲学社会科学版), 2012년 제12기, 총 제167기.

4.
대외원조와 공공재의 공급

분석이 여기에 이르렀으니 중국 대외원조의 종류와 특징에 대해 정리와 평가가 필요하다. 중국이 아프리카에서 어떠한 투자와 효과를 거두었는지, '정도'는 어떠했고 어떤 '품종'을 증가할 필요가 있는지, 총체적인 포석은 어떻게 추진되어야 하는지를 살펴보기로 하자.

첫 번째는 상무적 대외원조(商务援外, 이하 경제원조)이다. 이것은 현재 중국의 대외원조 중에서 첫 번째 큰 항목으로, 적어도 중국의 전체 대외원조 자원의 80% 이상을 차지하고 있다. 경제원조란 외부의 관련 국가나 지역에 경제무역 성질의 지원을 제공하는 것을 가리키는 말이다. 근거의 대부분은 국제경제 계약의 표준에 따르며, 상호호혜 원칙과 시장의 매매 기준에 따라 추진된다. 중국이 아프리카의 많은 나라들에 제공하고 참여하여 건설하는 광산유전, 공공도로와 교량, 학교와 병원, 항구와 부두 등의 기초설비가 전형적인 사례이다.

건국 초기 30년, 중국 국내의 경제조건과 외부 환경의 제한에 구속되어 중국이 외부 세계에 제공하는 경제원조는 상당히 제한적이었다. 20세기인 1980년대, 개혁개방의 첫 몇 년 동안에는 이러한 측면의 정책이 점점 개방되어 여러 방법을 찾게 되었다. 1990년대 이후, 특히 신세기에 진입한 이래 중국의 각 부문, 각급 정부 및 다종다양한 개인과 회사에 이르기까지 (해외로) '나가자(走出去)'는 열풍이 끊임없이 고조되었다. 이로써 중국은 차츰 아프리카 대륙의 최대 외부 투자국, 무역 대상 및 건설 파트너가 되었다.

이러한 추세와 국민총생산(Gross National Product, GNP)이 최근 세계 2위로 상승한 과정을 포함해 중국의 총체적인 힘의 성장은 줄곧 상관성이 있다. 주지하다시피 중국의 대(對) 아프리카 경제원조의 액수는 매우 거대하다. (지면의) 폭이 제한적이어서 관련 수치를 하나하나 열거할 수는 없으나, 의문의 여지없이 중국은 당대 글로벌화 진행의 최대 추진자이자 수익자 중의 하나라는 성과를 만들었다. 가장 돌출적이고 가장 주목받는 행동을 이런 방향에서 실현한 것이다. 이것은 중국인의 선량한 경영과 근면하게 일하며 고난을 이기는 전통적인 장점을 반영했다. "눈을 뜨고 세계를 보자(开眼看世界)"라고 외친 이후 대담하게 천하를 개척했고, 어떤 강대국에도 뒤지지 않는 중화민족의 거대한 에너지가 굴절되어나온 것이다.

특히 대출이율의 우대, 프로젝트 계약의 장점, 시간의 장단에 대한 융통성 등의 측면에서 경제원조와 일반 시장교역은 당연히 구분된다. 아프리카 파트너에 대한 중국의 투자와 건설은 줄곧 서구 선진국가보다 앞서 있다. 입찰의 대부분을 따냈으며, 종종 조기에 프로젝트 건설이 완성되었다.

본질적으로 경제외교와 정상적인 국제매매 사이에 큰 차이는 없다. 예를 들면 그들 모두 시장에 대한 투자 대비 생산의 가치를 중시하며, 구체적인 이윤과 투자회수 기한을 중요하게 여긴다. 지난 30여 년간 중국의 대외원조는 아프리카 국가가 국토 자원을 개발하고, 경제성장의 속도를 가속하며, 현지 민중의 생활수준을 개선하는 데 도움을 주었다. 동시에 소중한 에너지 자원, 광활한 시장점유율, 끊임없이 이어지는 경제무역 계약을 수확했다. 중국의 국내 시장화와 국제화 참여에 있어서 가장 빠르게 일부 시기에 내재적 수요에 적응하고 적합하게 했다. 여러 객관적인 국제관찰가와 역사학자가 모두 인정했듯이, 중국은 현재 글로벌 경제과정에 있는 국가 중에서 최대의 상호 이익을 공유할 수 있는 파트너 중의 하나라는 점이다.

그런데 많은 장점을 볼 수 있는 동시에 문제의 일면이 있음을 인정하지 않을 수 없다. 필자가 보기에 중요한 문제와 시장의 일반적인 딜레마 및 난제는 비슷한 것이다. 즉, 경제원조는 경제적 회수와 동시에 단기적인 시각이 선명하여 지나치게 계산적이거나 좁은 의미의 경제무역 이익 추구를 염두에 둔다는 것이다. 따라서 (만약 정치적 요구 또는 국제적 압력이 없다거나, 이러한 요구가 높지 않거나, 압력이 크지 않다면) 스스로 원해서 사회책임이나 국가의무를 이행하려 하지 않는다는 것이다. 기능적으로 판단하자면, 주로 이러한 종류의 원조의 장점이 실현되는 것은 구체적인 프로젝트의 진행에 있지만, 장기 전략과 총체적인 글로벌 안목이 부족하다.

실천적인 측면에서 관측하면, 최근 20년 안팎으로 상무부의 대외원조사(援外司)가 구체적으로 계획하고 주도한 중국의 경제원조는 각각의 부문과 위원회, 특히 외교와 국방의 대외원조 행위 및 사고에 대해 통합하기가 매우 어렵다. 각급 지방정부와 사회 각계를 포함하여 다차원적인 대외 목표, 적극성 및 거대한 잠재능력을 가진 중국이라는 거대한 국가의 내부는 지극히 복잡하다. 따라서 상무 부문이 혼자서 오랫동안 충분히 이해하고 관리하기에는 역부족이다.

국제 범위의 전문연구와 학자들과의 교류 및 이론 비교의 시각에서 보자면, 실사구시적으로 말해서 중국의 대(對) 아프리카 경제원조의 장점과 부족한 점 모두 현재 신흥대국 중에서 가장 돌출적이어서 전 세계의 주목을 받고 있다. 한편으로 중국의 개발성 경제원조는 아프리카가 시급해하는 것과 서구 또는 미국 등 전통 열강들이 제공한 수치를 초과한 프로젝트를 제공했다. 어떤 다른 강대국보다 더 많은 교량과 도로, 항만과 부두, 병원과 학교, 공장부지와 창고 등을 수리하고 건설했다.

다른 한편으로는 경제원조의 단일성으로 인해 상업적 특성이 과중하다는 광범위한 지적을 받았다. 이것이 국가의 정치 목표와 안보 수요 사이에 부조화를 이루었다. 현지 생태환경 보호와의 관계도 긴밀하지 못했다. 현지의 사회조직 및 매체와의 소통도 순조롭지 못하여 모두 끊임없이 증가되는 비평을 받았다.

따라서 더욱 통합력 있는 대외원조체제를 수립해야 하며, 경제원조의 비중이 과다한 문제를 적당하게 변화시켜 정책결정 부문의 의사일정에 당연히 반영해야 한다.

두 번째는 전략적 대외원조이다. 이것은 중국 대외원조에서 두 번째로 큰 항목이다. 비록 수치상으로는 경제원조보다 한참 적지만, 여전히 중요한 비중을 차지한다.

이른바 전략적 대외원조는 두 가지 큰 범위를 포함한다.

첫째, 이데올로기 목표 혹은 정치적 고려에 기초하여 제공되는 원조이다. 전자는 예를 들면 중국의 '문화대혁명' 시기에 아프리카의 관련 국가에 원조된 유명한 '탄잠철도(Tan-Zam Railway, 坦赞铁路)' 같은 대형 건설 프로젝트를 이르는 말이다. 후자는 개혁개방 이전에 알바니아, 베트남, 북한 등 여러 사회주의 국가에 제공된 각종 경제기술인력 원조이다. 이러한 종류의 원조는 중국의 개혁개방 일정의 시작과 심화에 따라 점차 감소되었다.

둘째, 국방과 국제안보에 대한 고려에 기초한 것이다. 주변국과 국제적으로 어떤 전략적 협력 동반자를 위해 제공되는 군사협력 성격 혹은 안보지지의 색채를 동반하는 전략적 대외원조이다. 이러한 종류의 원조 수치는 최근 몇십 년간 점차 크게 증가했지만, 특히 신세기에는 하락했고, 각 부문으로부터의 수요는 크게 증가하고 있다.

대략 정리하자면, 이런 종류의 명실상부한 '전략'적 특징을 가진 원조는 아래와 같은 형식과 과정을 포함한다.

① 유엔의 요구에 의해 파병되는 평화유지부대 혹은 군사관찰단이다. 20세기인 1990년대 초반부터 지금까지 20여 년간 중국 정부는 이미 세계 각지로 2만 명이 넘는 중국 군인과 경찰을 파견했다. 아프리카 대륙은 그중 주요 파견 지역이었다. 파견할 대상국의 선택은 세심한 과정을 거쳐 선택되고, 반드시 중국과 특수한 이해관계가 있어야 한다. 예를 들면 관련 국가나 지역이 타이완 문제에 있어서 '하나의 중국' 원칙을 인정하는 것은 중요한 도움이 된다. 아니면 중국이 관련 국가와 중요한 에너지 자원의 투자 프로젝트가 있어야 한다. 혹은 역사적으로 줄곧 중국과 우호협력관계를 유지한 경우여야 한다. 또는 '대세적인 전략적 요충지'라는 의의가 있는 국가 혹은 지역이어야 한다. 예를 들면 동티모르, 아이티, 코소보, 콩고민주공화국, 라이베리아, 레바논, 수단의 다르푸르 지역 등이다.

② 중국에서 개최한 외국 장교와 경찰교육 프로젝트는 아시아와 아프리카 국가의 수강생들이 그 안에서 비교적 큰 비중을 차지했다. 이 중 가장 명성이 높았던 것은 이전에 '외국 군관 훈련학과(外国军官培训系)'였던 중국의 몇몇 국방대학의 국방사무학원(防务学院)에서 과거 근 20년간 전개했던 외국 장교 훈련 계획이다. 훈련과정에 참여했던 장교 중 여섯 명이 나중에 아프리카 국가의 대통령이 되었다. 중국 공안대학(公安大学)과 저장 경찰대학(浙江警察学院), 윈난 경찰대학(云南警察学院), 산둥 경찰대학(山东警察学院) 등 중국 각급 경찰대학이 최근 주로 아시아와 아프리카 및 라틴아메리카의 외국 경찰을 상대로 교육을 실시했다. 장기로는 몇 개월에서 반년의 기간, 단기로는 10여 일에서 15일 정도로 홍콩과 마카오 경찰 인사들과 교육 프로젝트를 교류했다. 구체적인 수치는 현재 정확한 통계를 찾아보기가 매우 어렵긴 하다. 필자의 예측에 근거하자면, 매년 적어도 300~500여 명의 규모였다. 훈련 내용은 풍부하고 다양했다. 예를 들면 중국 국방과 군사 현대화의 방향 및 구체적인 원칙을 설명하거나 관련 군사 시설과 부대의 훈련을 참관했다. 중국사회의 발전과 개혁개방에 관련된 지식을 배우거나, 중국 정치제도와 지도사상의 구체적인 내용을 이해하는 등 중국과 각국의 군경 및 사법 집행부문 간의 소통과 협력방식에 대해 연구와 토론 등을 진행했다.

③ 중국은 국제법과 군수품 무역의 관례에 따라 아프리카와 주변 국가에 대해 각종 무기와 군사설비를 판매했다. 미국과 러시아 및 유럽 등의 무기무역 대국과는 달리, 중국은 이 부문에서의 시작이 비교적 늦은 편이다. 전체 수량에서 전통적인 군수품 무역 강국과 경쟁할 수 없을 뿐 아니라, 교역의 구조와 단계에서도 비교적 낮은 수준이다. 예를 들면, 탱크나 비행기 및 대포류 같은 대형 무기 또는 하이테크 설

비가 아니라, 대부분이 가볍고 작은 무기 및 이와 연관된 부속품 또는 중·초급의 군사기술이었다. 일반적으로 중국 군수품의 가격은 비교적 공평하고 합리적이어서 발전 수준이 높지 않은 아시아와 아프리카 국가로 하여금 비교적 쉽게 구매하고 제대로 사용하게 했다.

초기에 강렬한 이데올로기 색채를 동반했던 내용은 거론하지 않더라도 현재 중국의 전략적 대외원조가 비록 상대적으로 제한적이지만 (GDP 점유율뿐 아니라 아직도 선진국과의 수치와 품종에 대한 상대적인 비교도 모두 그렇다), 이것은 국제평화 사업의 보호와 유지, 유엔 등 다변 기제의 역량 증강, 중국의 발언권과 안보 동의권 증진, 중국과 관련 국가와의 협력, 자국 군사 현대화 진행 가속, 군대 국제화 기량 제고에 대해 모두가 가볍게 여길 수 없는 긍정적인 작용이 있었다.

그러나 인정해야 할 것은 그 안에 이러저러한 개진할 점이 있다는 것이다. 앞의 관련된 부분에서 이미 제기했던 것처럼 예를 들면 중국은 여전히 해외 군사기지가 없다거나, 심지어는 자율적인 군사 선박의 보급과 수리 설비를 약간이라도 그럴듯하게 갖추지 못했다. 중국 군대의 국제법 지식, 외국어 수준 및 국제 공공관계의 재능은 심각하게 부족하다. 중국군은 해적 소탕과 해상 범죄, 해외 노동자의 철수 같은 국제 소통과 협력 능력이 서구나 미국의 선진국 해군과 비교할 때 약간 떨어진다. 중국군은 근면하고 용감하며 희생을 두려워하지 않지만, 오히려 여러 요인에 구속되어 일선의 작전부대로 파견되어 해외의 전선에서 임무를 집행하기가 매우 어렵다. 예를 들자면 중국의 여러 군사훈련 프로젝트도 아프리카 본토에서 완전하게 전개할 수 있어야 한다. 오히려 상응할 전략지점과 준(準)우방의 대상이 확실하게 정해지지 않음으로 인해 이러한 점이 서구나 미국과는 명확히 대립적인 차이를 보이는 것이다. 군수품 무역 측면에서도 대부분 수출 가치 체계가 비교적 낮은 단계의 경소형 무기나 설비 같은 하드웨어뿐이다. 고부가가치의 군사품목, 기술, 노무 및 지적 재산권 같은 사항들이 아니다.

미래의 중국이 제공할 전략적 대외원조는 앞으로 수량, 품질, 품종, 이른바 점유율 등의 모든 측면에서 크게 제고되어야 한다. 첫 번째 동기는 중국의 해외 이익이 나날이 확대되어 더욱 큰 보장을 요구받게 되었다는 것이다. 두 번째 동기는 중국 정부가 아프리카와 관련된 사무에 대한 안보 원조를 더욱 확대하고, 아프리카 대륙의 평화유지 능력 증진을 위한 중대한 제안을 해야 하기 때문이다. 세 번째 동기는 중국 외교가 국제 경영에 대한 개입을 더 높은 차원에서 더욱 노력하여 주도적으로 자신의 권익을 보호하는 진취적인 장래의 방향에서부터 온다. 마지막 동기는 국제사회가 군사안보 능력을 포함한 중국의 능력에 대해 국제책임을 더욱더 부담시키고, 건설적인 영향의 발휘를 강렬하게 요구하는 기초가 그것이다.

세 번째 종류는 '대형 원조' 형식이다. 이러한 종류의 대외원조 구성은 비교적 복잡하며, 오늘에 이르기까지 아직도 공통의 인식이 부족하다. 현재의 규모는 경제원조나 전략적 대외원조와는 큰 차이가 있다. 그러나 앞으로의 발전 전망을 볼 때, 발굴할 만한 커다란 잠재력이 있다.

이른바 '대형 대외원조'라는 것은 외교 부문의 계획과 참여 및 지도하에 사회의 각계가 광범위하게 참여하여 정부와 민간의 다양한 적극성을 충분히 발휘하도록 하는 것이다. 즉, 중국의 발전이익에 부합하면서 국제주의 색채의 대외원조라는 구색을 갖추는 것을 지칭한다. 형식상 이것은 피라미드 구조와 매우 닮았다. 가장 상층에는 외교 부문의 역할과 핵심 작용이 있다. 국제위기와 분쟁지역에 대해 각종 조정과 화해를 위한 특사파견의 시행을 포함한다(이러한 인원의 수량과 자원관리는 더욱 강화되어야 함). 유엔 체계 및 아프리카동맹 등 각각의 조직구조에 상설대표(이러한 직무와 수량 및 지위도 마찬가지로 총괄적인 업그레이드가 되어야 함)가 포함되어야 한다.

마치 2006년 이래 6년간 후진타오가 총결산한 것처럼 중국 각 부문의 대(對) 아프리카 원조는 점진적으로 성장했다. 아프리카 국가들을 위해 100여 개 학교, 30개 병원, 30개 말라리아 치료센터, 20개 농업기술 시범센터를 건립했다. 중국은 아프리카에 150억 달러의 우대성 차관제공 약속을 이행했다. 중국과 아프리카가 문화 부문에서 서로 배우고, 서로를 거울 삼아 나날이 인문교류가 활발해졌다. 중국과 아프리카는 문화 초점 집중, 연합연구 교류 계획, 싱크탱크 포럼, 민간 포럼, 청년 지도자 포럼 등 상호 간에 일련의 교류활동을 계속 시도했다. 중국은 아프리카 국가를 위해 약 4만 명에 이르는 각종 전문인력을 교육했고, 아프리카의 여러 국가에 2만여 개의 정부 장학금 정원수를 제공했다. 중국과 아프리카의 양자협력으로 22개 아프리카 국가에 29개 공자학원 혹은 공자학당을 설립했다. 중국과 아프리카의 40개 유명한 (대학 이상의) 고등교육기관에 '중국-아프리카 고등교육 20+20 협력계획'의 틀에 '일대일' 협력관계를 맺었다.[26] 이것은 중국과 아프리카 관계에서 역사상 유례가 없는 사례라고 할 수 있고, 각 부문의 높아진 적극성을 반영한 것이다.

---

26) 후진타오의 중국-아프리카 협력포럼 제5회 장관급 회의 개막식 연설을 볼 것.「신화왕(新华网)」2012년 7월 19일.

많은 단계를 포함한 '대형 원조' 구조의 중간과 기층에 많은 증가가 있고 풍부해지는 추세이다. 여기에서 각급 지방정부와 기업이 중요한 역할을 담당했다. 그들은 중앙정부와 외교 부문의 임무를 완성했다. 또한 각 지역이 가진 풍부한 특색인 '기업 공관업무', '변방무역 외교', '섬과 도서 외교(島嶼外交)', '민족 경계를 초월한 친목협력', '국경을 초월한 수자원 협력' 등의 지역과 기능성 외교 무대를 발전시켰다.[27] 기업과 지방의 대외교류 과정에서 중국의 종합국력 증강과 각지의 적극성 제고에 따라 교류과정은 가면 갈수록 중국이 먼저 수락하는 일이 많아졌다. 더 많은 설비, 자금 또는 기술원조를 제공하거나 상대방 인원의 초빙 교육과 참관에 대해 더욱 많은 기회를 제공했다. 이러한 것들은 중국이 신흥대국의 장점을 잘 나타내도록 충분하게 구현했다.

아프리카의 개발성 원조를 예로 들자면, 저장성(浙江省) 등 비교적 해안 지역에서 발달한 성(省) 단위에서 국가의 총체적 외교 방침을 이해하고, 성(省) 내 대외업무 부문의 직접적인 협조하에 여러 가지 특색과 창의적 정신으로 아프리카 국가의 호평을 얻는 '대형 원조' 일을 만들어낸 사례가 있다. 예를 들면, 저장성 정부는 저장 사범대학의 아프리카 간부교육과 관련된 사무에서 특별 재정 및 물자 지원을 했다. 저장 사범대학의 아프리카 연구원의 발전에 생기가 돌도록 했으며, 외교부 아프리카사(外交部非洲司) 사장(司长)이자 전임 아프리카 사무특사인 류꿰이진(刘贵今) 대사도 교육부의 대(對) 아프리카 교류의 중점 대학에

---

27) 국제외교학계와 국제관계이론가들은 다년간 독일 바이에른(Bavaria) 주의 독특한 대외교류 방식과 최근 미국에서 일어난 이른바 '캘리포니아 외교' 현상을 줄곧 토론했다. 이들은 국가의 총체적 외교 국면 불변이라는 전제하에서 지방정부의 대외 교류의 특성과 효과를 실현했다. 중국은 지역이 넓디넓고, 민족이 다양하며, 내부 역사와 문화가 풍부하고 다양한 문명 대국이므로 당연히 이러한 방면에 더욱 많고 바람직한 사례를 제공해야 한다.

참여하여 중국-아프리카 고급상학원(中非高级商学院)을 세웠다. 또한 저장성 정부는 아프리카로 진출한 저장 상인들에게 각종 지원과 지도를 제공했고, 성내 각급 간부들에게 더 많이 아프리카로 가서 현지 조사와 건설원조를 하도록 요구했다. 이것은 새로운 시기의 중국 지방 대외원조 모델을 위해 유익한 답사를 한 것이다.

문제의 일면에 소홀하면 안 되는 것이 있다. 하나는 외교 편제, 인원 부족 및 대외원조 협조 기제의 업그레이드 문제이다. 서구와 미국의 경험으로 보아도 선진국일수록 외교특사와 국제기제에 파견하는 대표인원이 많다. 예를 들면, 미국은 3억 인구에 정식 외교인원이 1만 5,000명을 넘어섰고, 노르웨이는 단지 500만 인구에 외교인원이 1,500명에 이른다. 그러나 중국은 13억 인구의 대국이지만, 현재 정식 외교부 인원 편제는 단지 6,000명에 불과하다.

다른 예를 들자면, 1949~1979년의 30년간 중국의 출국자는 겨우 28만 명에 불과했으나, 2011년 중국의 출국자는 7,200만 명에 달하며, 현재 매년 출국하는 중국 여행객은 5,000만 명이 넘는다. 필자의 예측으로는 '제12차 5개년 계획(2011~2015년)' 말기에는 중국의 총 출국자가 매년 1억 명의 관문을 돌파할 것으로 보인다. 국제경제사(国际经济司), 변경해양사(边境海洋司) 등의 사급(司级) 단위가 증가되거나, 영사보호와 뉴스 발표 및 정책연구기구의 단계별 확대와 같이 최근에 조정된 외교부 편제는 새로운 형세에 제대로 적응하지 못하고 있다. 앞에서 거론한 많은 외교특사의 요구에 덧붙여서 대외원조 총괄부서(援外总署)의 역할과 유사한, 권한이 있는 부문에 대한 협조 통솔 능력의 수립은 모두 대외원조의 활력을 더욱 키우고, 대외원조 체제의 조정을 포함한 인원 편제를 요구한다. 자연히 이런 측면은 외교 부문 스스로의 노력만으로는 부족하고, 정치 고위층에서 전면적인 계획에 대한 고려와 결단을 내리는 것이 필요하다.

또 다른 결점은 중국의 현 사회구조에서 싹트고 있기는 하지만 원래부터 부족한 데서 온다. 주제에서 뜻하는 바는 '대형 원조'라는 구상 아래, 특히 청년 세대의 능동성 같은 사회 각계각층에 대해 조정하자는 것이다. 더 많은 중국 청년 자원봉사자로 하여금 해외로 가서 봉사할 기회를 만들어야 한다. 더 많은 중국의 의사와 농업 전문가들이 정기적으로 아시아와 아프리카 국가에 (봉사라는) 경전과 보물을 보급하게 한다거나, 더 많은 기타 전문인력들이 제3세계에서 자기의 총명한 재능을 펼칠 무대를 만들어야 한다. 더욱 많은 해외 교포와 화교들이 여러 가지 통로를 이용해 이러한 중화민족의 위대한 사업에 참여하게 해야 한다. 그러나 실제 상황을 평가하자면, 이에 대한 각 부문의 인식 차이가 매우 크다. 재정적으로도 이에 대한 지지가 부족하며, 국민의 소질이나 능력도 한계가 있다. 이른바 NGO 같은 사회의 조직형태도 발달하지 못한 상황에 처해 있다.

네 번째 종류는 국제공공재(public goods, 公共产品)이다. 중국이 제공하는 국제공공재와 관련된 토론이 최근에 출현하기 시작했다. 가까운 시기에 매우 증가될 추세를 보이고 있으며, 중국이 책임지는 대국이 되어야 한다는 의식이 증가하고 있음을 반영하는 것이다. 중국 전통의 대외원조 유형을 분석해볼 때, 이것은 상대적으로 부족한 유형의 하나이다.

'공공재(public goods)' 개념은 현대 서양 경제학으로부터 가장 먼저 제기되었다. 공공재는 사적재(private goods, 私人产品)와 대비되는데, 소비혹은 사용에 있어서 비경쟁성(non-rivalness, 非竞争性), 수익상 비배제성(non-excludability, 非排他性)을 갖춘 상품을 이르는 말로, '공공재화', '공공물품'으로 칭하기도 한다. 일반적으로 정부 혹은 사회단체가 제공하고, 절대다수의 사람들이 공동으로 소비하거나 누릴 수 있는 상품 혹은 서비스(즉 재화와 용역, 이하 '상품')를 일컫는 말이다. 국방, 사법, 공안 등의 측면에서 구비하고 있는 재물과 노무라든지 의무교육, 공공복리사업 같은 것들이다.[28]

공공재의 특징은 많은 사람이 이 상품을 소비해도 다른 사람들이 이 상품을 소비하는 데 영향을 주지 않는 것이며, 비경쟁성을 가지고 있다. 예를 들면, 국방은 모든 국민을 보호하는 것이고, 이에 대한 비용이나 어떤 사람들이 이 상품을 이용한다고 해도 다른 사람들이 이를 이용함에 배타적이지 않다. 모든 국민이 국방 업무로 이득을 얻게 되고, 사회에 한 명의 아이가 더 태어난다거나 한 사람이 출국했다고 해서 변화가 생기지 않는다. 이러한 이유로 공공재는 동시에 명확하게 비배제성을 가진다. 이것은 이 상품의 소비과정 중에 생산되는 이익을 어떤 사람이나 어떤 단체가 독점할 수 없다는 것이며, 다른 사람들이나 단체가 소비과정에서 배제될 수 없다는 것이다. 다른 사람들이 이 상품의 이익을 누릴 수 없다는 것은 불가능하며, 만약 그렇다면 이것은 공공재라고 할 수 없다. 예를 들면, 공기 중의 오염을 없애는 것은 사람들에게 좋은 서비스를 제공하는 것이고, 이로써 모든 사람이 신선한 공기를 맡으며 생활할 수 있다. 어떤 사람을 신선한 공기의 좋은 점을 누리

---

28) 이해를 돕고 지면을 절약하기 위해 이 절에서는 공공재의 개념과 이론 부분에 대해 주로 인터넷의 '바이두(百度)'에서 검색한 간단한 내용을 해석했다. 만약 더 깊은 학습과 연구를 원하는 독자는 아래의 저작들을 참조할 것. 李成威:《公共产品理论与应用》, 立信会计出版社, 2011년판; 张建新:《国际公共产品与地区合作》, 上海人民出版社, 2009년판; (서양) 西埃斯特挖多道尔 등:《区域性公共产品: 从理论到实践》, 张建新等 번역, 上海人民出版社, 2010년판.

게 하지 못하게 하는 것은 불가능한 일이다. 따라서 '교토 의정서(Kyoto protocol, 东京议定书)'와 유엔의 코펜하겐 기후변화 회의(Copenhagen climate change conference, 哥本哈根气候大会)에서 통과된 본문은 모두 국제공공재에 속한다.

그러나 모든 공공재가 차별이 없는 것은 아니다. 대체로 이를 순수 공공재(pure public goods, 纯粹公共产品)와 준공공재(quasi-public goods, 準公共产品)의 두 종류로 나눌 수 있다. 순수 공공재는 사회 전체가 공동으로 소비하는 상품을 가리킨다. 앞에서 제시한 국방이나 공해상의 등대 또는 각국이 공인한 '유엔헌장' 및 준칙 같은 종류가 순수 공공재에 속한다. 이러한 공공재는 일단 소비(사용)에 투입되면 어떤 사람(국가)도 독점하거나 전용할 수 없다. 다른 사람(국가)들을 배척하여 이 상품을 사용하지 못하게 하려고 해도 이렇게 할 방법이 전혀 없다. 어떤 개인(국가)이 만약 이와 같이 고집하면, 엄청나게 높거나 타산이 맞지 않는 대가(비용)를 지불해야 한다.

예를 들어보면, 환경보호제도는 공기나 소음 등의 오염을 제거하여 사람들에게 신선한 공기와 안정적인 환경을 제공한다. 만약 한 지역의 어떤 사람이나 국가를 신선한 공기나 안정적인 환경에서 배제시킨다는 것은 불가능하고, 기술적으로도 실현할 방법이 없다.

또한 엄격한 의미에서의 순수 공공재는 '비분할성(non-divisibility, 非分割性)'을 가진다. 즉, 공공재의 소비는 그 완전성이 유지된다는 전제하에 국민 중에서 많은 소비자가 공동으로 사용할 수 있는 것이다. 교통경찰이 국민에게 제공하는 서비스 등을 분할할 수는 없다. 순수 공공재는 물질적인 상품만을 포함하는 것이 아니라, 공공 서비스도 포함한다. 정부가 국내 범위 내에서 실시하는 환경보호조령 혹은 유엔 사무총장의 특사가 세계 분쟁지역에서 전개하는 중재 같은 것이다. 넓은 의미의 공공재는 물질적인 측면을 포함함과 동시에 정신적인 측면의 내용도 포함한다. 즉 유엔국의 회비 같은 재정적 측면이 있고, 안보리에서 통과되는 결의와 국제해양법 공약 같은 문서나 제도 형태도 있다.

현실생활에서 순수 공공재는 그리 많지 않고, 대부분이 이른바 '준공공재'이다. 준공공재의 사용범위는 비교적 넓다. 교육, 문화, 방송, TV, 의원, 과학연구, 체육, 도로, 농림기술 보급 등의 사업 단위가 있고, 이들이 사회에 제공하는 모든 것이 준공공재이다. 기업식 채산을 시행하는 수도, 전기, 우편, 도시행정 건설, 철도, 항구, 부두, 도시 공공교통 등의 부문이 제공하는 것도 준공공재이다.

이러한 종류의 상품은 통상적으로 위에서 서술한 두 가지 특성 중에서 한 가지만 가지며, 다른 한 가지는 불충분하다. 교육 상품이 이러한 종류에 속한다. 이것은 한편으로는 배제성을 가진다. 왜냐하면 동일한 교실에 있는 학생에 대해 갑이 교육을 받고 있는 동시에 을이 수업을 듣는 것을 배제할 수는 없다. 그러나 또 다른 측면에서의 교육 상품은 비경쟁성을 나타내는 점에서는 불충분하다. 한 학급 내에서 학생수의 증가에 따라 학교는 필요한 책상과 의자를 추가로 제공해야 하고, 숙제를 고쳐주고 채점하거나 수업 외 지도를 해야 하는 교사의 부담이 가중된다. 만약 학생 수가 어느 정도를 초과하면, 학교는 반드시 학급 수와 교사의 편제를 늘려야 하고, 필요한 비용은 더욱 증가하게 된다.

국제적인 범위에서 관찰해보면, 많은 나라가 아프리카에 교육원조를 하면서 늘 이러한 어려움이 발생하여 수요와 공급 간의 빈틈이 생기게 된다. 따라서 교육 상품은 사용에 있어서 일정한 경쟁성을 가지고 있으며, '순수한' 공공재가 아닌 '준(準)'공공재이다.

어렵지 않게 추론할 수 있는데, 유엔이 파견하는 평화유지부대도 유사한 성질을 갖고 있다. 이론상으로는 집단 안보를 위해 결정된 공적인 행위에 속하지만, 실제로는 유엔의 평화유지 경비와 파병 병력의 수량에서 각종 요소의 제한을 받게 되어 역시 사용 시 경쟁적 수요가 존재한다. 공공도로와 공공교량도 마찬가지다. 비록 모든 사람이 사용하는 것이긴 하지만, 노면의 폭도 제한을 받는다. 차량 한 대가 도로의 특정 노선을 사용할 때는 다른 차량이 통과하는 데 영향을 받게 된다. 외국이 유엔 결의하에 아프리카의 어떤 국가에 공공도로나 교량을 수리하거나 건설하는 데도 위에서 거론한 경쟁성이 대상국 국내에 존재한다. 또한 다른 국가들은 이로 인해 유엔의 지지를 얻지 못하게 되어 불만과 원망이 발생할 수 있다. 이로써 더욱 복잡한 자원배치의 공평성 문제와 국제 조정이라는 어려운 문제로 이어지게 된다.

공공재의 생산과 공급방식에는 세 가지 종류가 있다.

첫째는 공공생산이다. 공공부문이 공공재를 생산하고 다시 공공부문이 사회에 물품과 노무를 포함한 것들을 제공하는 것을 일컫는다. 이른바 공공제공이라는 것은 먼저 공공재가 공공부문에 의해 공급하고, 그다음은 일종의 비용을 받지 않는 방식으로 공공재를 제공하는 것이다. 특히 행정부문 같은 정부의 순수 공공재는 주로 공공생산과 공공제공 방식을 통해 공공노무와 서비스를 제공한다. 앞에서 거론한 해상의 등대나 외교 조정이 이러한 성질에 속한다.

두 번째는 사적 생산이다. 국민에게 제공하는 공공재를 모두 공공부문에서 생산하는 것은 아니다. 어떤 경우에는 정부가 사적 상품을 구매한 뒤에 시장에 공급하기도 한다. 예를 들면 국가가 드라마 제작 업체로부터 TV용 작품을 구매하여 방송국에서 방송하는 경우이다. 누가 만들었건 간에 도로 하나를 완성한 후 정부가 구매하여 사회에 제공하여 사용하게 되면 곧 공공재가 된다. 만약 이것을 기업이 구매하여 행인에게 비용을 받으면, 곧 사적재가 되는 것이다. 국제적인 추세 중의 하나로, 무기나 군사장비 같은 것은 많은 사기업에 의해 생산되고, 정부가 구매하여 군대와 국방부문에 공급된다.

세 번째는 혼합 생산이다. 어떤 준공공재, 특히 성격상 사적재에 가까운 준공공재가 사회에 제공되는 과정에서 수익자와 비수익자의 평형적 부담을 위해 그리고 자원의 사용 효율을 높이기 위해 정부가 종종 시장 상품의 공급 같은 방식을 취하기도 한다. 즉, 어떤 가격 표준에 따라 소비자에게 비용을 받고 공급하는 것이다. 예를 들면, 의료 상품에 대해서는 정부가 공급방식을 취할 수도 있고, 정부가 공급하고 개인이 지불하는 방식을 취할 수 있다. 이외에 수도, 전기, 가스 등도 모두 비용을 받는 방식으로 공급할 수 있다. 혼합 공급방식에는 정부의 정책적 요소가 포함된다. 이와 달리 순수하게 시장에서 공급되는 사적재는 가격을 포함한 성격과 관리에서 구별된다. 분명히 준공급재의 공급방식에서는 정부에 더욱 큰 선택을 할 수 있는 측면과 더욱 많은 시행기회가 있다. 국내에서도 그렇지만, 국제적 영역 또한 예외가 아니다.

위에서 소개한 이론을 통해 우리는 어떤 계시를 얻을 수 있는가? 또한 어떻게 중국의 아프리카 원조에 응용할 수 있으며, 어떻게 중국식 공공재의 제공을 강화하고 개진할 수 있을 것인가?

여기에서 세계적 범위와 아프리카 지역이라는 두 부문으로 나누어 토론을 진행해보자. 첫째, 위의 토론이 우리에게 시사하는 것을 세계적 각도에서 관찰해보면, 국제공공재는 한 국가가 다른 국가에게 특히 국제사회가 공동으로 사용하도록 제공하는 것이다. 어떤 비배재성과 비경쟁성을 가진 자원, 제도, 물품, 설비 등을 제공하는 것으로, 가장 대표적인 것이 유엔국 회비, 국제기후제도, 세계식량조직이 필요로 하는 구호물품, 국제수역 항로상의 등대 항로표지 같은 것이다.

　　중국은 이러한 측면의 투자를 더 크게 늘려야 한다. 이러한 행위로 영향력을 늘리고, 이미지를 개선하며, 사람들의 마음을 잡는 지렛대로 삼아야 한다. 중국 고유의 국제공공재 제공을 늘리려면, 많은 새로운 요구에 부응해야 한다. 첫째, 현재 (중국의) 상무부에서 주도하는 대외원조 체제의 변화가 필요하다. 권한을 더 높이고, 총괄 능력이 더 강한 결정기제로 바꿔야 한다. 둘째, 대외원조 전략과 공공재라는 두 범주에 대한 전면적이고 세밀한 계획이 있어야 하고, 상호 보완하여 완성되도록 해야 한다.

　　전자는 중국의 중요한 안보이익과 군사 목표에 부합한 대외원조를 가리키며, 앞으로 중국의 글로벌 이익과 전략의 포석에 중요하게 사용될 수 있어야 한다. 과거 몇 년간 파키스탄에 대한 원조처럼 아프리카와 중동에 대한 다양한 종류의 에너지와 자원 산지의 투입, 국외에서 여러 가지 전략적으로 요긴한 기초설비의 건설이 그것이다. 후자는 국제사회단체가 사용하는 상품 혹은 프로젝트나 공약을 가리킨다. 이러한 것들은 유엔 등 공신력 있는 국제조직과 기구에 더 많이 제공된다. 평화유지부대 제공 및 평화유지 기지의 건설과 같이 중국은 국제조직의 활동 경비를 납부하고, 공해의 다양성과 극지 생태계 보호 등 각종 제안을 해야 한다.

　　전략적 대외원조와 공공재는 분명하게 나누어지지 않으며, 구별

되기도 하지만 서로 강화시켜주는 한 쌍의 유형이기도 하다. 그들의 관계 및 중국이 대외관계에 미치는 작용 등은 체계적이고 깊이 있는 토론이 필요하다. 필자가 보기에 지난 몇십 년간의 대외원조에서 경제적 계약의 수치는 너무 크고, 전략적 대외원조 특히 공공재의 비율은 너무 작다. 앞으로 점차 조정해야 하고, 새로운 무게와 평형을 수립해야 한다.

중국이 예측할 수 있는 미래에 제공될 국제공공재는 아래와 같은 중요한 점을 고려해야 한다. 첫째, 우주와 극지 및 심해 같은 전형적인 '고차원적 경계(高边疆)'를 향해 전진하는 것이다. 그와 동시에 단지 기구적 측면에서 해군 함정, 해양 탐사선박, 극지탐험대 및 우주 항공 군사수단을 늘릴 것이 아니라, 좀 더 주도적으로 전 인류를 고려한 평화협력 공약과 공영방안을 제시해야 한다. 국제수역의 '등대'와도 같은 의미를 만들어내야 하며, 적극적으로 국제규범의 '소방대'와 '구조원' 같은 역할을 담당해야 한다.

둘째, 해상통로 소통과 에너지 외부 공급의 안전 문제를 보호하는 것에 착안하여 중국이 국제해양법과 관련된 기구에 적극적인 협력을 하는 것이다. 유조선의 기름누출과 해양 생물의 다양성을 예방하는 규칙과 제도의 처리를 숙지하여 힘닿는 대로 일정한 자금과 기술 원조를 제공하는 것이다. 동시에 해적소탕과 해양의 비전통 안보 위협의 예방에 더욱 힘을 기울여야 한다.

셋째, 최근에 설립된 아세안 사무대사, 중동문제특사, 기후문제 특별대표 등과 같은 효과적인 방법으로, 중국이 미래 몇 년간 더욱 많은 특사들을 주변과 세계의 분쟁지구에 파견하는 것이다. 중국 외교를 "적을 만들지 않는다"거나, 선린외교로 친구를 맺고, 세심한 인내 같은 좋은 전통을 더욱 크게 발휘하도록 하는 것이다. 세계 여러 나라와 국제사회가 신흥대국이 제공하는 좋은 점들을 느끼도록 해야 한다. 중국 외교 특사의 배치는 제도화되어야 하며, 더욱 많은 투입과 더 많은 인원의 배치가 있어야 한다.

넷째, 과거에 행한 효율적인 방법과 처리를 총결산하여 홍보에 활력을 주고 참가를 더욱 확대하는 것이다. 여기에는 해외 자원봉사자 프로젝트와 유엔 평화유지부대 훈련 등이 있다. 이러한 방법과 프로젝트는 중국의 평화굴기를 위한 명함과도 같고, 중국의 선량한 의도를 전시할 수 있는 도구이다.

다섯째, 국제적으로 일종의 좋지 않은 시선을 바꾸는 것이다. 즉 중국이 단지 '절름발이 거인'이라는 것인데, 이것은 경제와 무역 및 에너지 등의 방면에는 능력과 관심이 있으나, 정치와 안보 및 인문 영역에서는 흡입력이 없거나 심지어는 사람들로 하여금 두려운 이미지를 갖게 하는 것을 말한다. 보다 많은 노력을 통해 제3세계 국가가 요구하는 각 부문의 인재를 양성하고, 급하게 필요로 하는 국가를 위해 에너지와 경제개발 방안을 제공해야 한다.

두 번째로 반드시 확인해야 할 것은 글로벌 공공재를 공급하는 것은 비교적 어려움이 크다는 것이다. 특히 이것이 순수 국제 공공재의 성격에 근접하는 것이라면, 중국처럼 아직 저개발국가 단계에 있는 신흥국가로서는 아주 많은 것을 제공할 수 없다. 현 단계에서 더욱 크게 관심을 두어야 할 점은 지역성 공공재의 설계와 제공에 있다. 이러한 공공재는 준공공재의 특징을 동반하는데, 형태와 방식이 탄력적이고 다양하여 수량도 조절할 수 있다. 진행하기는 어렵기도 하고 쉽기도 하다. 중국공산당 중앙에서 적극적으로 하달하여 힘차게 실행하거나, 대담하게 설계하여 진지하게 추진할 수 있다. 국제적 이미지 개선에 도움이 되면서 또한 자국 국민에게 대외원조의 방침을 받아들일 수 있도록 하는 데 비교적 적합하다.

이른바 여기에서 말하는 '지역성 공공재'란 예를 들면 아프리카 대륙의 특정 지구를 목표로 하는 것이다. 특히 최근의 중국-아프리카 정상회담 및 장관급 회담에서 제정된 각종 문건처럼 주로 중앙에서 미리 정한 원칙과 방침에 따라 중국이 자국과 아프리카 공동 이익 및 신형 전략적 동반자 관계의 전면적인 계획에 대한 고려를 나타내는 것이다. 아프리카연맹을 전형적인 지역 조직으로 의지할 중요한 파트너로 삼아 이를 실행의 무대로 하고, 아프리카 대륙 전체와 다수의 아프리카 국가들이 주요 수익 대상이 되도록 하는 것이다. 이것이 중국 정부로부터 제공되는 대(對) 아프리카 원조이다.

최근 10년 동안의 전형적인 사례로는 중국이 지원하여 건설한 에티오피아(Ethiopia)의 수도 아디스아바바(Addis Ababa)에 세워진 아프리카 연맹 본부 건물, 외교부가 설립한 아프리카 사무특별대표(특사), 국가종합계획과 외교부 건의에 근거하여 농업부가 아프리카의 여러 국가에 추천한 농업시범 프로젝트(네트워크), 공청단[The communist youth league, 중국 공산주의청년단, 이하 공청단(共靑団)] 중앙과 상무부 및 외교부 등의 부서에서 연합 추진하는 중국 청년 자원봉사자 해외 근무 계획, 중국 정부가 승인한 대(對) 아프리카 대륙 최빈국의 국가 채무 감액 방안, 중국 국방부와 공안부의 부설 교육기관에서 전개하는 아프리카 군경간부 훈련 과제, 중국 군대가 유엔 평화유지의 틀 안에서 아프리카 대륙의 다수 국가에게 실시한 평화유지 활동 등이 있다.

또한 중국 정부가 2012년에 개최한 중국-아프리카 포럼 제5회

장관급 회의에서 제시했듯이 중국이 몇 년 안에 아프리카에 농업기술 시범센터의 적절한 지원 증가, 아프리카 국가들의 농업 생산 능력 상승 지원, '아프리카 인재계획'의 실시로 3만여 명의 아프리카 인재 양성, 이를 위해 1만 8,000명에게 제공할 중국 정부 장학금, 아프리카 국가를 위한 문화와 직업기술 훈련 설비 건설, 중국과 아프리카 의료 위생 협력 심화, 1,500명의 중국 의료대원 파견과 동시에 계속해서 '아프리카 광명행(Africa bright line, 光明行)'[29] 활동 전개로 백내장 환자에게 무료의술 제공, 아프리카 국가들의 기상 기초설비 건설 능력과 삼림 보호 및 관리 지원 등이 있다.

　　중국 정부도 약속했듯이 미래에 더욱 큰 힘으로 아프리카 공동체 건설을 지지하여 아프리카의 전체 발전 능력 제고를 도울 것이다. 중국은 앞으로 아프리카 대륙과 '아프리카 다국적 다지역 기초설비 건설협력 동반자 관계(非洲跨国跨区域基础设施建设合作伙伴关系)'를 수립할 것이다. 프로젝트 계획과 타당성 연구를 위한 지원을 제공하고, 실력을 갖춘 중국 기업과 금융기관이 아프리카 다국적 다지역 기초설비 건설에 참여하도록 장려할 것이다. 아프리카 세관과 상품검역 설비 조건의 개선을 도와 지역 내 무역의 편리화를 촉진할 것이다.[30]

---

29)　역자 주: '아프리카 광명행' 활동이란 중국의 민간조직인 국제교류촉진회(国际交流促进会), 전국 맹인예방 기술지도조(全国防盲技术指导组), 중국 민주촉진회(中国民主促进会), 수도의과대학 부속 베이징 동인당의원(首都医科大学附属北京同仁医院), 안휘성 대외 경제건설 집단유한공사(安徽省外经建设集团有限公司), 하이항그룹 유한공사(海航集团有限公司) 등이 공동으로 조직한 공익활동으로, 2010년 11월 18일 베이징을 출발하여 동남 아프리카의 말라위와 짐바브웨 두 나라의 백내장 환자들에게 일주일 동안 무료로 광명회복 수술을 진행한 봉사활동을 말한다. 출처: 新浪健康, '2010非洲光明行活动将于11月18日在北京启动', 2010년 11월 18일자. 인터넷 검색일: 2013년 12월27일. http://news.sina.com.cn/h/2010-11-16/165621481147.shtml

30)　후진타오 주석의 중국-아프리카 협력포럼 제5차 장관급 회의 개막식 연설, 「신화왕(新华网)」 2012년 7월 19일.

외연과 내용상 볼 수 있는 것은 이러한 지역성 공공재와 앞에서 말한 전략적 대외원조 및 경제원조와 사회적 대규모 원조에는 부분적인 교차와 중첩이 존재한다. 이들의 실행은 여전히 세심한 작업과 협조가 요구된다. 그러나 중요한 것은 이러한 지역 공공재가 아프리카 지역의 안정적인 발전과 전체적인 능력 상승을 위해 제공되는 것이라는 점에서 그 필요와 가치가 존재한다고 필자는 생각한다.

앞에서 서술한 공공재의 개념과 이론은 우리에게 여러 가지 깨우침을 준다.

첫째, 공공재는 단지 경비, 물품, 기초설비 같은 좁은 의미로만 이해할 수는 없다. 공공재는 노무, 인재 및 전문기능 양성 등과 같은 더욱 전문적인 공급을 할 수 있다.

아프리카의 어느 싱크탱크에서 우리에게 이렇게 제의했다. 중국은 서구의 여러 국가와 미국의 여러 방법을 참고로 하여 단지 기초설비만 제공하려고 하지 말고(이 부문에서는 중국이 서방국가들보다는 한참 앞서 있음), 사용하는 측에서 이러한 기초설비에 대한 지식과 기술의 숙달 및 능력을 높일 수 있도록 더욱 큰 노력을 기울여야 한다는 것이다. 어떤 자료에 의하면, 아프리카의 여러 지방에서 중국의 건설 원조로 품질이 좋아진 병원과 학교에서 현지인들이 만나는 사람은 오히려 유럽 국가에서 온 자원봉사자와 전문인력들이라는 점이다(유럽은 최근 심각한 경제 쇠퇴로 인해 많은 전문인력들이 쉬고 있다).

이것은 우리에게 하나의 교훈을 준다. 원래 좋은 일을 좋지 않게 마무리하여 처음만 있고 끝이 없어서는 안 된다는 것이다. 어떤 경우는 모르는 사이에 다른 사람들을 대신하여 '신부의 혼례복'을 만들어주는 좋은 일을 하고서도 늘 이유도 없이 질책을 받을 수 있다. 대외업무를 관장하는 정부 부문, 특히 원조 프로젝트를 관리하는 공무원들은 이러한 교훈을 진지하게 받아들이고, 어떤 방법으로 개선할 것인가를 살펴야 한다. 대외사업을 하는 기업과 지방 당국도 이로부터 결론을 얻을 이유가 있다. 앞으로 대외원조 프로젝트, 특히 여러 주축국가와 중요한 지점에서 계속해서 영향력이 발생하는 공사에서는 단지 '열쇠를 건네주는 것', 즉 건설의 실체를 상대방에게 넘겨주는 데서 그치면 안 된다. '손재주를 지도하는 것', 즉 실제로 사용하는 대상들이 효율적으로 사용할 수 있거나 지속적으로 운용할 수 있는 지식과 기능을 숙련시켜야 한다.

아마도 중국 내의 어떤 사람들은 이에 대해 "그렇게 하면 한도 끝도 없어져 재정이 '밑빠진 독'으로 변하는 게 아닌가?!"라고 비평할 수도 있다. 아프리카의 여러 낙후된 국가의 사람들은 수준이 높지 않아서 중국 측 공사 기술자들과 수준 차이가 많이 나는데, 아프리카 사람들을 교육하는 과정은 매우 어렵다. 여기에는 서로 다른 문화배경과 근로 습관의 차이 및 작업 품질에 대한 요구 차이 등 여러 가지 난제가 존재한다. 따라서 현 단계에서는 역시 "물고기를 주어 당장 급한 것을 해결하도록 하는 것(授之以魚)"이 "물고기를 잡는 법을 알려주어 일생을 해결하도록 하는 것(授之以漁)"보다 비교적 편리하다는 또 다른 의견이 있을 것이다.

이러한 의견을 이해하지만, 필자는 더욱 장기적인 목표와 더욱 대범한 전략이 있기를 바란다. 중국이 원조하여 건설한 아프리카연맹 본부 건물 프로젝트는 구체적으로 이러한 특징을 가지고 있다. 2012년에 완성되어 사용하고 있는 이 건물은 중국이 8억 인민폐의 대외 재정원조를 들여서 완성한 '하드웨어' 측면의 건조일 뿐만 아니라 처음부터 끝까지 기술과 관리 측면에서 "전하고(傳), 돕고(幇), 관리하는(帶) 것"이 이루어졌다. 지금까지도 일정한 수의 중국 기술 전문 엔지니어들과 후속적인 재정 지원이 유지되어 아디스아바바 시의 중심지역에서 아프리카연맹 본부 건물로 사용하고 있다. 소요되는 비용이 적지 않지만, 이것은 중국과 아프리카 간의 우호가 견고하고 확실하다는 것을 상징한다. 중국 정부의 아프리카 전체에 대한 협력기제의 전략적 지탱점을 실현한 것이며, 중국인이 새로운 시기의 국제주의 의무에 대한 이행을 배우는 하나의 경로가 되었다.

이것은 중국에 대한 아프리카의 높은 평가를 가져다주었다. 때마침 에티오피아의 멜레스 제나위(Meles Zenawi) 총리가 개막식을 이용하여 지적한 것과 같다.

"이 땅은 이전에는 감옥이어서 많은 사형수들이 갇혀 있었다. 절망적인 사람들이 많이 있었으며, 당시 전체 아프리카 대륙이 사람들에게 준 감각은 절망이었다. 현재 이 건물은 일종의 희망을 가져다주었다. 아프리카의 부흥을 상징하며, 아프리카의 희망이다."[31]

둘째, 정부가 통상적으로 공공재의 주요 설계자이자 추진자이고 공급자이기는 하지만, 공공재의 생산과정과 구체적인 인수 단체는 탄력적인 양식과 방법 및 행위체가 있다.

유럽과 미국의 선진 국가는 한 가지 상용적인 방식이 있다. 즉 정부가 일단 예산 혹은 국제협정 중에서 승인한 저개발국가와 지역에

---

31) 재인용,《建造非洲总部大楼的中国人》, 青年参考报, 2012년 4월 13일.

대한 원조, 특히 아시아와 아프리카의 전체적인 지원에 대해 단지 각종 매체를 통해 마구 널리 알리는 데 그치지 않는다. 이러한 원조 프로젝트를 사회세력, 민간기구 혹은 기업이나 회사가 실시하도록 하청을 주기 위해 온갖 방법을 생각한다. 왜냐하면 한편으로는 서방국가의 국영부문이 상대적으로 비교적 작고, 기능도 완전하지 않기 때문에 많은 프로젝트를 청부 받을 수 없기 때문이다. 다른 한편으로는 이렇게 정부로부터 공공재를 구매하고, 기업과 시장이 청부받고, 그 뒤에 원조 대상에게 제공하는 방식도 비교적 경제적이고 절약이 되기 때문이다.

중국은 경제무역과 금융이 현재 글로벌화에 미치는 영향과 전·후방 네트워크가 있는지를 고려해야 한다. 미래에 우리가 고려해도 무방한 것은 아프리카의 지역적 공공재에 대한 설계와 생산 및 공급에서 중국 정부가 오더의 일부를 다른 국가의 기업에게 청부하는 것이다. 특히 그들이 아프리카와 전통적인 무역관계가 있고, 언어 사용이 편리한 청부상이라면 말이다. 당연히 중국 측이 줄곧 국정방침을 주관하고, 동태추적과 품질관리를 실시하면서 전체 과정이 중국 측이 정한 노선과 부합하는지를 확실히 확인해야 한다.

현재 중국의 경제 실체와 외환보유량의 큰 판은 비교적 낙관적이나, 이용률은 이상적이지 못하다. 따라서 설령 단지 이 중에서 아주 작은 부분을 잘라내더라도 상당한 수량을 외부 생산 공급자에게 분배할 수 있고, 이것은 동시에 중국이 이끌면서 다자가 참여할 수 있는 국제공공재 공급방식을 세우는 데 유리하다.

예를 들면, 중국은 세계은행(World Bank, IBRD)과 국제통화기금(International Monetary Fund, IMF)의 증자 할당과 투표권 및 고급관리 비율이 2008년 국제금융위기 이후 점점 높아지고 있다. 아직은 이상적이라고 말하기 어렵지만, 중국은 국제금융 영역의 발언권과 정책결정 지위에 있어서 예전보다 훨씬 높은 수준에 도달했다. 2012년 말, 중국의 외환보유고는 3조 3,000억 달러에 이르렀고, 세계 외환보유 총량의 30% 이상을 차지했다. 2012년 9월 말 국가외환국(国家外汇局)이 제공한 국제투자대조표(International investment position, 国际投资头寸表)의 구체적인 수치가 명시하듯이 중국의 대외 총자산 중 약 67%가 비축자산이고, 이것의 주요 운용 형식은 채권투자이다. 2011년, 중국의 대외자산 수익률은 약 3%로서, 미국과 독일 및 일본과 비슷하다.

금융학계의 의견과 국제상의 통상적인 수법에 근거하자면, 이 시기에 중국 정부는 강력한 힘을 완전하고 충분히 이용할 필요도 있고, 또 그렇게 할 수도 있다. 더욱 많은 국제금융 프로젝트, 상품, 교환방식과 투자 목표를 설계하고 제시하여 위에서 서술한 추세를 굳건히 하고 증가시켜야 한다.

필자가 느끼기에 외교부와 재정부 및 국가외환관리국 등 국내 부서의 협력을 통해 IMF 등의 기구 내에 아프리카 원조에 대한 지역성 공공재 전용 기금을 설립해야 한다. 중국이 지지하는 해외의 물품주문, 중계운송, 응용 및 이와 관련된 투자와 보험 업무에 사용함으로써 적은 노력으로 많은 효과를 누리는 조치를 취할 수 있다.

셋째, 지역과 더 나아가 국제적 규칙과 제도를 제정하고, 통용성과 광범위한 인정을 받는 것이다. 또한 비교적 고급 국제공공재 제공에 속하도록 하는 것이 중요하다. 이것은 적은 노력으로 많은 효과를 거둘 수 있지만, 역시 중국에 비교적 부족한 것이기도 하다. 글로벌 범위에서 보면, 지금까지 중국의 굴기는 시대가 건네준 국제관계 중 가장 위대한 과정의 하나로 칭한다. 그러나 실사구시적으로 말하면, 이러한 굴기는 기본적으로 혹은 주로 경제영역의 현상이라고 할 수 있을 뿐이다. 다른 부문은 좋다고 할 부분이 없다.

수치가 문제를 설명할 수 있다. 먼저 장점의 일면을 살펴보자. 과거 30년간 중국은 9% 안팎의 연평균 경제성장 속도를 유지했다. 중국은 1인당 평균 몇백 달러의 빈곤한 국가에서 오늘날 1인당 평균 6,000달러의 신흥 강대국으로 변모했다. 중국은 과거 10년간 세계 제6대 경제체에서 미국 다음의 제2대 경제강국으로 도약했다. 현재 중국의 총생산은 이미 미국의 절반을 넘어섰고, 앞으로 약 20년 후가 되면 미국을 초월하여 정상에 오를 것으로 예측된다. 중국은 현재 세계 최대의 에너지 생산국이자 제1의 석유 수입국이며, 세계 최대의 화물운송 선단과 항구 화물처리 능력을 보유하고 있다. 중국의 외환보유고와 수출입 무역량은 각각 세계 1위와 세계 2위이다. 중국의 도로와 철도의 길이, 내륙 수로 해운량, 철강, 자동차, 전기 기계식 설비 등의 공업 생산량은 모두 이미 세계에서 상위에 자리 잡고 있다. 중국은 세계의 장난감, 가구, 의류, 신발과 모자, 전기 기구 등의 생산량에 있어서 어느 국가와 비교해도 놀랄 정도의 우세를 가지고 있다. 세계 각국이 관찰하고 느끼는 오늘의 중국은 튼튼하게 성장한 경제거인과 같다. 경제 역사상 유례없는 초대형이자 잠재력 역시 무한한 대국이다.

그러나 중국은 국제무대에서의 발언권과 경제적 실력이 완전히 대칭을 이루지 못하고 있다. 중국의 국제공무원, 특히 국제조직의 고위직 비율에서는 전통 서방 강대국보다 적을 뿐만 아니라 인도나 한국, 브라질, 멕시코 등의 신흥국가보다 뒤떨어진다. 외환보유량이 최대인 중국이 IMF나 세계은행 등 주도적인 국제조직과 금융기구에서의 주도권과 규칙의 문건제정 능력에 있어서는 심지어 프랑스 같은 서방의 2등급 강대국과도 비교가 되지 않는다. 각국의 주요 매체는 현재 중국과 관련된 소식으로 가득하고, 절반 이상은 부정적인 보도 혹은 의구심을 품은 태도를 보인다.

국제안보와 정치 영역에서도 역시 유사한 껄끄러움이 있다. 이른바 중국의 군수품 무역이 부딪치는 다중의 방해 같은 것에 대해 미국, 러시아, 프랑스, 이스라엘, 한국의 무기 수출은 아주 적게 마주친다. 중국의 실험 혹은 '모델'이 이른바 맞닥뜨리게 되는 서양 학계와 여론의 반복된 의심 같은 것을 인도 혹은 브라질의 사회제도와 대외 선포에서는 마주치기가 매우 어렵다. 중국의 국민은 이러한 이면에 서방 자본주의 국가의 '음모'가 있다고 여길 수 있다. 중국 국내의 매체들은 중국에 대한 미국의 방어와 포위를 걱정할 이유가 있다고 한다. 문제는 "중국 스스로 어떻게 현실을 직시하는가?"라며 원망을 품고, 화가 나서 속을 끓이는 데 있다.

차라리 착실하고 재치 있게 일하면서 포위를 돌파하고 전진하는 것이 낫다. 예를 들면, 앞으로 아프리카연맹이 각종 국제조직에서 유리한 안건을 제출하도록 중국이 돕는 것이다. 여러 아프리카 대국이 유엔 안보리 이사국(준상임이사국을 포함)이 되도록 협조하여 아프리카가 점차 스스로의 안정된 능력과 조정기제를 형성하도록 추진하는 것이다. 이러한 지역성 공공재를 창조할 기회를 영국이나 프랑스, 미국 등의 오랜 '종주국'들에게 내주지 않도록 해야 한다. 그렇게 된다면 중국-아프리카 양대 세력의 협동과 상호 협조를 통해 앞에서 서술한 불리한 환경을 어쩌면 다소 바꿀 수 있을 것이다.

과거에 이룬 중국의 굴기는 주로 경제적인 굴기를 나타내며, 확실히 수량적 측면, 규모적 측면, 속도적 측면 등의 지표에서 빠른 상승을 보였다고 할 수 있다. 상대적으로 말하자면, 과학발전관과 신세대 지도자가 제시한 위대한 민족 부흥의 '중국의 꿈'에 따라 중국이 굴기할 미래의 시간은 품질적 측면, 효율적 측면, 과학기술의 함량적 측면 등의 지표에서 세밀한 개선이 있어야 한다. 중국은 특히 종합국력의 성장과 국제적 지위의 제고를 더욱 중시해야 한다. 중국이 아프리카 등지에서 더욱 많고 더욱 좋은 지역성 공공재를 제공하는 것을 포함하여 국제규칙 측면에서의 설계와 투입을 더욱 키우는 것은 이러한 발전 추세에 부합한다.

이것을 이룬다고 해도 자연적으로 외교부문 스스로 능력을 갖추는 것은 아니다. 외교적 전환과 변혁이 계속해서 발전하는 것 이외에도 전체적인 정치적 고려, 전략 계획, 부문 간의 협조가 있어야 한다. 어찌 되었건 간에 상호의존적인 현 시대에서 하나의 강대국이 만약 광범위한 전략적 의식이 없고, 일정 수량의 국제공공재를 포함하는 각종 국제원조를 제공할 수 없다면, 글로벌 고지에 확고히 설 수 없다. 비록 단기간에 형성한 굴기의 기상(氣像)조차 지속할 수 없다. 필자는 이전에 아래와 같이 제시한 적이 있다.

'창조적 개입(創造性介入)'이 말하는 것은 일종의 새로운 적극적인 태도이다. 즉 새로운 세기의 두 번째 10년의 시기에 중국이 국제사무에 대해 참여 의식과 수단을 더욱 크게 가져야만 한다는 것이다.

이것은 중국의 각각의 대외부문과 더욱 큰 범위에서의 중국 민중에게 덩샤오핑(邓小平)의 개혁개방 기본 노선을 고지함과 동시에 진취적인 마음과 (바둑의) '선수 두기'의 강화를 요구한다. 적극적으로 지역과 글로벌 사무에 개입하여 더욱 많은 방안을 제시하고, 더욱 많은 공공재와 원조를 제공하여 미래의 국제적 국면 변화와 인류 공동체의 진보를 위해 중국이 도장을 찍는다거나, 중국의 운영과 공헌이 있기를 요구한다.

이것은 중국이 대외정책의 설계자와 제정자가 되어야 함을 일깨운다. 중국은 서양 열강처럼 패권세계의 옛 길을 갈 수 없고, 중국의 의지와 방안을 (전 세계) 사람들에게 강요할 수도 없다. 적극적으로 국제사무에 참가함과 동시에 건전한 중재와 창조적인 생각에 유의하여 동방문화와 역사문명 속에서 "일치하는 점은 취하고, 의견이 서로 다른 점은 잠시 보류하며(求同存异)", "화합하면서도 아첨하지 아니하고(和而不同)", "다투지만 깨뜨리지 않고(斗而不破)", "중용으로 모두가 평등하게 하는(中庸大同)" 등의 요소들을 발굴하고 고수하여 '새로운 안보관(新安全观)', '새로운 발전관(新发展观)', '조화로운 세계관(和谐世界观)' 등의 이념을 주창하고 고수할 것을 요구한다. 신중하고 합당하게 다른 국가와 국제사회의 관계를 처리하고, 시세를 잘 살펴야 한다. 여러 측면의 일을 종합적으로 계획하고 돌보면서 중국이 세계무대에서 이미지와 발언권을 높일 것을 요구한다.

새로운 '창조적 개입'의 이러한 입장은 "재능을 감추고 드러내지 않는다"는 도광양회(韬光养晦)의 태도나 방법에 대한 철학적 의미상의 포기이다. 또한 서양식의 간섭주의와 강권정치가 아니라, 중국의 새로운 대국의 위치, 나라의 정세 및 국력 그리고 문화전통의 새로운 선택에 부합하는 것이다. 이러한 입장은 앞으로 중국의 평화적인 굴기의 전체 단계와 병행하여 점차 국제정치와 외교무대에서 중국의

품격을 형성할 것이다.[32]

내정불간섭 원칙을 혁신할 것인가의 여부는 '창조적 개입'이라는 새로운 외교의 성과를 검증하는 척도 중의 하나이다. 아프리카 대륙은 장기적으로 중국이 국제협력을 전개하고, 자신의 영향력을 확대하는 중요한 지역일 뿐 아니라, 새로운 단계에서 글로벌 운영의 참여와 창조적 개입을 실현하는 타당한 입구가 되어야 한다. 중국은 아프리카와 날이 갈수록 긴밀해지는 상호작용에서 표본과 경험을 얻어서 국제 정세에 부합하고 쌍방의 필요에도 부응하는 긍정적인 개입 방식을 수립하고 추진할 필요가 있다.[33]

---

32) 王逸舟,《创造性介入中国外交新取向》,北京大学出版社, 2011년판, pp. 21-22.

33) 필자는 류훙우(刘鸿武) 교수의 판단에 찬성한다. 즉, 아프리카 연구는 중국 학술의 '새로운 변경'이고, 중국 학술계에서 아프리카 연구를 중시하기 시작했다는 것이다. 이것은 중화문화의 현대 부흥이 바로 하나의 새로운 역사단계로 진입하는 것을 반영하는 것이다. 류훙우(刘鸿武)의《非洲研究文库:非洲发展研究系列》총서에 쓴 서문을 볼 것. 载张永宏,《非洲发展视域中的本土知识》, 中国社会科学出版社, 2010년판, pp.10-12.

비교 평가

유럽인은 어떻게 글로벌 역할을 맡았는가?

- 참고와 반성 -

역자 첨언 **우리가 고민해야 할 문제들**

- 중국은 유럽으로부터 무엇을 배우고, 무엇을 반성할 것인가?

- 중국은 왜 지금 '창조적 개입'이라는 화두를 꺼내고 있는가?

- 대한민국은 왜 중국의 전통 외교전략 변화에 관심을 두어야 하는가?

- 통일한국을 위해 우리는 한중관계를 어떻게 구상해야 하는가?

- 이 책을 통해 우리는 무엇을 고민하고, 무엇을 준비해야 하는가?

앞의 두 부분에서 근대 이래 중국의 국제적 역할이 반란자로부터 책임을 다하는 대국으로 점차 변화하고, 내정불간섭 원칙을 혁신하여 더욱 다양하고 효과적인 대외원조를 제공하는 문제로 나누어 토론했다. 필자가 생각하는 과정과 글을 쓰는 과정에서 하나의 문제가 머릿속에서 떠나지 않고 있다. 이 생각은 다음과 같다.

국제무대에서 중국의 굴기와 중화민족의 위대한 부흥이 "나라가 강해지면 반드시 난세가 온다(国强必乱)"거나 "국가가 강해지면 반드시 패권을 추구한다(国强必覇)"는 서양의 주기율(periodic law, 周期律)에 빠지지 않고, 어떻게 하면 세계를 행복하게 하고 인류의 진보에 기여할 것인가?

서구 열강이 글로벌 고지를 점거한 후에 어떻게 그들의 힘을 사용했고, 어떻게 그들의 이익을 보호했으며, 어떻게 외부에 대한 개입과 조정을 했는가?

왜 지금까지 그들은 여전히 강력한 우세와 영향력을 유지할 수 있으며, 현 국제사회 및 다수의 국가들이 좋아하든 미워하든 오히려 부득불 이런 통치와 규칙을 받아들일 수밖에 없도록 만든 것인가? 여기에는 어떤 수단과 설계 등의 비법이 담겨 있는가?

더욱 통속적인 어법을 쓰자면, 토론에 필요한 문제는 상대적으로 매우 적은 수의 '선생님'이 왜 그리고 무슨 근거로 항상 수많은 '학생'들을 가르치고 심지어는 지배할 수 있는가?

현재 국제관계에서 어렵지 않게 찾아볼 수 있는 것은 유럽과 미국으로부터 오는 권력[1]의 각종 간섭행위와 제안이다. 이로부터 조성되는 여러 국제제도와 규범을 포함하여 영향력이 가장 강렬하며 논쟁 또한 가장 많은 일종의 현상이다.

유럽과 미국 권력의 간섭은 군사적, 외교적, 정치적, 경제적, 문화적, 언론매체의 모든 방향을 포함한다. 범위가 넓고, 정도가 깊으며, 미치지 못하는 일이 없고, 어디에든 있다. 상대적으로 러시아, 인도, 브라질, 남아프리카 및 중국 등의 신흥 강대국들과 아프리카동맹, 아세안 등의 비서방지역 조직들은 국제개입 행위와 국제규칙 제안에서 매우 작은 비율만 차지할 뿐이다. 이러한 현상은 서구 국가의 현 국제체제에 대한 영향력과 지배적 성질을 나타내는 것이다.

반드시 살펴보아야 할 것은 (유럽과 미국이라는) '서구'의 범위 아래 유럽과 미국의 역할이 크게 구별된다는 것이다. 미국은 늘 군사적 폭력 등의 비교적 저속한 간섭방법을 사용하여 세상 사람들에게 주는 인상이 아주 직접적이고 간단하다. 유럽은 비교적 정교하고 다변적인 형태를 더 많이 취한다. 반봉쇄 무역제소, 외교적 조정을 통한 화해, 인권과 기후문제의 평판, EU의 틀 아래 대외적으로 전략대화 제의 발의, 프랑스·독일·영국 등 주요 강대국의 유엔 안보리 동의 같은 것들이 있다. 천러민(陳乐民) 선생의 말을 인용하자면, 유럽인에게는 분명히 "오랜 연구로 학식이 깊은 문화"가 있다.[2]

---

1) 여기에서 말하는 '유럽과 미국의 권력'이 가리키는 것은 광의의 정치지리적 의미를 칭하는 것으로, 일본, 캐나다, 오스트레일리아 등의 서방 선진국가를 포함한다. 그러나 일반적으로 중유럽과 동유럽 국가를 포함하지는 않는다.

2) 资中筠, 陈乐民,《冷眼向洋 百年风云启示录: 20世纪的欧洲》, 生活·读书·新知三联书店, 2007년판,《欧洲文明十五讲》, 北京大学出版社, 2004년판 등.

북유럽의 여러 중소 국가들이 국제안보 사무에서 대량 원조와 제안을 하는 것과 같이, 강대국이든 중소 국가이든 유럽은 모두 자신만의 개입 방식이 있다. 각종 사회단체와 언론매체의 활약을 포함하여 정부이든 민간이든 모두 상대적으로 강렬하고 지속적인 국제관과 대외원조 수단을 가지고 있다. 유럽인이 선호하는 간섭은 군사적인 압제와 경제무역 제재 등의 강력한 표현뿐만이 아니다. 체제와 여론 및 관념에서의 우월감이나 (바둑에서) '선수 두기'를 나타내기도 한다. 현대세계의 거의 모든 영역과 문제에서는 모두 유럽인의 목소리와 결의, (결정짓는) 낙인이 찍혀 있다.

필자가 '유럽인'이라는 호칭을 사용할 때는 일반적으로 확실히 한 지역의 계층과 단체를 가리킨다. 지향하는 것은 이러한 계층과 단체가 보편적으로 가지고 있는 태도이다. 유럽인의 국제개입관은 장기적으로 형성된 것이다. 이것은 유럽의 근대화 과정과 분리할 수 없다. 깊고 두터운 퇴적물이나 근원이 있고, 어느 정도는 본능의 충동 혹은 본질의 특징이 변질되어 그사이에 자신과 오만, 왕도와 패도, 진보와 야만이 혼합되어 있다. 유럽인의 대외 간섭은 서방세계가 현대 국제관계와 글로벌 발전과정을 지배하는 중요한 실천 중의 하나이다.

다른 지역과 서로 비교하자면, 유럽의 방식은 더욱 다양하고 힘이 있다. 이들은 지역 외 국가에 대해 균형을 잡고, 글로벌 과정에 대해 강력하게 끌어들인다. '강한 압제'이든 혹은 '연성 개입'이든, 유럽인의 국제적 역할 특히 대외간섭은 충분히 사람들의 주목을 끄는 현대적 국제현상이다. 피간섭 대상에 대해 강력한 압력을 만들고, 강렬하게 영향력이 전염되는 효력을 가지고 있으며, 글로벌 정치와 외교과정에서도 깊은 영향력을 유지하고 있다.

중국에 대해 말하자면, 유럽인의 간섭충동을 전면적으로 정확하게 연구할 필요가 있다. 어떤 각도에서 보건 간에 모두 중요한 의의가 있다. 그런데 중국 학계의 이전 탐구에서는 이러한 부문의 성과가 거의 많지가 않다.

천러민(陈乐民) 선생이 『유럽관념의 역사철학(欧洲观念的历史哲学)』(东方出版社, 1988년판)과 『유럽문명 15대 해석(欧洲文明十五讲)』(北京大学出版社, 2004년판) 등의 저서에서 처음으로 '유럽학(欧洲学)'이라는 시각과 표현법을 선보였다. 그는 유럽인의 국제간섭 충동 배후의 역사적 연원과 민족적 성격을 체계적으로 묘사해냈다. 그는 문명진화의 객관적인 각도를 통해 '유럽' 사고방식을 바라볼 필요성을 특히 강조했다.

저우훙(周弘) 교수가 편집한 『EU는 어떠한 세력인가(欧盟是怎样的力量)』(社会科学文献出版社, 2008년판)는 천러민 선생의 사고 경로를 답습하고 있지만, 더욱 광범위하고 세밀하게 당대 유럽의 전체 이미지에 대해 토론하고 있다. 유럽의 문화기초, 정치체제, 경제무역의 능력과 외교적 품격 등을 포함하여 이를테면 '민사 보급 작용'과 '규범 묘사 능력' 등과 같은 것들의 모든 핵심적인 의미를 제시했다.

송신위(宋新宇), 천쯔민(陈志敏), 천위강(陈玉刚) 등의 학자들은 유럽 통합화 과정과 유럽의 대외 간섭 경향에 대해 각각 분석했다[宋新宇, 『欧洲联盟与欧洲一体化』(中国轻工业出版社, 2001년 출판); 陈志敏, 『欧洲联盟对外政策一体化』(时事出版社, 2003년판); 陈玉刚, 『国家与超国家: 欧洲一体化理论比较研究』(上海人民出版社, 2001년판)]. 이들은 서로 다른 시각으로 우리를 일깨워주고 있는데, 유럽인의 국제관념과 간섭의 언행을 전체적으로 말하자면, 중국의 대중매체가 통상적으로 서술하는 상황보다 훨씬 복잡하고 다양하다. 따라서 진지하게 추적하고 신중하게 대응할 가치가 있다.

최근 어느 중국 학자가 리비아(Libya)와 코트디부아르(Côte d'Ivoire, Ivory Coast)에 대한 여러 유럽 강대국의 군사적 간섭을 설명하면서 냉전 이후 EU가 아프리카 전략과 신세기 지중해 전략을 변화시킨 것에 대해 비평했다. 러시아, 중국, 인도, 브라질, 멕시코 등 비서방 신흥 강대국의 굴기에 대응하기 위한 EU의 전략적 협력 계획에 대해 해부했으며, 국제 테러주의에 타격을 가하고, 이란의 '핵위협'을 제거하며, 중동평화문제가 포함된 이슬람 세계의 주요 혼란한 상황을 해결하려는 유럽 방안을 설명했다. 유럽인이 이를테면 글로벌 운용의 제안, 기후변화 대응, 채무위기 대책, 농업보조금 정책, 해적소탕 행동, 반덤핑제소 과정, 이민·난민 처리 등과 같은 의제에서의 국제적 제의 혹은 대외적 질문과 관련하여 적지 않은 신선하고 흥미 있는 토론이 있다. 지면의 한계로 여기에서는 하나하나 평하지 않겠다.

전체적으로 말하자면, 비교적 이전보다 명확한 진보가 있지만, 유럽인이 왜 그렇게 국제사무에 열중하고, 걸핏하면 (바둑의) '지도 대국 두기' 같은 심층적인 원인에 대한 중국학계의 탐구는 여전히 현저하게 부족하다.

마르크스가 말했듯이, 공업이 비교적 발달한 국가가 공업이 비교적 발달하지 못한 국가에게 이른바 뚜렷하게 보여주는 것은 단지 후자의 미래에 대한 모습이다.[3] 중국인이 기를 펼치기 시작하는 시점에서는 외부 세계의 변화와 자신의 이해관계에 더욱 많은 관심을 가져야 한다. 글로벌 운용의 참여 정도를 더욱 크게 하고, 주변과 더 나아가서는

---

3) 《马克思恩格斯全集》, 제44권, 人民出版社, 2001년판.

다른 대륙의 문제해결에 더욱 많이 개입하려는 염원이 있어야 한다. 서양의 오랜 강대국들이 장기적으로 사용한 방법과 주도면밀한 포석으로부터 교훈을 흡수하고, 장점을 취하며 단점을 보완할 필요가 있다.

　　유럽의 국제적 역할에 대해 필자가 강조하고 싶은 것은 그 역할에 대한 문제와 고민만을 보려고 하거나 실패를 되풀이하는 것을 피하려고만 하지 말아야 한다는 것이다. 서구 유럽 국가의 우세와 강점을 진지하게 연구하여 이를 통해 가져올 수 있는 좋은 점들과 이러한 것을 거울로 삼아야 한다. 중국의 국제 경험이 부족한 점을 보충하는 것 역시 중요하다.

　　제3편에서는 유럽인이 국제사무에 간섭하는 원동력의 내재적 근원을 요점 정리할 생각이다. 상호 연관되는 6개의 측면을 통해 현대 국제관계의 중요한 현행에 대해 토론을 전개할 것이다. 대조적으로, 중국이 글로벌 운용 참여 정도를 더욱 키우고, 더욱더 적극적인 창조적으로 개입하는 과정에서 어떻게 타산지석(他山之石)으로 취하고, 자신을 위해 사용할지를 살펴볼 것이다.

1.
유럽은 전통 군사정치의 권력자

근대 군사정치의 발원지로서의 유럽 국가들은 일찍이 무력을 상당히 맹신하고 남용했다. 서구 열강이 세계의 다른 지역을 침략하여 정복하는 과정은 바로 무력으로 장성(长城)을 공략하고, 피와 불로 저개발국가를 약탈하는 한 편의 역사서이다. 제2차 세계대전 이후, 다른 나라에 대한 유럽 국가의 무력간섭의 성질과 빈도수는 모두 과거의 제국주의 식민주의와 큰 차이가 있었다. 특히 유럽의 중소 국가가 무장 개입으로 대외간섭을 한 비율과 염원은 모두 대폭 하강했다.

그러나 영국과 프랑스 같은 주요 유럽 강대국들은 여전히 상당한 강도의 군사간섭을 유지했다. 미국의 우방으로서든, 아니면 걸프 만 전쟁이나 이라크 전쟁과 같이 유엔의 결의 아래 출병했다. 최근 코트디부아르 위기나 리비아 전쟁 및 말리(Mali) 내전에서 보여준 역할과 같이 이들은 여전히 합법적 색채에 의한 요청하에 구 식민지 국가에 대한 여러 파벌의 종주국식 압제를 가했다. 현재 유럽인의 문명적 행동은 볼만하지만, 외부에 대해 무력을 사용하는 행위에 대해서는 어떻게 변명할 것인지와는 아무런 상관이 없다. 그들의 몸에는 야만스럽고 경솔하며 폭력적인 유전자가 있다.

근대 세계 역사상 유럽은 일찍이 제국주의와 식민주의 현상이라는 악습을 만든 창시자이다. 20세기에 두 차례의 세계대전을 제공한 발원지로서, 장기간 정치권력과 패권주의를 이행하는 역할을 해온 주요 국제행위체이다. 북유럽의 바이킹 해적에서부터 네덜란드와 스페인 및 포르투갈 등의 해양열강과 식민종주국에 이르기까지, 더욱 큰 지리적 공간을 제압했던 '해가 지지 않는 제국'인 영국, 이후에 세계대전을 일으킨 독일 나치스와 이탈리아의 파시스트에 이르기까지, 유럽 공업화가 하락한 최근 몇백 년간 유럽인으로부터 시작된 '권력이 곧 정당한 도리'라는 이러한 점령과 간섭의 논리가 국제적으로 충만했다. 강력한 '포함 외교정책'은 줄곧 이른바 '백인의 사명'을 적재했던 것이다.

근대 국제관계사의 거의 모든 페이지에는 모두 유럽인이 '처음'이라고 쓰여 있다. 처음 아메리카 대륙을 발견하여 거기에 있던 각종 토착민들을 정복했다. 적도와 남극 및 북극을 포함하는 지구의 모든 대륙을 처음 밟았다. 처음으로 역사상 가장 강성했던 문명고국인 인도와 중국 및 이집트 등으로 하여금 머리를 숙이고 신하로 복종시켜 한참 동안 식민지로 전락하게 했다. 처음으로 세계규범인 해양 자유무역과 시장 확장 정책을 추진했다. 처음으로 거의 모든 역외 국가들에게 반드시 "눈을 뜨고 세계를 보도록 해야 한다"고 강압하여 유럽인의 종교와 법률 및 정치경제제도, 더 나아가서는 건축과 음식 및 생활습관까지 받아들이도록 했다.

이러한 '처음'은 모두 군사진압 혹은 다른 형식의 폭력적 정벌을 동반했다. '피와 불'의 깊은 낙인이 따르지 않은 예외가 하나도 없었다.

이러한 측면에 대해서는 (미국이나 일본 같은 '신제국'을 포함한) 다른 어떤 대륙이나 국가 형태도 유럽의 군사정치 권력과 함께 비교하여 논할 수 없을 정도이다.

만약 근대 세계사가 "군사로 길을 열고, 정치로 주도한다"는 유럽 열강의 외부간섭 방법을 보여주었다고 한다면, 현대 국제관계에서 더욱 많이 출현한 것은 유럽 주요 국가의 '정치 선행, 군사 배후'라는 노선도이다. 후자는 비록 형식상으로 전자와 어느 정도 차이가 있는 듯하지만, 정신적인 면에서는 동일하다.

영국이 이라크 전쟁에서 초강대국 미국을 보조한 것이 바로 하나의 전형이다. 당시 토니 블레어(Tony Blair) 영국 수상은 미국의 부시 대통령보다 훨씬 더 정치적 수사법을 사용할 줄 알았다. 그는 "독재정권을 전복시키자"라는 화법을 사용했지만, "대량 살상무기를 몰수하자"고 하지는 않았다. 이러한 수사법으로 영국 국민이 타국을 침략하는 군사행동을 지지하게 하는 구실로 삼았다. 또한 전쟁을 시작하기 전에 반복해서 국제사회를 향해 이러한 전쟁의 필요성과 합법성을 널리 공시했다.

프랑스가 주도적으로 타격하고 전복시킨 리비아의 카다피 정권에 대한 유엔의 군사 행동에서 이러한 유럽의 전통적인 군사정치 권력의 다면성이 현저하게 나타났다. 당시 프랑스 대통령이던 니콜라 사르코지(Nicolas Sarkozy)와 무아마르 카다피(Muammar Gaddafi) 가족의 관계는 원래 매우 친밀하고 협력적이었다. 프랑스는 다년간 줄곧 EU의 새로운 시기에 새로운 양식의 지중해 전략을 발전시키는 데 주력했다.[4] '민주/

---

4) EU의 지중해 정책 및 신전략의 내용과 관련하여 다음의 자료를 참조할 것. 倪海宁,《欧盟的中东-北非战略调整刍议》, 欧洲研究, 2011년 제5기, pp. 40-57.

법치/인권'과 '주변지역 경제무역 일체화'에 '문화 · 역사 · 혼인'을 추가하는 등의 복합적인 수단으로, 북아프리카 및 중동의 관련 국가와 '충실', '촉진', '개조', '변화'를 시도하고 있었다. 그런데 줄곧 애를 먹이면서 '훈육에 복종하지 않는' 카다피 정권에 직면했다. 동요하는 국제정세와 개입 기회를 맞이한 프랑스, 더 나아가 전체 EU의 중동-북아프리카에 대한 새로운 전략의 모략이 탄로 났고, 군사 폭력 기구는 또다시 정치 유도 과정보다 앞쪽에 배치되었다.

2013년 초, 프랑스의 프랑수아 올랑드(François Hollande) 정부가 미국 및 영국 등의 지지 아래 이전의 프랑스에 속해 있던 아프리카 식민지 국가인 말리(Mali)에 대해 강력한 군사적 간섭을 이행했다. 이것은 새로운 정세 아래 서구 강대국의 대외 군사간섭의 전형적인 특징을 나타낸 것이다. (유럽의 이러한 간섭의 특징과 조건을 보면 아래와 같다.)

첫째, 중요한 경제적 이익 혹은 전략적 가치를 구비해야 한다. 중요한 자원이나 시장 및 군사적 이익이 없는 지방에는 절대로 가볍게 투입하지 않는다는 것이다. 예를 들면 동일한 위험을 가진 전란 국면이고, 동일하게 당사국 정부의 요청을 받았다 하더라도 프랑스는 중앙아프리카공화국의 내전에 대해 군사적으로 간섭할 흥미가 없었다.

둘째, 유엔 혹은 아프리카연맹 등의 지역성 조직의 권한을 얻는 것이다. 이렇게 출병하는 간섭행위는 국제사회의 다수 성원국에 의해 '유엔 헌장' 정신을 위반하는 '침략' 행위로 비평을 받지 않는다는 것이다.

셋째, 당사국이 대리인을 찾을 때, 당사국 정부가 직접 나서서 요청하는 것이 가장 좋다. 정부군과 협조하에 반정부 무장세력을 공격하는 방식으로 추진한다는 것이다.

넷째, 비교적 단기간 내에 군사 간섭 행동의 예정목표를 완성할 자신감이 있어야 한다. 미군이 아프가니스탄(Afghanistan)에서 전쟁의 수렁에 빠진 것처럼 되지는 않으려는 것이다.

여기에서 두 번째와 세 번째가 현대 유럽 강대국의 군사 간섭 철학의 중요한 요소이다. 이것이 국제 합법성을 보증하는 핵심이며, 유럽 강대국의 결정 당국이 단순하고 경솔한 미국의 부시 같은 권력자와 얼마나 다른지를 보여준다. 이 두 조항이 있기 때문에 설령 각종 국제 비평과 내부의 논쟁이 있더라도 영국과 프랑스 등의 정부의 간섭은 대체로 막힘없이 잘 통한다. 비록 이라크나 리비아 혹은 코트디부아르나 말리에 관계없이, 유럽 강대국은 주요 군사 공격 목표를 완료한 뒤에는 재빠르게 정치적 궤도로 돌아간다. 무력을 자랑하는 정도와 사망 수준도 과거보다 하락했지만, 유럽인의 구시대적인 제국적 사고방식과 수법은 크게 변화되지 않았다.

이것은 역사에서 유래한 일종의 유전자와 충동(적인 본능)이며, 시간이 변화시킨 것은 단지 구체적인 순서와 방법일 뿐이다. 태어나면서부터 뼛속에 가지고 있던 어떤 전통적인 성격이 여전히 고집스럽게 표현되는데, 이는 마치 평소 사람들 사이에서 볼 수 있는 '격세유전'과 비슷하다. 즉 설령 새로운 세기와 글로벌화, 상호의존적인 '지구촌'에 도달하고, 유럽의 권력이 수사법에서 더 아름다워지고 자세가 더 우아해졌다고 해도 필요하다면 그들은 조금도 망설이지 않고 큰 싸움을 벌인다.

유럽이 '현대 국가'의 발원지와 전형적인 대표이지만, 그들의 이중성이 이러한 사례에서 남김없이 드러났다. 한편으로는 중세기의 국내 법치나 인권 및 민주의 형태를 초월했고, 다른 한편으로는 구시대 대외 권력과 군사압제의 면목과 유사하다.

　유럽의 간섭주의 특징과는 상대적으로, 중국인은 국제운용과 개입에 있어서 어느 정도 '선천적 우세'를 가지고 있다. 필자가 이전에 분석했던 것과 같이[5] 중국 외교의 기풍은 유연하고 낮은 기조에, 세밀하며, 무력과 연결되는 것이 매우 적다. 지금까지 오랫동안 강인한 성질에 실력과 무력을 통한 신속한 결정을 숭배하는 서방 강대국과는 다르다. 중국의 전통문화 정신에는 제자백가의 사상이 다양하게 존재하지만, 주류를 이루는 경향은 "이치로 사람을 따르게 하고 도덕과 의리가 으뜸"임을 중시한다. 대외교류는 인내를 중시하고 무력을 신중하게 사용하는 데 있다.

　설사 병서에서는 병법을 논하더라도 고대 중국의 군사전문가들은 여전히 심리전을 중시했으며 완력을 좋아하지 않았다. "싸우지 않고 적을 굴복시키는 것이 가장 훌륭한 것(不战而屈人之兵, 善之善者也)"임을 추구했고, "최상의 방법은 적의 계략을 분쇄하는 것이고, 그다음은 적의 연합국 동맹을 끊는 것이며, 가장 낮은 것이 적의 성을 공격하는 것(上兵伐谋, 其次伐交, 其下攻城)"이라는 목표의 순서가 있었다. 이러한 정신은 이미 중화민족의 혈액과 골수에 침투하여 누적되었고, 위로는 정치 인물에서 아래로는 일반 백성에 이르기까지 인지되었다.

　내전과 혁명 및 '극좌' 연대의 특수한 시기를 제외하고 중국의 현대 외교, 특히 개혁개방 이래 대외관계의 형태는 줄곧 덩샤오핑이 닦아놓은 새로운 시대의 전략과 국제 대국관을 준수하여 평화, 협력, 협상, 대화의 정신을 따랐다. 경제, 군사, 외교와 민간을 포함하여 구체적

---

5)　王逸舟,《创造性介入: 中国外交新取向》, 北京大学出版社, 2011년판, pp. 100-101.

인 내용은 모두 이와 같다. 역사적 전통 으로 내려오는 '비공격', '신중한 전쟁', '세력 추구', '중용'의 주요 맥락을 중시했다.

중국 군대로 말하자면, 냉전 종결 이래 20여 년간 대외 활동 참가는 모두 보조성, 원조성, 후방 지원성 그리고 비전투 방식의 응용으로 나타났다. 폭력, 전투, 탄압, 전쟁터에서 전면적으로 대항하는 등의 직접적인 무장 충돌의 사용은 매우 적었으며, 정당한 명분이 있어서 출병하는 것과 국제규범에 부합하는 것을 중시했다.

그러나 반드시 주의를 환기시킬 점은 유럽 국가의 동일한 활동과 비교할 때, 중국 군인이 해외 임무를 집행한 경험이 매우 적다는 것이다. 외국어 수준이나 국제법 지식 및 국제 대외업무 기능 등의 '소프트 파워(soft power, 软实力)'도 심각하게 부족하다. 따라서 갈수록 많아지는 국제 평화유지, 항로보호, 교민철수, 영사관 안전 보호 등의 해외 임무 이전에 반드시 이 부분에 대한 유럽 국가들의 방법이나 관념을 상세하게 관찰해야 한다. 적절하게 참고하여 힘이 부족한 상황에서 과도한 사명을 부담하는 것을 피해야 한다.

한 가지 사례를 들자면, 유럽 국가의 특수부대는 해외 작전 행동을 진행할 때 훌륭한 장비와 뛰어난 격투실력뿐 아니라, 일반인처럼 위장하여 목적지에 침투한다. 어떤 경우에 그들은 간섭 대상 내부의 다른 종족과 문화나 토착언어 배경이 있는 전사들을 고용하는 방법으로 복잡하고 긴급한 임무를 완수한다. 종주국과 식민주의의 장기적인 전통으로 인해 여러 유럽 국가들은 이런 부문의 자원이나 조건에 대한 경험이 상당히 풍부하고 독특하다. 기술적으로 말하자면, 이런 것들은 중국 군대가 이룰 수 없는 것들이다. 따라서 외교의 뒤에 서서 무력 사용을 신중히 해야 하고, 지나치게 깊이 말려드는 것을 피해야 한다. 최대한 적을 만들지 않는 것이 스스로의 이익과 국제평화 유지 및 안보 적응에 있어서 중국의 무장 능력이 지켜야 하는 방침이다.

2.
유럽은 현대산업의 정복자

　이미 마르크스와 레닌이 제시했듯이, 현대 자본주의의 본질적 특징 중의 하나는 국내의 과잉 자본과 생산능력이 부단히 대외로 확장하여 지리적 국가를 뛰어넘어 더욱 많은 지역을 정복하려는 것이며, 국가의 군사정치 권력은 자본의 이러한 내인성 확장과정에 봉사한다는 것이다.[6] 오늘날의 유럽인을 국제개입에 열중하게 하는 한 가지 중요한 선동적 요인은 유럽 공업과 시장의 외향성과 국제 의존성이다.

　간명하지만 문제를 충분히 설명할 수 있는 몇 가지 숫자를 예로 들어보자. 몇 세기 이래 유럽은 줄곧 과학의 발명과 기술공예, 기계 제조 부문에서 세계의 선두적 지위에 있었다. 오늘날에는 비록 미국과 일본 및 여러 신흥국가들에게 많은 영역을 추월당했지만, 유럽은 여전히 전 세계에서 가장 뜨겁고 가장 강력한 경제지역의 하나이다.

　27개 성원국으로 구성된 EU는 현재 세계에서 가장 큰 종합 경

---

6)　마르크스와 엥겔스의 『공산당선언(共产党宣言)』과 레닌의 『국가와 혁명(国家与革命)』의 관련 부분을 참고할 것.

제체이다. 전체 경제 비중은 전 지구의 3분의 1을 차지하며, 무역 능력은 전 세계 시장의 20%를 차지하고, 세계 각지의 총투자액은 미국 다음이다. 유로화는 미국 달러 다음으로 두 번째로 많은 국제 비축화폐이며, 갈수록 세계 각지와 각국에서 생활수준과 무역교환을 계산하는 보편적인 금융도구가 되었다.[7]

그런데 비록 전체적으로는 유럽 내부 시장의 규모가 방대하지만, 어떤 단일 국가의 내부 용량은 상대적으로 한계가 있다. 따라서 원료나 판매, 운수 라인이나 자본의 유동과 관련하여 외부의 관계에서 벗어나서는 많은 유럽 국가가 장래에 현재의 생활수준과 생산라인을 유지할 수 없다. 유럽은 미국과 일본 등의 선진국가를 포함한 세계의 어떤 국가나 지역보다 경제 글로벌화와 자유무역 경제체에 종속되어 있다. 이로 인해 유럽인은 정치가로부터 언론매체와 국민에 이르기까지 (공동으로) 결정한다. 이들 모두 국제사무에 높은 관심을 갖고 글로벌 운용의 참여에 열중하며, 자원 동원을 아끼지 않고 타국의 내정에 간섭한다. (이러한 간섭은) 북아프리카와 중동 정국의 혼란과정에서 보여준 것처럼 유럽이 자주적으로 행동한 군사외교였건 유엔의 형태를 빌린 평화유지 활동이건 상관없었다. (실제로) 오랜 기간 동안 대량의 병력과 장비를 제공한 것 이외에도 유럽의 재정 기부는 유엔 평화유지 행동 총예산의 40% 이상을 차지하여 다른 기부국들을 크게 추월했다.

장기적인 역사적 경험의 축적에 의해 유럽은 현대 공업체계의 주요 발원지가 되었다. 국가 간 교육과 각종 무역 규칙의 중요한 제정자가 됨과 동시에 현행 질서를 따르지 않는 어떤 국가 혹은 지역에 대

---

7)　(이탈리아) Mario Telo(马里奥 · 泰洛),《国际关系理论: 欧洲视角》, 潘忠岐 등 번역, 上海人民出版社, 2011년판, p. 176.

해 무역 제재, 군사적 압제, 외교적 견책과 언론매체 공격의 발원지가 되었다. 세계적으로 매우 적은 국가와 지역이 이 부문의 '소프트 파워'를 가지고 있다. 유럽인에 대해 말하면, 오늘날 전 세계 다른 지역에서 전개하는 각종 상업전, 관세전 혹은 반덤핑전은 그들의 선조가 시작한 각종 해상운송 배치와 자유무역의 제창과도 같다. 군사와 정치 및 외교적 힘의 보조하에 무수한 폐쇄형 국가의 도시를 공략하는 것은 마치 가벼운 수레를 몰고 아는 길을 가는 것과도 같을 것이다. 유럽은 전형적인 서양의 공업과 시장의 힘이다.

리비아 국면에 대한 유럽의 개입과 여러 국제사건에 대한 유럽인의 입장을 간단히 분석하면, 경제 혹은 시장요소가 유럽 국가의 군대와 정치 및 외교적 선택에 미치는 영향을 알 수 있다. 모두 알다시피, 에너지 확보의 안전성이 가지는 특수한 전략적 의의는 줄곧 EU 외교와 안보정책의 중요한 목표 중의 하나이다.

전체적으로, EU 석유수입의 80%와 3분의 1 안팎의 천연가스 수입이 중동과 북아프리카 지역에서 온다. 후자의 성장기는 영국, 프랑스, 이탈리아 등 유럽 열강의 식민지였고, EU의 '남부 후원(정원)'으로 불렸다. 리비아는 아프리카에서 가장 중요한 석유 산지 중의 하나이다. 품질이 우량한 석유의 절반 이상이 유럽으로 수출되며, EU의 제3대 석유 공급자이다. 이탈리아는 5분의 1을, 프랑스는 15%의 석유를 이 나라에서 수입한다.[8] 유럽의 거의 모든 석유 거상들은 리비아에 중요한 투자와 산업을 갖고 있고 탐사, 생산, 제련, 운송의 각 부문에 발을 들여놓았다. 유럽은 중동-북아프리카 지역을 수출과 투자의 중요한 성장

---

8)   倪海宁,《欧盟的中东-北非战略调整刍议》, 欧洲研究, 2011년 제5기, pp. 41-42.

점으로 보고 있다. 동시에 이단적이고 극단적인 테러리즘과의 투쟁 진행, 대규모 살상무기 확산 억제, 유럽에 대한 대량 불법이민 방지 및 조직범죄 방지 등과 같은 일석다조의 다른 목표가 있다.

카다피는 집정 40여 년간 줄곧 독자노선과 (유럽의) '규율을 따르지 않는' 개성을 보여주었다. 언제나 EU의 정책과 제의에 도전과 의심을 보였다. 카다피 집정 시기에 리비아는 유일하게 EU 협력의 틀에 가입하지 않은 지중해 남부 해안 국가였다. 오랜 종주국들로 하여금 매우 불만을 갖게 했고, 어떤 유럽 석유 거두의 이익에 해를 끼치기도 했다 (2005년 리비아 정부는 외국회사의 석유 생산협약에 대해 강제로 새로운 계약체결을 하게 했고, 외부 투자액의 대폭적인 하락을 가져온 예가 있다).[9]

결국, 프랑스를 필두로 유럽의 여러 국가가 리비아에 대한 침략과 전복행위를 위해 출병했다. 국내 반대파의 항의와 정부진압 및 중동—북아프리카의 전면적인 혼란기를 이용하여 '원흉'을 처벌하고 일벌백계한 것이다. 마르크스의 화법을 빌리자면, 결정적인 시점에서 유럽의 전통 열강들이 "따뜻한 정감이 넘쳐흘렀던 가면을 찢어버린 것"이다.

그렇게 잔혹하지 않은 듯 보이는 다른 국제간섭 조치나 사건에서도 비슷한 논리가 나타난다. 예를 들면, 유럽은 지구 기후변화와 온실가스 배출이라는 새로운 제도 배치와 회의에서 주요 제안국과 참견국이 되었다. 가장 중요한 원인 중의 하나가 서유럽과 북유럽의 다수국가가 이미 이른바 '탈공업 사회(post-industrial society, 혹은 후기 산업사회)'에 진입하여 산업구조와 에너지 소비구조 및 소비구조가 더욱더 새롭고, 유리한 국제적 배분의 추가 보장이 필요했기 때문이다. 이를 위해 그들은 자신들의 수준과 수요에 근거하여 새로운 '저탄소 배출 제안' 및 우

---

9)　唐虹, 顾怡:《试析欧盟地中海政策的局限性》, 欧洲研究, 2011년 제5기, pp. 58-72.

수한 제품과 명품 서비스를 전 세계에 널리 보급했다. 뿐만 아니라, 이제 막 공업화 발전단계에 진입하여 어쩔 수 없이 합리적으로 탄소를 배출할 공간 유지가 필요한 많은 국가에 대해 갈수록 질책하거나 심지어는 처벌하려는 경향이 많아지고 있다. (이것은) 실제로 많은 국가가 이행하고 추구하지만, '탈공업 사회'에 들어선 유럽인 스스로 과거에 제정한 제도에 불과하다. 또한 (저개발국가들도) 어렵지만 더욱더 깨끗하고 고효율적인 성장 모델의 전환을 추진하는 방향으로 노력하고 있다.

일단 새로운 국제기후 공약의 실시는 유럽인의 기술, 상품, 특허, 자문 서비스, 교육 모델 등이 세계의 관련 시장과 유럽업계의 이윤을 빠르게 점유할 수 있도록 하는 각각의 '통제 전망대'[10]라고 짐작해볼 수 있다.

세계의 새로운 무역 담판, 즉 세계무역기구(World Trade Organization, WTO, 世界貿易組織)가 '후기 도하 라운드'를 진행 중인 것도 비슷한 배경이 있다. 유럽인이 제창하는 각종 제도 수립과 (이의 시행을 위한) 압력의 배후에는 인식이나 실천에서 적극적인 의미라는 일면 이외에 다른 한 면은 처음부터 끝까지 더욱 큰 '새로운 케이크'를 자르려는 고려와 수법이 포함되어 있는 것이다.

경제무역 규모와 시장 개척 능력에 있어서 유럽과 비교하면 중

---

10) 역자 주: 본문의 '制高点(Commanding Heights)'이라는 개념은 1922년 레닌이 소련공산당 전당대회에서 처음 사용했고, 한 국가의 경제를 주도하는 기간산업 또는 주도 세력을 의미한다. 다니엘 예르긴(Daniel Yergin)은 '시장 대 국가'로 번역된 'The Commanding Heights'에서 이 의미를 "국가가 경제 목표를 설정하고 이를 달성하기 위해 명령하고 통제하려는 것을 말한다"고 설명했고, 한국에서는 '경제고지' 혹은 '핵심고지'로도 번역되었지만, 여기서는 본서의 문장 흐름과 의미를 살리기 위해 '통제 전망대'로 번역했다. 다니엘 예르긴(Daniel Yergin)외 지음, 주명건 번역, 『시장 대 국가(Commanding Heights)』, 세종출판사, 1999년판.

국은 후자에 우세를 점하고 있다. 특히 중국이 보유한 거대한 경제자원은 중국이 주변에 참여하고 세계적 사무를 진행하는 데 제공되었다. 지난 10~20년 동안 중국은 글로벌 범위의 대외무역 성장이 가장 빠른 대국으로, 국제무역체계의 비교적 주변 위치에서 신속하게 핵심권에 근접했다. 특히 20세기인 1990년대 후반에 WTO에 가입한 이후 중국의 수출입 무역은 최대 폭으로 증가했고, 10년 이내에 세계 5, 6위 위치에서 세계 1위의 무역 대국으로 변모했다. 중국은 글로벌 범위에서 120여 개 국가의 최대 무역 파트너이다. 무역 수지가 커짐에 따라 중국인은 대량의 외환을 축적하게 되었고, 중국 정부가 보유한 외환은 지난 10년간 줄곧 각 나라의 배열에서 최상위를 점거했다. 위에서의 이러한 요소에 덧붙여 개혁개방 시기의 여러 해 동안 중국인은 기초설비 건설, 국제 운송 능력, 제조 가공업 방면에서 강력한 힘을 축적했다.

이는 중국으로 하여금 거대한 국제경제 이익을 얻게 했으며, 글로벌 운용에 참여하는 강렬한 요구와 능력이 생기도록 했다. 하지만 중국은 어느 정도 현재 산업의 과잉생산, 국내 수요 부족, 높은 대외무역 의존도라는 고민에 동일하게 봉착했다. 또한 국제시장의 확대라는 측면과 각기 다른 국가로부터 서로 다른 이유로 전개되는 대량 반덤핑 안건 등의 무역보호주의 조치에도 직면했다. 이런 양대 난국은 최근 몇 년간 심각하게 변하고 있고, 중국의 산업은 이미 글로벌 경제에서 비난과 공격을 받는 주요 대상의 하나가 되었다고 할 수 있다.

유럽 국가의 경험이 시사하는 것은 국가의 발전이 일정한 수준에 도달하게 되면 내외의 어떤 반대의 목소리가 있음에도 불구하고 국가의 정책결정 부문은 반드시 해외의 경제이익 보호에 더욱 힘을 확대해야 한다는 것이다. 그렇지만 유럽인의 교훈이 증명하듯이 모든 일에는 양면성이 있다. 외부 수익이 증대할 때에는 무역 전쟁이 심화될 가능성이 있는 시기이다. 경제체제의 개방은 곧 국내산업의 상승과 민중의 생활수준 개선을 돕지만, 각종 대외 의존을 증대시켜 새로운 취약성이 드러나게 된다. 해외 이익의 안전과 외교적 수단을 유지하고 보호하는 운용이 부당할 경우, 다른 국가의 반감과 반발을 조성하게 된다. 더욱 심하게 말하자면, 유럽인이 이전에 몇십 년, 몇백 년 동안 시장경제의 확장을 추진하면서 맞이했던 저항과 노출된 폐단은 상당한 부분이 이미 혹은 장래에 경제거인인 중국이 감수해야 할 고뇌와 진통이 될 것이다.

유럽의 자본주의 국가와 달리 사회주의인 중국은 당연히 공산당이 영도하는 정부이다. 중국 정부는 신세기에 이르러 앞으로 '평화적인 굴기'를 실현하고, '조화로운 세계'의 건설을 추진하며, 최대한 상호 이익과 공존공영의 국면을 창조할 것을 명확히했다. 이것은 아름다운 장면이자, 국제사회의 다수 성원국이 이러한 결과를 볼 수 있기를 바랄 것이다. 그러나 실제 진행과정은 어쩌면 마찰과 협력, 시기와 학습, 곡절과 수정 등 복잡한 모순이 가득할 것이다.

독자들에게 익숙한 사례를 들어보자. 야오밍(姚明)은 (프로농구계의) 계승자와 '작은 거인'이 되었지만, 미국 프로농구계에서의 어려운 성장 경험은 이 과정이 쉽지 않음을 구체적으로 보여주었다. 유럽과 비교하자면, 중국은 국제경제의 새로운 선수로서 비록 몸집은 방대하지만 경험이 한참 부족하다. 특히 '고차원적 한계'에 대한 능력 전개나 신기술 제공 및 국제경제 규칙을 제정하는 수준이 상대적으로 낙후되었다. 이러한 문제는 중국인에게 여전히 중국이 글로벌 경제 무역과 금융 과정의 초급 관리 단계에 처해 있음을 각성시킨다.

　반드시 심각하게 인식해야 할 것은 세계적 측면의 관찰에 있다. 중국이 비록 발전 속도가 비교적 빠르고, 경제규모도 크지만, 유럽 국가의 대부분이 활약하는 현대금융, 무역 서비스, 기술표준, 정밀기기, 창의적 산업, 하이테크 기술 상품 등과 같은 중·고급 단계의 영역과는 (중국의) 상황이 다르다는 것이다. 심각한 오염과 에너지 소비가 비교적 많은 화공철강 등의 사양산업, 저부가가치와 노동 밀집형인 완구·가구·의류·신발과 모자 등의 간단한 일용품 공급, 도로·교량·항구 등의 통상적인 기초설비 건설, 국제 에너지 자원의 대량 구매·제련·가공 및 운송 등의 일반무역 행위와 같이 글로벌 시장 및 전체 경제 영역에서 중국의 기반과 우세는 주로 중·저급 단계의 영역에 있다.

　중국의 정책결정자와 공공매체는 GDP 수치가 세계 제2위라는 등의 상징에 시야가 현혹되거나 우쭐대며 뽐내서는 안 된다. 글로벌 경제의 가치사슬을 고급 단계에서 점령해야 하는 보다 높은 목표와 어려운 과정을 망각해서도 안 된다.

3.
유럽은 현대 문명의 전파자

만약 오로지 위에서의 비평만 있다면, 유럽인의 간섭에 대한 이해는 편파적이고 수박 겉핥기에 지나지 않는다. 필자가 강조하고 싶은 것은 '인권', '법치', '민주' 등의 어구만을 듣고, 유럽인이 대외적으로 무력을 사용하지 않을 것이라고 여기지 말라는 것이다. 또한 군사정치 외교의 어떤 패권적 행위로 인해 유럽의 각종 현대적 제도가 포함된 긍정적인 요소를 일률적으로 말살하지도 말라는 것이다.

양자 모두 실제로 존재하는 것이다. 이는 동전의 양면과도 같아서 서로 다른 장소와 대상에 적용될 뿐이다. 미국의 탁월한 하드 파워(hard power, 硬实力)와 비교하자면, 유럽인의 최대 장점은 기구적 측면에 있지 않고, 두텁게 쌓여 있고 시스템이 완비된 현대식 체제와 규범에 있다. 유럽 국가들이 대외 간섭을 실시할 때에는 단지 기본적인 이익과 전략적 측면의 고려에만 그치지 않는다. 현대식 체제와 규범 측면의 내적 요인을 고려한다는 말이다. 현재 '소프트 파워(soft power, 软实力)'로 불리는 이러한 것이 확실히 유럽인에게 더욱 많은 우월감과 자신감 및 간섭에 대한 신념을 주었다.

전체적으로 말하자면, 미국과 일본 등 서로 다른 유형의 서방 선진국가와 비교할 때 유럽은 일종의 '시빌리언 파워(civilian power)'를 더욱 닮았다. '시빌리언 파워'라는 개념의 해석과 이해는 한번 연구해볼 가치가 있다. 현재 중국 내 학계의 대부분이 이에 대해 '민사력(民事力)'으로 번역하고 있다. 첫째는 '군사력(military power, 軍事力量)'과 차별하려는 것이고, 둘째는 민중생활의 침투작용을 중시했기 때문이라고 예측된다. 사실 '민사(民事)'의 해석에는 문제가 있는데, 설명을 하지 않으면 쉽게 헷갈리고 오도를 조성할 수 있다. 여기에서 가장 큰 문제는 '민사(民事)'라는 이 중문 단어에 있고, 유럽인이 사용하는 'civilian'이라는 어원의 '현대적 풍습 및 제도의 분배'라는 속뜻에 일종의 중세기 혹은 더욱 이른 시대의 서로 다른 사회적 성질이 포함된 것을 (중문 단어에서는) 나타낼 수 없기 때문이다. 가령 우리에게 더 좋은 번역이 없다면, '민사'라는 단어에 포함된 여러 가지 다른 뜻과 한계를 알면 된다. 예를 들면, 대체로 중국인들이 번역을 할 때, 충분히 고민하지 않고 'civil society'를 '시민사회(市民社會)' 혹은 '공민사회(公民社會)' 심지어는 '초근사회(草根社會)'라고 표현한다.

그러나 유럽인이 'civil society'를 말할 때에는 현대적 의식을 많이 갖춘 도시주민으로서, 개인이란 사유재산권과 납세 방식을 필히 가지고 있음을 반드시 가리킨다. 이러한 유형의 '공민(公民)'이 가진 자유, 결사, 선거 등의 권리를 강조하고, 개체로서의 사람이 국가정부 간에 구성된 조직화의 사회적 힘을 구성하는 것을 가리킨다. 이것은 유럽의 근대 자본주의가 구시대의 봉건제도를 탈출하는 초석을 나타내는 것임과 동시에 중국 학계가 이러한 개념에 대해 논할 때의 맹점을 나타내는 것이기도 하다.

엄격한 의미에서 이른바 'civilian power'란 의미상으로는 고대 그리스의 도시국가 주민의 권리를 행사하는 방식에서 생겨난 것이지만, 오히려 근대 유럽 문명의 산물이다. 이것은 유럽의 생산방식과 이로부터 파생된 사회방식이 내뿜는 힘을 대표한다.

글로벌 범위에서 고찰하자면, 사실상 최근 몇백 년간 유럽은 줄곧 현대적 풍습의 전파자 역할을 담당해왔다. 유럽의 해적, 도굴꾼, 선원들은 유럽지역의 연대기를 기록한 지도와 강력한 함선, 대포 등을 다른 대륙에 수출했다. 또한 유럽의 십자군과 전도사, 엔지니어들은 다른 피부색을 가진 인종들에게 대형 교회, 서구식 건축물, 박람회, 경마장, 현대식 운동경기, 하수도, 변기, 편리한 의약 기계, 자모음 언어법을 전파했다. 한편 유럽의 외교 사절, 전문가와 학자 및 각종 사회단체는 비유럽의 다수 고대 문명체계에 현대적 법률과 법전, 현대식 교육, 유학 제도, 국민의 부를 측정하는 국내총생산(GDP) 지표체계, 정부 재정 예산 제정, 국제무역 규격의 계량, 현대 노동조합, 신 사회운동 등을 제공했다.

현대 국가는 유럽에서 시작되었다. 이후에 유럽대륙 밖으로 전파되어 여러 방향과 지역에서 깊고 지속적인 개선과 혁명 또는 동요를 일으켰다. 가장 초기의 식민지 개선 조치로부터 20세기 후반의 지속적인 발전적 의제에 이르기까지 현대의 세계화 과정은 유럽의 공업 혁명으로부터 시작되었다.

이것은 하나의 독특한 과정이고, 훗날을 보면 볼수록 특징은 더욱더 명확하게 나타난다. 일본 제국주의가 아시아에서 침략 확장을 한 것과도 다르고, 어느 정도는 미국 신제국의 세계 패권과도 차별된다. 특히 20세기 중엽 이래, 유럽인의 국제간섭 행위는 대체로 사회적 함의를 더욱더 적재했다. 좀 더 인간적인 면을 갖추었으며, 기술공유와 자원협력의 태도를 보이고 있다. 언제나 '민사'적 방식으로 자연적인 전파를 통해 보통 사람의 내면적 견해를 보여준다. 국가정부의 전횡적 결정이 아니었을 뿐만 아니라, 대부분이 난폭한 군사 권력을 사용한 것도 아니었다. 천러민(陈乐民) 선생이 상세하게 제시한 것처럼 이것은 일종의 '문명 확장의 과정'과 더욱 닮았다.

국제정치와 안보의 시각에서 판단하자면, '현대 문명의 전파자'는 본래 일종의 내생적 힘이다. 그러나 이것이 유럽 국가와 정부에 의해 관리되어 의식적으로 외부로 수출하는 데 사용될 때, 이것은 곧 이른바 '문명의 힘을 확산(civilizing power)'하는 것이 된다. 일종의 전형적인 '유럽 중심론'의 부추김 하에 강력하게 확장되는 것이다.[11]

이른바 '백인의 사명'이라고 하는 오래된 방식의 식민주의 이데올로기로부터 처칠의 강권정치 주장과 '철의 장막설(铁幕说)'에 이르기까지, 근래의 니콜라 사르코지(Nicolas Sarkozy) 대통령이 프랑스의 아프리카 군사 간섭 정책에 대한 변론에 이르기까지 모두 남김없이 표현되었다. '민사'와 '군사'는 서로 전환할 수 있고, 상호 지지 및 상호 증강할 수 있는 것이다. '문명적'인 민간 세속 풍습의 전파과정은 어떤 때에는 '부득이하게 운용되는' 국가 폭력의 보장을 필요로 한다. 이것은 현대 유럽

---

11) 'civilian power'와 'civilizing power'의 의미 차이에 대해서는 아래의 자료를 참조할 것. (이탈리아) Mario Telo(马里奥·泰洛),《国际关系理论: 欧洲视角》, 潘忠岐 등 번역, 上海人民出版社, 2011년판, pp. 178-181.

관념의 큰 특성이고, 사람들이 유럽의 국제적 역할을 관측한 중요한 시각이다.

　글로벌 범위에서 관찰하자면, 중국은 현대 문명의 전파 과정에서 일종의 접수자이자 비발원지로서의 위치가 더 많다. 그러나 시간의 흐름에 따라 이러한 형세는 점차 긍정적인 변화를 발생시켰다. 아편전쟁 이후 100년간 기본적인 출현은 중국의 만리장성이 서양인의 야만적인 포화공격에 함락당하고, 중국 정부와 국민은 해안 개방과 불평등 무역이라는 (역사적) 장면을 굴욕적으로 받아들일 것을 강요당해야 했다. 그 이후 중국은 마오쩌둥과 혁명군대가 지극히 힘들게 피투성이가 되어 싸우던 시기를 지나 정치적으로 독립하고, 어떤 외부 세력의 통제도 받지 않는 대국으로 변화하게 되었다. 현대 규범의 과정이 곧 복잡하게 변하는 것임을 이해하고 받아들이게 된 것이다. 덩샤오핑의 개혁개방 시대에 이르러 중국은 경제가 끊임없이 강성하는 대국이 되었다. 이 기간에 국제체제에 편입되었고, 경제 세계화 과정에 가입했다. 세계무역과 금융의 진보를 촉진하는 표현으로 사람들로부터 칭찬을 듣기도 했다.

　비록 복잡하지만, 이러한 실마리는 위로 뻗어나가고, 갈수록 또렷하다. 초기의 소극적인 반응에서부터 이후에 저항을 고수하다가 다시 오늘의 주도적인 개입에 이르렀다. 외부에서 제정한 조건을 강제로 받아들이는 것으로부터 어렵게 탐구하고 학습하여 국제규칙의 원리에 적응하는 것을 거쳐 자신의 이념과 제안을 인류 진보의 의사일정에 첨가하는 것을 경험해보는 단계에 이르렀다.

　유럽 국가와 비교할 때 반드시 인정해야 할 것은 오늘에 이르기까지 중국이 국제사무 중에서 우세한 것은 주로 경제무역 금융과 기초

설비 건설 영역에 국한되어 있다는 것이다. '하드웨어' 측면에 있어서 많은 국가의 현대화 발전에 적지 않은 공헌을 했다. 그러나 공민사회의 새로운 표현 방식, (국가의 역량과 상대적인 의미에서의) 사회적 역량의 상승, 현대의 여러 부문별 제도, 민사규범의 창조라는 측면에서는 경제발전과 균형이 맞지 않는다. 특히 (중국의) 이런 측면에 대한 노력에 대해 외부 세계가 느끼고 받아들이는 정도는 "거인이 된 중국은 무언가 부족하다"라는 것이다. 외부 사람들에게 주는 인상은 여전히 "한쪽 다리는 굵고, 한쪽 다리는 가는" 절름발이라는 의미로서, 다른 부분의 장점과 경제적 역량이 비례가 맞지 않는다는 것이다.

예를 들면, '조화로운 세계'는 하나의 훌륭한 구호이다. 잘 진행될 경우에 이것은 현대 문명의 규범이 될 수 있고, 지구적 충돌을 해결할 수 있는 원칙이 될 수도 있다. 그런데 필자가 여러 국가에서 현지 학자들과 소통한 후에 알게 된 것은 그들 중에서 소수의 사람들만이 이 이념이 (제대로) 실행될 것이라고 여긴다는 것이다. "거대하고 추상적인 정치철학을 어떻게 구체적으로 유효한 제언이나 조치로 실현시킬 수 있는가?"에 대해 분명하게 말하는 것은 매우 어렵다. 이러한 사실은 매우 유감스럽다.

만약 중국의 관련 부문과 대중매체가 이에 대해 뼈에 사무치게 느끼거나 진지하게 반성하지 않는다면, 선진국가의 내재적인 차이를 볼 수 없다. 단지 더욱 길어지는 도로나 철로의 발전과정이나 더욱 커지는 수출입 능력, 더욱 많아지는 국내총생산(GDP) 등의 물질적 지표에 만족한다면, 중국의 웅장함에 현대적 정신과 사람의 표정이 부족하게 된다. (이 경우) 중국은 다른 나라 사람들로부터 진심에서 우러나오는 인정을 얻기가 쉽지 않다. 따라서 중화민족은 여전히 문명이라는 의미에서의 이상적인 '진보'를 실현할 수 없을 것이다.

필자가 느끼기에 단지 국내에서의 상하 비교나 독백하는 것만으로는 이러한 차이를 제대로 보기 어렵다. 오직 외부 세계와 광범위하게 비교했을 때, 특히 유럽과 같이 발달한 지역과 비교하여 감별하는 것을 진행해야 비로소 개선할 구체적인 방향을 이해하게 될 것이다.

4.
유럽은 국제규범의 제정자

위에서의 토론이 주는 계시는 유럽인의 국제적 역할은 일종의 현대 문명의 기초 위에서 자신들의 규범을 수출하고 자신들이 가진 체제를 확장한다는 것이다. 국제관계의 발전과정에서 고찰하면, 이러한 작용은 상당히 세밀하고 효과적이다. 사실상 국제사무 중에서 유럽인의 가장 중요한 작용은 국제규범의 초안자와 선전가로서 조직을 확충하는 역할에 대해 스스로 느끼고 전심전력을 다한다는 것이다.

군사적 보호나 간섭, 경제적 수출 혹은 제재, 매체의 찬미 또는 질책과 비교해보면, '규범성 권력(normative power)'은 "정신이 물체보다 중요하다"는 점과 "내공의 힘이 외부의 강제력보다 더 많이 표출되도록 한다"는 것이다. 이는 규범 제공자가 가진 강점을 교묘하게 혼합한 것이다. 조지프 나이(Joseph S. Nye)의 말을 빌리자면, 이것은 '하드 파워(hard power)'에 '소프트 파워(soft power)'를 혼합하여 형성된 '스마트 파워(smart power)'이다.

현대 국제체제를 관찰하자면 어떤 민족이나 국가, 특히 대국이나 강대국 모두 서로 다른 이러저러한 하드 파워 혹은 소프트 파워를 가지고 있다. 미국의 거대한 항모편대, 이스라엘의 뛰어난 군사기능, 일본의 발달한 전자완구와 애니메이션 제작, 한국의 매우 광범위하게 전파된 드라마와 성형미용술, 독보적인 중국의 의술과 요리 같은 것들이다. 그러나 그 어떤 국가와 지역도 유럽과 같이 완전히 균형적인 국제규범 능력을 갖지는 못했다. 미국은 발달한 군사공업 종합체와 교육 · 과학 연구체제를 갖고 있기는 하지만, 모두가 알고 있는 원인에 의해 많은 국제적인 사건이나 장소에서 이 초강대국은 물질능력, 특히 군사력에 지나치게 미련을 두고 있을 뿐이다. 외교나 기타 부드러운 요소를 소홀히 하고, 유엔과 다변기제의 작용을 경시한다. 중소형 국가와 비국가 행위체의 소리를 무시하며, 너무 쉽게 대의를 잃고 고립되는 어려움에 빠져든다.

물론 미국도 나름대로 글로벌 체제를 창조하고, 다변기제를 운영하며, 국제규범의 강대한 힘을 제정했다. 그러나 '엉클 샘(미국의 별칭, Uncle Sam, 山姆大叔)'은 규범력, 발언권 등의 소프트 파워보다는 명확하게 군사와 과학기술 등의 하드 파워를 더 중요하게 여긴다.

유럽인은 다른데, 그들은 (미국보다) 훨씬 뛰어난 역사적 지식과 문화적 소양을 가지고 있다. 사회적 관용성과 색채의 풍부성 모두 미국을 넘어선다. 대외 간섭에서도 '제의'와 '격려' 이론에 정통하여 '강제'나 '힘으로 굴복시키는' 행동을 하지 않는다. 국제규범의 제정과 응용에서도 이미 다양한 경험과 방법이 형성되어 있다. 아마도 유럽인의 군사와 과학에 대한 하드 파워는 미국을 추월할 수 없을 것이고, 심지어는 여러 신흥 강대국과도 균형을 맞추지 못할 수 있다. 그래서 그들은 설계, 제정, 유도라는 자신들의 국제규범에 대한 재능을 더욱더 중시하는 것인지도 모른다.

현대 국제관계에서 유럽과 미국은 오늘날 유엔이 대표하는 국제조직 기구의 주요 창조자이다. 또한 각종 국제 군사통제와 군축협약, 국제무역과 반덤핑조약, 국제인권 및 정치권리 공약의 핵심적인 해석자이다. 다른 측면에서 미국과 일본의 특수한 역사적 경험과는 다르다. 상대적으로 말하자면, 유럽 선진국가들의 민중과 지식인 및 정치 인물은 극단적인 민족주의나 파시스트주의의 교훈에 대한 숙고를 더욱 중시한다. 자신의 가치를 국제법이 추구하는 규칙과 접합시키는 것을 매우 중시한다. 예컨대 민주와 인권을 보호하고, 사형과 가혹한 형벌을 반대하며, 절대빈곤과 현저한 소득격차를 해소하고, 녹색환경보호와 지속적인 발전 이념 등 규범의 실현을 더욱 중시한다.

유럽은 '사회를 중시하고, 군사를 가볍게 보는' 정부 예산 구조로, 미국과는 크게 다르다. 유럽의 사회적 흐름과 공업운동은 대서양 반대편보다 훨씬 활발하다. 유럽은 좌파나 우파 혹은 중도세력이든 모두 각기 정치적 표현 기회와 이데올로기 영향력이 있다. 유럽의 다원화와 사회적 탄력성은 고품격 발전을 하려는 여러 신흥국가들에게 상당히 많은 흡입력을 가진다.

역사상 유럽은 글로벌 범위에서 점차적으로 종교개혁 운동과 문예부흥운동 및 현대사상의 계몽운동을 일으킨 발원지이다. 오늘날 유럽인은 여전히 글로벌 다원주의, 자유무역, 녹색발전, 대형댐 건설 반대운동, '살상성 지뢰 전면 금지 공약', 소형무기 마구잡이 판매 방지, 새로운 단계의 세계 기후제도 등 새로운 국제규범의 제안자이자 추진자이다.

중국 언론매체는 독일, 프랑스, 영국, 이탈리아 등 유럽 대국의 외교적 업적을 비교적 많이 보도했다. 그러나 사실 유럽의 매우 작은 나라도 자기들 나름의 고상한 국제개입 방식이 있다.

예를 들면, 스위스 같은 유럽의 소국도 세계적인 명성을 가진 시계와 초콜릿 제조 공장만 있는 것이 아니라, 세계에서 상대적으로 가장 많은 국제조직 본부가 주재하고 있다. 또한 '작은 유엔'으로 불리며 영향력이 나날이 증가하는 다보스(Davos) 세계 경제포럼을 창설했다. 어떤 논쟁이 있다 하더라도 스웨덴과 노르웨이가 설립한 노벨상은 현재 세계 최고의 명성과 영향력을 가진 상이 되었다. 북유럽은 전체적으로 유엔에 평화유지 비용을 제공하고, 아프리카를 위해 인도주의적 원조를 제공한다. 중동과 아시아의 충돌과 전란지역을 위해 상대적으로 각종 화해[12]를 가장 많이 제공하는 유럽의 차상위 지역이다.

서로 다른 국제규범 영역의 다차원적이고 다중적인 수단의 개입은 유럽으로 하여금 현대 글로벌 정치외교 무대에서 장기적으로 주인공의 위치를 점유하도록 했다. 미국식 패권적 강권논리와 외부로 드러나는 특징과는 매우 다르기 때문에 유럽은 곧잘 '부드러운 힘(gentle power)'으로 보이고 '신사적인 힘'이란 소리를 듣기도 한다.[13] 이러한 힘이 동반하는 더 많은 것은 "싸우지 않고 적을 굴복시킨다(不战而屈人之兵)"거나 "가늘게 오는 봄비가 소리 없이 촉촉하게 만물을 적신다(润物细无声)"[14]는 효과를 낸다고 할 수 있다.

---

12) 전형적인 사례는 중동 평화와 관련된 '오슬로 평화 프로세스(the Oslo Peace Process)'와 스리랑카와 인도네시아의 정치적 화해 과정에 있어서의 북유럽 국가의 중재 등이다.

13) (이탈리아) Mario Telo(马里奥·泰洛), 《国际关系理论: 欧洲视角》, 潘忠岐 등 번역, 上海人民出版社, 2011년판, pp. 178-181.

14) 역자 주: 당나라 시인인 두보(杜甫)의 시 「春夜喜雨」에 나오는 내용이다. "好雨知时节, 当春乃发生; 随风潜入夜, 润物细无声. 野径云俱黑, 江船火独明; 晓看红湿处, 花重锦官城." 이를 번역하면 아래와 같다. "좋은 비는 시절을 어찌 알아, 봄이 되니 비로소 내리나니; 바람

유럽의 규범능력에 대한 소개는 우리를 일깨워준다. 특히 중국을 포함한 많은 신흥대국에 대해 언급하자면, 서방의 하드 파워를 쫓아가는 시간이야 거의 예정되어 있지만, 국제규범의 제정자로 성장하기 위한 그림은 틀림없이 오래 걸릴 것이라는 것이다.

먼저, 발전 중인 국가로서의 중국은 오늘날 여전히 국내의 의사일정과 사무가 압도적 우세를 점하는 대국이다. 여러 측면에서 외부에 대한 관심과 이해관계는 비록 개혁개방 이전보다는 많이 증가되었지만, 정책결정 일정에서 내부 사무를 우선적으로 고려하는 상황은 아직 바뀌지 않았다.

둘째, 체계적인 대국이 되기 위해 중국의 면적, 인원, 자원, 언어 등의 조건은 중국에게 천연적인 장점이다. 그러나 이러한 장점은 오히려 많은 민중과 관리들에게 다른 나라의 정세에 별로 관심을 갖지 않게 하거나, 외부 위기의 개입에 과도한 대가를 지불하려 하지 않는 다른 면도 가져왔다. 사실대로 말하자면 유럽 국가들과 비교할 때, 중국인의 글로벌 시각과 '국제주의'는 아직 초급 수준에 머물러 있다.

셋째, 위의 특징과 일치하는 것으로 중국인의 국제조직 참여와 관리능력은 유럽 국가, 특히 서구의 오랜 자본주의 강국보다 크게 뒤처져 있다. 여러 가지 원인에 의해 중국의 국제공무원 인원수, 고위직 인원수, 투표권과 제안 수는 유럽과 미국 및 일본 등 전통적인 서구 선진국들보다 상대적으로도 적다고 할 수 있을 뿐만 아니라 심지어는 한국, 인도, 멕시코, 브라질 등 신흥국가들보다도 못하다.

따라 슬며시 밤이 되자, 가는 비는 소리 없이 촉촉히 만물을 적시는구나. 들길은 구름이 낮게 깔려 어둡고, 강 위에 떠 있는 배의 불빛만이 홀로 밝은데; 새벽에 붉게 젖은 곳을 바라보니, (성도의 비단 짜는 작은 성인) 금관성에는 꽃들이 활짝 피었다."

한 가지 사례를 더 들자면, 2008년 이래 전 세계는 보편적으로 심각한 경제위기를 맞이했다. 월가의 금융위기로 시작된 일종의 세계적인 경제 동요와 혼란한 국면은 현재까지도 근본적인 해결과 강력한 부흥을 이루었다고 할 수 없다. 유럽과 미일 지역이 보편적으로 기력이 떨어지고 스스로를 보호하기도 힘든 상황에서 세계는 신흥국가의 영향력과 선도에 대한 더욱 많은 기대를 갖게 되었다. 이로 인해 사람들도 G8의 쇠퇴와 G20의 탄생을 인정하게 되었다.

정상대로라면 신흥국가가 이러한 새로운 국제금융과 경제 무대에서 당연히 긍정적인 작용을 해야 하고, 국제금융 위기의 예보와 국제금융 관리감독 강화에 공헌해야 한다.

그러나 유감스러운 것은 지난 5년여 가까이 열린 일곱 차례의 G20 회의 중에서 다섯 차례(미국 2회, 영국과 프랑스 및 캐나다가 각 1회)가 유럽과 미국에서 열렸고, 단지 두 번만 비유럽과 미국이 아닌 한국과 멕시코에서 열렸다. 중국과 인도같이 처음 (G20을) 제시한 신흥대국은 줄곧 주최국이 될 인연이 없었고, 국제금융체제 개혁에 대한 개입과 자신의 발원권을 강화시킬 기회를 잃었다.

단지 이것만이 아니라, 더 심각한 것이 있다. 필자의 관찰에 의하면, 상당히 많은 국가가 국제규범의 제정과 확장 측면에서 중국의 역할에 대해 오해와 의구심이 있다는 점이다. 중국 정부가 어떤 보편적인 가치관 및 그 제도의 확산을 배척하려 한다는 것이다. 예컨대 인권보호, 환경보호 촉진, 참혹형 반대, 지뢰사용 금지 등의 영역에 대한 공약이나 국제규범에서 규정하는 의무에 대해 부담하기를 원치 않는다고 인식한다.

좀 더 깊이 들여다보면, 현존하는 국제체제 및 관념에 습관이 되어버린 이러한 비평가들에게는 사실상 중국의 정치제도와 이데올로기에 대해 마음속에 존재하는 의심과 불안이다. 붉은 중국이 강대해진 후에 다시 혁명을 전파할 것이 걱정되고, 13억 중국인이 다시 투쟁과 모반의 태도를 취하여 능력이 점차 약해지는 다른 국가들을 대신하게 되는 것이 두렵기 때문일 것이다.

결국 중국이 국제사무에 주도적으로 개입할 새로운 단계는 그래봐야 지금으로부터 20~30년 이후일 것이므로 그들이 우려하는 것은 쉽게 이해가 된다. 언제 중국이 세계가 공인하는 '규범적 권력'을 가질 수 있을 것인가? 그 누구도 정확하게 내다볼 수 없고, 단지 역사가 증명할 것이다.

어찌되었건 간에 국제규범의 문제는 기술적 측면뿐 아니라 기구적 측면 그리고 관념과 방법의 측면이 있다. 이런 측면에 적응하고 숙달되는 것은 중국인에게는 복잡하고 장기적인 과정일 것이다.

5.
유럽은 새로운 관념의 창조자

솔선하여 현대화 과정에 진입하고 국제적 체제를 창건한 유럽은 세계 군사 · 정치 영역에서 권력을 행사했을 뿐만 아니라, 글로벌 경제 · 무역 영역의 시장을 확산했다. 글로벌 사회 · 문화 영역에서 '문명'을 보급했으며, 글로벌 제도 · 법률 영역에서 규정과 제도를 세웠다. 또한, 세계화 과정에서 '선구자'로서 (바둑의) '지도기를 두는' 재능이 있는 유럽의 거인이었다. 동시에 현 시대의 계몽자와 관념 창조자로서의 강렬한 의식을 가지고 있으며, 세계적인 사상 · 이론 영역에서 강력한 창조로 학수고대하며 기다리는 수없이 많은 관념과 학설들을 제시했다.

현대 국제관계 영역에서 유럽은 미국과 마찬가지로 가장 정통한 관념을 창조하고 발언권을 장악한 힘(일종의 개념력, conceptual power)을 가졌다고 할 수 있다. 유럽 지역은 개념창조의 기계적 능력과 지속성이 있다. 이는 영어와 프랑스어 및 스페인어 같은 유럽의 주요 언어의 광범위한 사용과 관련이 있다. 유럽의 초기 해외 개척과 식민지 역사와도 불가분의 관계를 맺고 있으며, 유럽의 정치인물과 전문 학자 및 언론매체, 국민의 유럽 중심주의 및 이러한 문화의 자각에 근거하기도 한다.

주지하다시피, 근대 국제관계에 있어서 프랑스의 장 보댕(Jean Bodin, 1530~1596)이 최초로 '주권(sovereignty, 主權)'이라는 말을 창안했다. 이 것은 '베스트팔렌 체제(Westfalen System, 威斯特伐利亚体系)'라고도 불리는 근 대 국제체제의 핵심 개념이 되었다. 유럽이 점차 세계정치의 중심무 대를 점하게 됨에 따라 몇백 년간 유럽인이 제시한 각종 '주의'와 학설 은 대중적이 되었다. 예를 들면, '개량주의', '사회진화주의', '사회주 의', '공산주의', '사회민주주의', '무정부주의', '공단주의(syndicalism 혹은 trade unionism, 工团主义)', '중상주의(mercantilism, 重商主义)', '시장과 경제자유 주의'(애덤 스미스가 칭한 '보이지 않는 손'), '한계효용설(marginal utility theory, 边际效 用说)', '비교생산비설(theory of comparative cost, 比较成本说)', '국가간섭설'(State Intervention Doctrine, 国家干预说; 케인스의 '보이는 손'), 슘페터(J. Schumpeter)가 서술 한 '창조적 파괴와 자본주의 주기 진화설', 더 나아가 최근 더욱 급진적 이고 형형색색인 마르크스주의학파, 혁명의 레닌주의 학설, '전제적'인 스탈린주의 체제 그리고 세계대전을 일으킨 이탈리아의 파시스트주의, 독일의 나치주의 등 그 종류도 매우 많고, 실제로 일일이 거론하기도 어렵다.

이 이론들은 완전히 새로운 진보적 분위기를 가져오거나 국가 간 관계를 악화시켰다. 혹은 대량의 새로운 산업을 촉진시키거나 대량 으로 구시대 정권을 전복하기도 했다.

어떤 점이 다르건 간에 이러한 '주의'와 학설은 모두 유럽의 자 연지리적 범위를 벗어나 세계 곳곳으로 퍼져 나갔다. 그 결과 각종 반 향과 충격파를 조성했으며, 국제체제의 발전과 질적인 변화를 가져왔 다. 역사적으로 보면, 전성기의 미국과 소련을 포함하여 세계에서 어떤 국가와 지역도 이렇게 많은 '주의(主義)'를 생산해내지 못했고, 이렇게 지속적으로 단어를 만들어내는 능력을 갖지 못했다.

여기에서 한 가지 사례를 들어보면, 유럽인이 현대적 개념 창조와 세계에 영향을 끼친 힘을 볼 수 있다.

- 발전학설 측면에서, 유명한 '로마클럽(Rome Club)'은 20세기 초반인 1960년대 후반(1968년)에 '성장의 한계' 및 '인류가 처한 전환점'(또는 '전기를 맞는 인류사회') 등의 여러 보고서를 제출했다. 처음으로 현행 자본주의 성장 모델에 대해 강렬한 경계신호를 보냈으며, 1990년대 초반 유엔 밀레니엄 정상회담(UN millenium summit)과 '지속적인 발전' 이념의 중요한 초석이 되었다. 이뿐 아니라, '기후난민'의 개념 역시 유럽, 특히 독일의 몇몇 싱크탱크에서 나온 것이다.

- 국제관계학파의 측면에서, '영국학파'는 미국 중심 이외의 현대세계에서 유일하게 완비되고 시대적 특징을 가진 이론학파이다. 이학파의 국제관계에 대한 법리, 공정, 질서의 연구는 광범위하고 심오한 영향력을 갖추고 있다. 이 부문에서 영국학파와 미국 주류의 전략과 안보연구, 위협과 게임이론은 매우 다르다. 전자는 깊고 두터운 역사사회학적인 배경과 은연중에 감회되는 정치철학이 이론의 기초이다.

- 지역 일체화 사상 측면에서, 유럽인은 일찍이 연방주의, 기능주의, 범유럽주의 및 보편주의(universalism, 普世主义)적 인권이론이 있었다.

최근에는 신연방주의, 신다자주의, 신기능주의 및 신주권설 등의
이론이 있다. 유엔과 각종 국제조직의 심각한 영향과 강렬한 요구
를 고려하여 유럽의 이러한 이론과 학설은 미국과 기타 지역의 논
술보다 훨씬 빈번하게 사용되며 적합하다.

• 국제정치경제학(International Political Economy, IPE) 측면에서, 영국의 저
명한 학자인 수전 스트레인지(Susan Strange)는 '관계적 권력', '구조
적 권력' 등의 개념 분석 및 '정치' 등에 대한 범위를 재해석했다.[15]
로버트 길핀(Robert Gilpin) 등의 미국인에 의한 미국식 IPE의 독점적
지위를 깨뜨렸고, 이 학문의 분파적 시야를 크게 확장했다.

• 안보이론의 가장 새로운 구성으로는 영국인 배리 부잔(Barry Buzan)
의 '복합안보이론'[16] 사상이 있고, 노르웨이 학자인 요한 갈퉁(Johan
Galtung)이 주창한 '평화학'[17]이 있다. '코펜하겐학파(Copenhagen
School)'가 국제안보 범위의 발전과정에 대해 독특한 탐구를 한 것
이 있고, 평화와 충돌 연구 영역의 이른바 '북유럽 모델' 등이 있
다. 이들은 서로 다른 각도에서 국제안보와 평화 사상 이론이 풍부
해지도록 공헌했다.

• 외교정책 측면에서, EU는 냉전 종결 이후 세계 강대국과 국가집단

---

15) (영국) 수전 스트레인지(Susan Strange), 《국가와 시장(国家与市场)》, 杨宇光 등 번역, 上海
人民出版社, 2006년판.

16) (영국) 배리 부잔(Barry Buzan), 올리에 베프(Ollie Veff), 《新安全论》, 朱宁 번역, 浙江人民
出版社, 2003년판.

17) (노르웨이) 요한 갈퉁(John Galtung), 《和平论》, 陈祖洲 등 번역, 南京出版社, 2010년판.

중 가장 먼저 '전략적 동반자 관계'의 개념과 틀을 제시한 지역이다. EU는 러시아와 전략적 동반자 관계를 건립하는 것을 시작으로, 냉전 종결 이래 20년간 이미 10여 개의 글로벌 전략 대화 동반자 관계와 통로를 수립했다.[18] 중국을 포함하여 매우 많은 대국이 모두 유럽의 이러한 방법을 모방하여 참고하고 있다.

• 세계 분쟁지역 해결 방법은 전형적인 것이 중동평화와 관련된 '오슬로 협정(Oslo Accords)'이다. 북유럽 국가가 주요 분쟁지역에서 중재와 화해의 중요한 노력을 한 것이 대표적이다. 비율로 보자면, 북유럽은 세계에서 국제평화비용의 1인당 평균 기부금이 가장 많다. 평화를 제창하고 충돌을 중재하는 공헌이 가장 많으면서 가장 오래된 지역이다.

• 주변 책략의 측면에서, 스웨덴의 싱크탱크인 '스톡홀름 국제평화연구소(Stockholm International Peace Research Institute, SIPRI)'에서 맨 처음으로 북아프리카와 중동지역을 재건(再建)하는 이른바 '발전-민주연동전략'을 제시했다. 뿐만 아니라, 이 제의를 유럽의 주요 국가와 EU가 받아들이도록 했다. SIPRI가 매년 정기적으로 출판하는 「국제평화연감」은 세계의 군축, 군비통제와 지역 충돌 영역에서 가장 권위 있고 영향력이 있는 자료이다.

• 스위스의 '다보스 세계경제포럼(Davos Forum 또는 World Economy Forum,

---

18) 토머스 레너드(Thomas Leonard),《战略的背叛: 呼吁真正的欧盟战略伙伴关系》, 欧洲研究, 2011년 제5기, p. 13.

WEF)'은 20세기인 1970년대 초반에 설립되어 오늘에 이른다. 각
국의 정책결정층과 싱크탱크에 대해 광범위한 영향력을 생산하고
있으며, 현재 이 포럼은 중국, 한국, 인도, 터키에 다보스 지역 포
럼을 설립했다. 이 포럼은 「세계 경제전망 연도보고」를 발표한다.
이 보고서는 엄격하고 면밀한 품격으로 각국의 경쟁력과 글로벌
경제 형세를 평가하는 하나의 참고 문건이 되었다.

• 유럽의 국제관계이론은 줄곧 독특하고 견실한 기초를 구비했다.
초기에 에드워드 카(Edward Carr)와 레몽 아롱(Raymond Aron) 등 사상
가가 탄생했다. 20세기 후반에는 미국과 기타 지역에서 나중에 뛰
어난 빛을 발하게 되는 구성주의 이론을 분출했다. 칸트의 철학은
신국제제도주의, 상호의존이론 및 영구평화론 등과 같은 학설의
주요 원천이 되었다.

중국은 현대 국제정치와 안보 및 외교사상의 이론적 측면에서
독특한 공헌을 했다. 모두 아는 예를 들어보자. 중국의 내전과 혁명시
대에 마오쩌둥 일대의 혁명가들이 실천 중에 창조한 유격전 학설이 있
다. 이것은 일찍이 20세기 중·후반기에 일어난 아시아와 아프리카 및
라틴아메리카의 민족 해방과 반제국투쟁에 광범위하게 전파되었다.
　20세기인 1950년대 중국과 인도 및 미얀마 등의 나라가 공동으
로 주창한 '평화공존 5대 원칙(和平共处五项原则)'은 현대 국제관계의 중요
한 원칙이 되었다. 마오쩌둥이 1970년대 전후에 제시한 '3개의 세계(三
个世界)' 사상은 일찍이 거대한 국제 영향력을 발휘했다.
　덩샤오핑이 영국인의 수중에서 회수한 홍콩으로부터 제시된 '일

국양제(一国兩制)'구상은 중영 양국 간에 한동안 대치된 국면을 깨뜨렸다. 그뿐만 아니라, 더욱 국제적 범위의 유사한 난제를 해결하기 위한 새로운 공간을 개척했다.

세기가 교차하기 전후에 장쩌민(江澤民)은 이미 '상호 신뢰, 상호 이익, 평등, 협력(互信, 互利, 平等, 合作)'이라는 신 안보관(新安全观)을 제창했다. 최근 시기의 중국 영도자였던 후진타오는 '조화로운 세계(和谐世界)'의 건설, 중국의 '평화적인 굴기(和平崛起)'의 실현이라는 이념을 제시했으며 이외에도 적지 않다.

유럽과 전체적으로 비교하면, 현재의 중국은 전반적으로 외부 세계에 대한 사상적 공헌도가 매우 적다. 뿐만 아니라, 대부분 동방인의 철학사상과 색채를 동반한다. 웅대하고 높은 것을 추구하고, 도의를 중시하고 실리를 경시하며, 추상성은 풍부하나 실천성은 비교적 약한 면이 있다. 또 다른 문제는 중국의 공헌은 주로 정치 지도자로부터 나왔다는 것이다. 학자와 대학 및 매체의 독특한 창조는 거의 없고, 국제적으로 승인을 받기에는 매우 적고 보잘것없다. 이것은 주로 유럽 국가의 학자들이 만들어내는 그런 광범위하게 공인된 이론과 학설 및 학파와 비교했을 때를 말하는 것이다.

중국의 연구기관과 대학의 수는 아주 많아서 연구인원과 교수진이 규모상으로는 유럽의 어떤 한 국가보다 훨씬 크다. 그러나 가만히 생각해보자. 중국이 과연 다보스포럼의 영향력과 어깨를 견줄 만한 포럼을 만들어낼 수 있을까? 중국의 여러 많은 싱크탱크가 과연 SIPRI 연감 같은 그러한 공신력과 대중의 인증을 받는 보고서를 작성해낼 수 있을까? 중국의 국제관계 이론과 외교학계가 과연 '영국학파' 혹은 '북유럽학파' 같은 학파를 창조해낼 수 있겠는가? 중국의 학자 중에서 과연

에드워드 카(Edward Carr), 레몽 아롱(Raymond Aron), 수전 스트레인지(Susan Strange), 배리 부잔(Barry Buzan) 같은 세계적인 이론 대가가 나올 수 있겠는가? 필자가 생각할 때, 답은 아마도 이상적이지 않다.

이러한 원인을 찾아본다면, 단지 서방국가의 배척만 강조해서는 안 된다. 그렇다고 해서 단지 영어나 프랑스어가 상대적으로 중국어의 국제전파 과정보다 독점적 지위에 있다고 보아서도 안 된다. 이것은 비단 중국의 전체적인 국제화 정도가 부족하다거나 중국인이 국제환경에 익숙하지 않고, 특히 (바둑에서) '선수를 두는(先手棋)' 의식이 강하지 못하다는 문제를 발견하는 것뿐만이 아니다. 비록 이러한 요소는 의심할 바 없이 아주 많고, 유형적이며, 충분히 작용한다.

그러나 중국의 국제문제 연구진 구성이 비교적 늦었기 때문에 사상 이론의 발육이 '초급단계'에 처해 있다는 것을 인정해야 한다. 중국이 '국가 · 사회관계'에 있어서 어떤 경우에는 무게가 적절하지 못하다는 것을 인정해야 한다. 정치인물은 자신의 사상을 창조하여 국제적으로 공헌할 수 있도록 해야 한다. 학자와 연구원 및 일반 국민은 어렵지만 서로 다른 학파 및 이론을 창조해야 함을 인정해야 한다. 중국의 넓고 깊은 우수한 문화 사상의 전통은 아직 창조적 전환을 완성하지 못했다. 옛 것을 오늘의 현실에 맞게 받아들이는 과정에 있다. 이런 과정에서 각종 요소가 방해받는 것이 보인다는 점을 인정해야 한다.

결국, 중국에는 개혁이 필요한 여러 가지 폐단이 아직도 존재한다는 것을 반드시 인정해야 한다는 것이다. 중국이 유럽의 문제를 참고하여 유럽을 초월하려면, 국내외의 두 가지 요소를 결합하는 것을 고려하여 (이 두 요소의 장단점에 대한) 균형을 비교할 수 있어야 하고, 마음속에 계획을 가져야 한다. 중국은 유구한 역사와 문명전통을 가진 국가이다.

중화민족은 근면하고 지혜로운 위대한 민족이다. 오로지 정확한 방향을 향해 전진하고, 현시대의 환경에 맞는 목표를 설정한다면 놀랄 만한 결과를 낼 수 있다. 그럼으로써 중국은 결국 훌륭한 관념의 창조와 국제적 발언권을 장악하는 대국이 될 것이며, 거인으로서의 성장도 비교적 완전무결하게 될 것이다.

2013년 3월, 필자는 벨기에(Belgium)에 위치한 EU본부에서 '브뤼셀포럼(Brussels Forum)'에 참가했다. 최근 점점 영향력을 발휘하는 국제고위층 싱크탱크 회의에서 중국 의제에 대한 열기와 함께 외국의 인사들이 중국학자의 표현법을 잘 이해하지 못하는 것을 보게 되었다.

예를 들면, 신흥국가와 유럽-미국 관계가 주제인 회의에서 '중국의 글로벌 투자에 대한 포석 및 정부의 정책 전개를 어떻게 볼 것인가?'에 대부분의 시간을 할애했다. 저명한 중국 교수 한 명이 "중국은 현재 엄격한 의미에서 '전략'이 존재하지 않는다"고 제시했다. 그러자 사회자를 포함하여 같은 조의 브라질과 아프리카연맹 및 러시아에서 온 외국 학자와 정부관리 그리고 질문을 하던 — 주로 유럽과 미국에서 온 싱크탱크와 정부관리들을 포함, 회의 장소에 있던 — 거의 모든 사람이 그의 의견에 동의하지 않았다.

반대자들은 다른 사례를 열거했다. 중국 정부가 기업과 개인에 대해 아프리카 광산업과 에너지 영역에 대한 진군(進軍)을 지지하는 것이라든지, 브라질 시장에 대해 '앞을 다투어 점령하는 것(抢占)'과 정부 간에 대량으로 협정을 체결하는 것 등이 '에너지 전략', '시장 전략', '국영기업 보조전략'이라는 (전략)유형이 존재함을 설명한다는 것이었다.

필자는 (발언한) 이 중국 학자와 서로 잘 아는 사이였고, 대체로 그의 의견을 이해하고 찬성한다. 즉 중국은 각각의 부문과 각 단계가 서로 공통으로 인식하여 상호 협조한다거나, 구체적인 절차와 총체적인 방침이 일치한다거나, 경중의 완급조절과 장기적 관점이 있는 '대전략'은 아직 세우지 못하고 있다. 그런데 눈앞의 장면을 보니 국제 주류 여론이 중국의 이미지에 대해 편견과 오해가 매우 많은, (일종의) 정지된 화면이라는 것을 통감할 수 있었다. 물론 영어를 사용하여 중국의 의미를 표현하는 어려움이 있었을 뿐만 아니라, 중국의 대외 공시 방식의 고유한 결점도 있었을 것이다. 아울러 중국 측 학자의 언어 해설과 방식이 미약했기 때문이기도 할 것이다.

지난 25년간 필자는 50여 개 국가를 방문했는데, 점차 강해지는 한 가지 느낌이 있다. 중국 경제의 빠른 굴기에 따라 중국의 국제 발언권 부족이 갈수록 문제를 돌출시킨다는 것이다. 이것은 중국이 국제 경제무대의 변방에 처해 있기 때문이다. 생활수준을 높이고자 하는 국내 문제를 해결하기 전에는 매우 어렵지만 감수할 수밖에 없기도 하다. 이것은 중국이 거인으로 성장하는 데 있어서 하나의 커다란 고민거리이다.

6.
유럽은 지역통합화의 시범자

마지막으로, EU가 하나의 전체적인 시범효과가 된다는 것을 거론할 필요가 있다. 이것도 유럽인의 국제적 이미지와 역할의 중요한 측면이다. EU는 유럽이 어떤 다른 대륙과는 다르다는 전형적인 존재이며, 유럽 국가가 각각의 방식으로 국제간섭 행위를 하는 하나의 근거와 중추가 된다. 유럽인은 국제개입에 대한 욕망이 매우 강하다. '유럽 대륙'의 전체적인 범위와 구심력에 대한 그들의 자신감은 매우 넓은 수준에서 분리할 수 없다. 유럽인과 EU가 세계에서 비교적 선진적이고 성숙한 지역 통합화 형태를 가졌다고 인식하는 것과 서로 긴밀하게 연결된다.

외부에서 EU의 간섭에 대해 어떠한 비방이 있건 간에, 유럽 일체화의 진행에 어떠한 곡절이 있건 간에 반드시 인정해야 할 것이 있다. 다수의 유럽 국가가 EU에 대해 이 지역 전체의 힘으로 여겼으며, 강렬한 믿음을 유지하여 지속적인 촉진을 해왔다는 것이다. 최초의 유럽석탄철강공동체(European coal and steel community, ECSC, 欧洲煤钢联营)로부터 이후의 유럽공동체(European Community, EC, 欧洲共同体)를 거쳐 다시 오늘의 유럽연합(European Union, EU, 欧洲联盟)에 도달했다. 소수 엘리트들의 이념으로 설계되어 핵심 국가의 시동을 거쳐 회원국의 확장을 이룬 것이다. EU의 제도화 과정은 세계와 기타 지역을 향해 특수성과 흡입력을 펼쳐 보였다.

첫째, 고대 역사상 동방의 조공체계, 근대 국제관계의 식민주의 제국주의체계, 소련 시기의 바르샤바조약기구(Warsaw Treaty Organization, 华沙条约组织), 동유럽경제상호원조회의(Council for Mutual Economic Assistance, COMECON, 经济互助委员会), 영국연방(Commonwealth of Nations, 英联邦组织) 등 광범위한 기록이 있지만, EU는 이들과는 뚜렷하게 구별된다. 또한 중요한 영향을 발생시킨 지역체계 혹은 국가연맹 형태와도 확연히 다르다. EU는 성원국이 자원하여 가입했고, 평화 등 협력의 기초 위에서 현대식 지역 통합화 방식으로 건립되었다.

동시에, 각국의 주권을 존중한다는 전제하에서 유럽연합이사회 (Council of the European Union, 欧盟理事会), 유럽의회(European Parliament, 欧洲议会) 와 각 성원국 고유의 정책결정 기제 사이에 복잡한 균형을 잡고 있다. 또한 각 단계의 작용이 원활하게 발휘되도록 하는 특수한 분배를 설정했다.[19]

EU의 틀 아래 수립된 이러한 새로운 주권형태는 제국적 권력의 부정과 전통 주권관에 대한 풍부함을 나타낸다. 크기가 서로 다른 각각

---

19) (미국) 앤드루 모라비치크(Andrew Moravcsik), 《欧洲的抉择: 社会目标和政府权力》, 赵晨, 陈志瑞 번역, 社会科学文献出版社, 2008년판, 특히 제7장 '欧洲一体化展望'을 참조할 것. pp. 634-672.

의 국가의 요구에 적응한 것이다. 현대 세계의 각 대륙과 각각의 지리적 구분 및 각종 문명하에서 '유럽대륙'은 자아의식이 가장 명확하다. 동일감이 상대적으로 비교적 강하며, 역내 국가의 통합효과가 공인을 받는 지역정치의 지리적 범주를 솔선하여 발전시켰다.

둘째, EU가 수립된 몇십 년 동안 최대 성과 중의 하나는 민주와 인권 및 평화의 가치 추구를 통해 각종 제도적 보장과 교육을 도운 것이다. 전통 유럽 열강의 야만적인 투쟁논리에 대해 (사람들이) 부정(否定)하도록 하는 것을 실현했으며, EU 내부 성원국들 사이에 다시는 무력 혹은 무력 위협의 방식으로 피차간의 쟁점을 해결하지 않도록 보증했다. 이로써 이 지역이 세계에서 유일하게 제도화로 보장된 전쟁이 없는 지역이 되도록 했다는 것이다.

유럽인이 스스로 '민주평화'라고 칭했듯이 필자는 이것을 일종의 세밀하고 복잡한 제도와 규범이 점차 약속으로 이루어진 평화 상태라고 믿는다. 이 중에는 이미 각국 내부의 민주체제와 인도주의적 가치의 작용이 존재한다. 뿐만 아니라, EU가 역사적 교훈을 통해 세심하게 설계하고 온건하게 발전시킨 제도의 효과가 있었다.

유럽 역사상 부지기수의 야만적 정벌과 이로 인해 시작된 두 차례의 세계대전을 고려하면, 유럽 단결의 이러한 상징적인 성취는 상당한 설득력을 가진다. 또한 여전히 지역 내부의 전쟁분란을 제거하지 못하고 있는 세계의 다른 지역에 대해 강렬한 유인력을 발생시켰다.

셋째, 유럽통합화의 '함께 누리는 정치(共享政治)'와 공공영역은 사회세력의 참여를 위해 넓은 공간을 제공했다. EU 내외 정책의 명확한 한 가지 특징은 정부와 의회가 의사일정과 정책결정 과정을 독점할 수 없다는 것이다. 반대로 상업집단, 문화단체, 지식인, 종교조직, 사회운동, 로비단체, 각종 다국적 요소들은 모두 자신의 존재를 알리면서 참여할 수 있다.

만약 동남아시아국가연합(Association of South-East Asian Nations, ASEAN, 아세안, 东盟), 아프리카연합(The African Union, 非盟), 북미자유무역협정(North American Free Trade Agreement, NAFTA, 北美自贸区), 독립국가연합(Commonwealth of Independent States, CIS, 独立国家联合体) 같은 다른 지역의 정치나 경제 연합체와 비교하면, EU의 국가 및 정치 지도자들의 결정력은 상대적으로 비교적 낮고, 사회참여 정도가 상대적으로 가장 높다.

EU는 이미 토머스 홉스(Thomas Hobbes)의 철학적 의미상의 전통적인 '국가연합'이자, 장 자크 루소(Jean-Jacques Rousseau)의 철학적 의미상의 '다국적 사회계약'이며, 임마누엘 칸트(Immanuel Kant)의 철학적 의미상의 '평화협력공동체'이다. 세상에서 아직 어떤 지역 형태도 동시에 이러한 세 가지 특징을 갖춘 곳은 없다. 이에 대해 마리오 텔로(Mario Telo) 교수는 다음과 같이 언급했다.

EU는 독특한 권력 능력을 갖추었는데, 정치·군사력 측면의 권력은 EU의 세계 역할 중에서 단지 주변적 작용만 발휘한다. EU의 국제 영향력의 영혼과 핵심은 그 내부의 사회·경제 현실에 있다. 이 점은 경쟁(競爭)정책, 공동시장 정책, 농업 정책, 상업 정책 등 EU의 공동정책에 뿌리를 두고 있다. 이것은 여러 협력회의를 거치면서 주변국과 장기적인 협력관계를 발전시키는 방식에 있다.[20]

---

20) (이탈리아) 마리오 텔로(Mario Telo), 《国际关系理论: 欧洲视角》, 潘忠岐 등 번역, 上海人

넷째, 전 세계적으로 일급 능력을 갖춘 EU의 존재는 전통적인 대국 및 권력의 관념에서 의구점을 제시했다. EU 및 주요 대국의 군사적 능력은 여전히 강하다. 그러나 미국과 같이 군수복합체와 대자본에 종속되지 않으며 광범위한 정치, 사회, 경제, 문화 요소에 제한을 받는다. EU는 자신의 신속 대응부대를 가지고 있고, EU의 명의로 군대와 경찰 및 군사관찰단을 파견하여 유엔 평화유지 사명을 집행하고 있다. EU의 해군은 유럽 주변 수역과 동아프리카 해적 소탕을 담당하는 중요한 힘이다. 당연히 여기에는 회원국, 특히 영국·프랑스·독일·이탈리아 등 유럽의 여러 강대국의 지지를 받고 있다. 후자는 또한 늘 부득이하게 나토가 아프가니스탄에 주둔하는 것과 같이 미국의 글로벌 군사전략에 협력하기도 한다.

EU 각국의 군사비 지출은 전체적으로 완만하면서 지속적인 하향 추세를 보이고 있는데, 이 또한 EU 안보와 방위정책의 일환이다. 반테러 전략과 이를테면 북아프리카와 중동의 혼란에 대응하기 위한 행동방안을 하나로 결합했다. 외교를 군사보다 우선시하고, 소프트 파워를 하드 파워보다 중시하며, 규범적 작용을 강제적 효력보다 크게 하는 방식으로 현대 유럽 권력을 형성했다. 일종의 진보적인 형태를 갖추긴 했지만, 그와 동시에 불확실한 국제권력이 존재하는 것이기도 하다.

다섯째, EU의 시범적 작용은 탐구적 성질과 전망적 성질을 띠고 있는 일종의 '제도실험실'과 매우 흡사하다. 전 세계의 서로 다른 지역에서 관찰되는 EU의 점차적인 변혁은 이의 험난한 행진을 거울 삼아 오히려 통합화의 깊이를 명확하게 확장시킨다. 과거에 익숙하면서도

民出版社, 2011년판, p. 180.

완비된 복리보장제도, 발달한 민주제도, 부유하고 안정적인 생활을 제외하고도 EU는 많은 결과물을 보여주었다. 이미 세계 여러 나라 사람들에게 EU의 참신한 성과를 보여주었는데, 사회의 효율적인 참여, 국가의 적정한 부흥, 비전투방식의 내부분규 해결, 경제통합화의 적극적인 '외부 확산', 단체에 대한 동일감의 부단한 증강 등과 같은 것들이다.

또한 외부 세계에 EU의 복잡한 모순들도 보여주었다. EU 확대 이후의 효율성이 사람들이 생각하는 것과 같지 않을뿐더러 화폐지표와 재정수단의 불일치, 자국 국민과 새로운 이민자에 대한 미묘한 차별, 공동선언과 실지전략의 비관련성, 대내적인 다수 민주정치 법칙과 대외적인 강권정치 논리의 잦은 상호 충돌 같은 것들이 있다.

장기적으로 볼 때, EU의 존재와 발전은 새로운 주권관, 공민 신분, 다변주의, 정책결정과정, 민주개혁, 내정외교 분야 등의 주요 의제에 대해 모두 스스로의 설계와 실험 및 수정이 제시되었다. 세계 역사에 의의가 있는 샘플과 경험 및 교훈을 제공한 것이다. 어떤 각도에서 관찰하건 간에 EU는 모든 면에서 최전방에 있으면서 끊임없이 새로운 방안과 새로운 요소를 투입하는 하나의 실험장소이다.[21] 그리고 세계 각지의 지역통합화를 위해 시범을 보이고 있다.

동아시아 통합화의 추진이라는 측면에서 중국과 유럽의 전체적인 차이는 작지 않다. 여러 가지 원인으로 현재의 중국이 얼마 동안은 빠른 속도로 강대해지겠지만, 하나의 '고독한 거인'과 같을 것이다.

첫째, 현존하는 국제체제는 여전히 유럽과 미국의 자본주의 국

---

21) (미국) 하워드 위아르다(Howard Wiarda), 《全球化时代的欧洲政治》, 陈玉刚 등 번역, 北京大学出版社 , 2010년판, p. 17.

가가 주도하여 건설하고 지배하는 것이다. 중국은 하나의 사회주의 국가로서, 이러한 체계에 완전하게 융합되는 것이 매우 어렵다. 최소한 지도적 작용을 일으키는 하나의 성원으로도 보이지 않을 것이다.

둘째, 개혁개방 이후 중국은 전통적인 혁명목표와 행위 방식에서 전환했다. 점차 세계의 주류와 접촉했으나, 오늘에 이르기까지 이러한 접촉은 대부분 현재의 경제, 무역, 금융, 에너지 등의 영역에서 실현되었다. 정치, 군사, 안보, 문화, 가치관 등의 측면에서는 여전히 마찰이 끊이지 않아서 융합과정은 복잡하고 어렵다.

셋째, 중국이 위치한 아시아-태평양 지역에 대해 말하자면, 이 지역은 (신·구 유럽을 모두 포함한) 유럽과 비교할 때 아주 다양하고 대립적이다. 아주 현저한 차이가 있는 서로 다른 정치제도와 사회문화 및 가치관념과 생활방식이 존재한다. 이로 인해 어떤 국가도 아·태지역의 진보를 이끌겠다는 생각이나 안정적인 안보를 지키겠다는 것은 모두 쉽지 않은 일로 생각한다.

중국은 국제사회의 신흥대국이 되어 국제체제의 계승자이자 적응자가 되었다. 그러나 학습과 적응의 초급단계에 있기 때문에 이로 인해 전체적으로 아직 지역통합화의 선도자 혹은 통합자라고 할 정도는 아니다.

중국의 주변에는 아직도 한반도 같은 냉전시대의 유물이 남아 있다. 남아시아의 아대륙(subcontinent, 次大陆) 일대와 같이 뿌리 깊은 역사적 원한이 존재한다. 아프가니스탄과 중앙아시아 일대처럼 미묘하고 처리하기 곤란한 종교와 종파 충돌이 존재한다. 유엔 해양법 공약의 발효로 인해 조성된 동북아와 동남아의 분쟁 같은 여러 나라의 해양주권 분쟁이 존재한다. 전체적으로 다른 지역이 갖지 못한 다중 모순과 충돌

원인이 존재하는 것이다.

중국은 현재 일종의 '충돌반사(撞击反射)'식에 속하는 지역 전략을 채택하고 있다. 그 안에는 선린우호적인 실험과 탐구도 있지만, 현재 상황의 유지 보호나 문제가 발생하는 것을 피하는 태도가 매우 많다. 말할 것도 없이 진정으로 장기적인 지역 전략과 체계적인 수단을 만드는 것은 부족하다.

미래를 내다보자면, 논리적으로 중국은 아시아 지역 최대의 국가이고, 경제성장이 가장 빠르며, 종합국력이 가장 풍부한 국가라고 할 수 있다. 중국이 독일과 프랑스 등 EU 주도국의 경험을 참고하고 배워야 할 많은 이유가 있다. 이 지역 다수 국가들의 요구와 특징에 부합하는 지역 구조를 세우기 위해, 진보적 개방과 풍부한 활력의 '아시아인의 아시아' 목표를 실현하기 위해 중요한 공헌을 해야 한다.

소결론:
타산지석(他山之石)

개괄적으로 말해 국제관계에서 유럽인의 국제적인 역할의 특별한 점은 간섭행위인데, 이는 결코 단일현상이 아닌 복합식이라는 것이다. 즉 '전통 패권국가', '경제확장 능력', '현대 문명 전파자', '글로벌 규범 제정자', '국제 발언권 제정자' 그리고 '지역통합화 시범지'라는 6가지가 종합되어 있다.

1) 전통 패권국가

이것은 유럽 국가 고유의 전통적 군사·정치 열강의 유전자가 반영된 것이다. 비록 시대적 변천이 유럽인에게 무기를 사용하는 빈도를 낮추도록 유도했지만, 전체적으로 말하자면 유럽은 여전히 군사무기 사용 빈도가 미국 다음가는 국가 무력 집단이다.

현대의 여러 가지 시기와 상황에서 유럽은 확실히 정치 외교의 해결 방식을 무력 수단의 앞에 배치했다. 그러나 무력 사용이나 무력

위협을 완전히 포기했다고 할 수는 없다. 필요한 시기에 유럽의 거인은 선조의 무서운 표정을 바로 드러냈다. 최근의 리비아에 대한 군사간섭 표시 같은 것이다.

2) 경제 확장 능력

이것은 처음부터 끝까지 경제이익과 시장이익 추구의 동기를 내포한다. 세계 최초의 공업단지와 성숙한 시장경제를 만든 유럽은 줄곧 세계에서 유럽의 경제적 이익을 중시했다. 각종 수단을 활용하여 그들의 이익을 보장하고 추진했다.

어떻게 꾸몄건 간에 유럽의 국제전략과 외교활동의 중심목표의 하나는 유럽 국가로 하여금 국제무역, 금융, 에너지 및 시장 등의 영역에서 우세한 지위는 물론, 유럽인의 비교적 높고 안정적인 생활수준을 유지하고 보호하는 것이다.

3) 현대 문명 전파자

이것은 전 세계를 대상으로 한 일종의 현대 문명 제도의 무형적 힘을 전파하는 것이다. 유럽의 근대 몇백 년의 역사에서 계몽운동, 종교개혁, 문예부흥 등의 혁신은 인권, 민주, 법치, 자유 같은 현대 문명 범위의 관념들을 솔선해서 양성했다. 게다가 이는 밖으로 넘쳐서 전 세계의 구석진 곳에까지 이르렀다.

이러한 과정이 진보적 의의를 가지며, 유럽인이 위대한 공헌을 실현했다는 점은 의심할 바가 없다. 그러나 유럽 국가는 늘 확장하는 과정에서 '유럽중심론'이라는 색채를 대동했다.

4) 글로벌 규범 제정자

국제관계와 외교적 배경에서 이것은 국제규범 제정자와 추진자의 중요한 역할을 특별히 표현한다. 미국이 군사, 안보, 전략 등의 도구 혹은 하드 파워의 규칙을 제정하는 것과는 다르다. 유럽인은 무역, 환경보호, 공민권리와 법제실행 등의 측면에서 규범을 만드는 것을 매우 중시한다.

따라서 국제사회의 많은 중소 국가들의 마음속에는 유럽의 '소프트 파워'가 더욱 특색 있고 흡인력이 있다.

5) 국제 발언권 제정자

이와 관련하여 유럽인은 실제적인 발언권과 개념적인 창의력을 갖추었다. 근대 이래 유럽인은 이 부문에서의 능력이 탁월하다. 전 세계에 걸쳐 결과와 영향을 찾아볼 수 있는 무수한 '주의(主義)'에서부터 현대에도 끊임없이 계속되는 새롭고 독특한 학파와 이론에 이르기까지 모두 그들의 자필기록과 직인을 남겼다. 중요한 것은 유럽인이 이미 각종 국제언어를 장악하고 있고, 더욱이 우월감을 가진 그 어떤 대국이나 강자의 문화적 자각에서도 독립적이다.

6) 지역 일체화 시범지

가장 분명한 특징은 EU의 지역통합화 시범작용에 있다고 할 수 있다. 세계 최초이자 가장 잘 형성된 지역공동체로서, EU는 위에서 서술한 군사, 정치, 경제, 무역, 사회, 문화의 각종 우세를 종합했다. 또한 주권국가, 공민사회, 다국적 네트워크 역량과 지역 운용무대 등의 특수적인 요소를 접목하여 강력한 국제행위체를 형성했다. 이미 유럽 각국 및 국민을 위해 발전의 선점 기회를 창조했다. 또한 이 지역으로 하여금 현대 국제체제 중에서 나날이 커지는 영향력을 발휘하도록 했고, '세계에서 가장 선봉적인 실험실'이라는 칭호를 얻었다.

동적이고, 입체적이며, 균형적인 이런 모든 면을 파악했을 때, 사람들은 비로소 유럽인의 글로벌 역할에 대한 맥을 완전히 깊게 짚을 수 있다.

유럽인의 복잡한 간섭을 이해하려면 단지 일반적인 의미상의 국제안보나 무역 및 외교과정을 분석해서는 부족하며, '정치문화' 현상에 대해서도 설명해야 한다. 단순하고 단일한 단계의 관찰은 사실이나 경향에 맞지 않는 결론으로 오도될 수 있다.

예를 들어 최근의 군비지출의 상승과 항모의 수량 증감을 관찰해보자. 사람들은 영국, 프랑스, 독일, 이탈리아 등의 주요 유럽 대국을 포함한 유럽이 국제안보 사태, 특히 긴급한 상황에 대한 간섭 능력이 갈수록 없어진다고 여긴다. 산처럼 쌓인 통계지표와 재정금융 수치를 학구적으로 열거하고, '투입-산출' 공식 계산과 각종 자원의 평가를 덧붙여보자. 대중매체나 독자는 아마도 21세기에 앞으로 '계속해서 보게 될' 유럽의 쇄락이 돌이킬 수 없을 것이라 여길 것이다. 또한 비서방 신흥대국이 운명적으로 정해진 굴기와 (유럽 혹은 미국 대신) 차기 자리를 대신할 것이라고 여길 것이다.

단편적인 방향과 정서적으로 설명하자면, 청중이나 심지어 설명자 스스로 유럽 집권자에 대해 겉으로는 화려하고 훌륭하지만 실제는 음모적인 전략 도모를 보고도 알지 못했다. 또한 유럽의 근대와 당대 문명의 진보적 의미와 필연적인 확장에 대해서도 진정으로 이해하지 못했다. 유럽인의 '자유', '민주', '인권'에 대한 설교의 표면과 실제를 분별하지도 못했다는 것이다.

가장 우려스러운 것은 지나치게 간단한 판단과 심지어는 현대 유럽의 능력과 약점을 완전히 틀리게 계산하는 것이다. (초강대국이나 신흥국가 아니면 더 나아가서 비국가적인 극단세력이든) 유럽 이외의 여러 세력들이 경솔하거나 완전히 불필요한 방식을 사용하여 유럽의 국제개입주의에 대비한다면, 스스로와 세계에 많은 불편을 초래할 것이라는 점이다.

중국학계에 대해 말하자면, 일종의 불리한 잠재적 결과가 있다. 유럽에 더 많은 관심을 두고, 이 지역으로 방향을 전환하여 새로운 대책을 확정하는 과정에서 유럽의 생동감 있고 복잡한 어휘와 학설에 이끌리고 유도되었다. 도입과 배척을 몇 번이고 되풀이했지만, 그와 동시에 언제나 중국인에게 반드시 있어야 하는 문화적 자각이 내내 부족했다. 결국 중국 자신의 독립적이고 포용력 있는 진정한 이론과 학설을 시종일관 세우지 못했다는 것이다.

새로운 시대적 배경 아래 중국은 세계에 대해 창조적 개입이 필요하다. 그리고 유럽으로부터 (참고할 만한) 여러 계시를 발견할 수 있다. 필자가 보기에 인정을 하건 하지 않건, 좋아하든 아니든 간에 유럽은 과거나 현재 또는 새로운 세기와 앞으로도 계속해서 국제체제에서 소홀히 할 수 없는 '일급'이다. 세계화를 지속하는 새로운 단계의 커다란 동력원인 것이다. 유럽인이 맡은 글로벌 역할은 중국의 평화발전과 중국 자신의 진보를 추진하는 분석틀이자, 중국이 국제적 융합과 협조과정에서 역사적 굴기를 실현할 하나의 시금석이라고 해도 무방하다.

중국: 신형 글로벌 대국이 되기 위한 준비는 갖추어졌는가?

천잉춘(陈迎春)

중국 사회과학원 라틴아메리카연구소

최근에 중국 경제의 급속한 굴기는 전 세계로 하여금 세계화의 이익을 누리게 했지만, 외부 세계에 일종의 의구심과 불안도 조성했다. 이른바 "천하에 영예가 가득했으나, 비방도 가득"했던 것이다.

중국이 국제적 역할의 전환을 순조롭게 실현할 수 있을 것인가? 중국은 국제정치에 있어서 창조적 개입을 통해 '강대국 정치의 비극'을 뛰어넘으며 신형 글로벌 대국과 관련된 준비를 제대로 해낼 수 있을 것인가? 이러한 딜레마에 대해 베이징대학교 왕이저우(王逸舟) 교수는 최근 『창조적 개입: 중국의 글로벌 역할의 출현』(베이징대학출판사, 2013년 8월)이라는 책의 출판을 통해 몇 가지 최고의 통찰력 있는 관점을 제시했다.

새로 출판된 이 책은 왕이저우 교수가 2011년부터 추진하고 있는 '창조적 개입'의 3부작 시리즈 중에서 제2부에 해당하는 것이다. 그는 몇 년 전부터 '창조적 개입'이라는 이론을 지속적으로 제시해왔을 뿐만이 아니라, 이 이론을 좀 더 심화시키는 것과 함께 사례에 대한 경험적 증명을 진행하고 있다.

이 책의 핵심 요지는 중국의 글로벌 역할이 형성되는 근원과 단계 및 앞으로 나아갈 방향을 탐구하는 것이다. 중국과 아프리카 관계를 실증 사례로 하여 중국 외교가 전통적인 내정불간섭 학설로부터 확장하여 어떻게 국제정치에 대해 창조적으로 개입할 것인가를 탐구한다. 유럽인은 어떻게 글로벌 역할을 수행했는지를 참고로 하여 이로부터 중국에 대한 여러 가지 계시를 발견하고자 한다. 구체적으로 보자면, 새로운 이 책은 전환기 시대의 중국 외교가 당면한 세 가지 핵심 문제에 대한 해답을 제시했다.

첫째, 중국의 굴기가 어떻게 세계를 행복하게 할 것인가?

학술적 사상의 맥락에서 보자면, 왕이저우 교수는 글로벌리스트(globalist, 全球主義者)에 속한다. 그는 새로운 저서에서 현재 새로운 글로벌화(globalization, 全球化)의 잠재적인 조류가 용솟음치는 추세를 정확하게 파악하고 있다. 결국, 과거 세계 대국이었던 영국이나 프랑스처럼 중국이 방대한 식민지를 영유할 수 없게 변화된 현대의 역사적 조건이든, 아니면 알레스테어 레인(Alastair Iain Johnston) 교수의 '방어적 현실주의'(defensive realism, 防御性现实主义)라는 전략문화의 전통에 의하든 간에 이 모두가 중국이 세계적 범위에서 성을 공격하고 점령지를 만들면서 타인에게는 손해를 주고, 스스로를 확장하는 과거의 방식을 취할 수 없도록 했다. 또한 중국 스스로의 발전은 세계의 발전기회와 결부되어야 하고, '협력, 공생 및 포용'의 특성이 신형 글로벌 대국의 길임을 결정하고 있다. 이것이 중국이 처한 평화발전의 역사적인 위치이며, 중국의 부흥과 '중국의 꿈'에 대한 핵심 의의인 것이다.

둘째, 신형 글로벌 대국이 될 준비를 제대로 해야 한다.

새로운 전략적 환경 아래, 중국은 과거에 지나치게 추구했던 '민족국가 이익의 최대화'라는 생각에서 벗어나야 한다. 더욱 선도적이고 풍부한 창조적 태도로 국제정치에 참여하여 중국의 발전과 세계 전체가 긍정적인 방향으로 나아갈 수 있도록 대협력을 이루어야 한다.

이것은 시진핑(习近平) 총서기가 제시했던 "세계의 기회를 중국의 기회로, 중국의 기회를 세계의 기회로"라는 새로운 논점의 근원이기도 하다. 확실히 이 점은 중국 외교가 당면한 중대한 도전이다. 때마침 왕이저우 교수가 새 저서에서 분석한 것과 같이 중국은 새로운 기점에서 외부의 세계와 융합하여 도전정신과 불확실성을 보충해야 한다.

왕이저우 교수는 새 저서에서 중국이 직면한 6가지 압력과 도전에 대한 대응을 제시했다. ① 중국 내에 강경해지고 활발히 상승하는 민족주의 정서와 국제적인 이의 제기에 총괄적인 계획을 세워야 한다는 것이다. ② 중국은 다수의 처리하기 곤란한 해양주권 분쟁에 직면해 있고, 새로운 '해양 종획운동(Blue Enclosure Movement, 蓝色圈地运动)'이 전 세계적으로 한창인 상황하에서 '해양강국'의 새로운 꿈을 실현해야 한다는 것이다. 실제로 '해양강국'은 이른바 '대양해군(Ocean Going Navy , Blue Water Navy, 蓝水海军)'을 만드는 것보다 어려운 일이다. ③ 미국의 아시아 회귀와 재균형 전략의 심각한 상황을 맞이하여 중국의 지속적인 평화적 발전에 있어서 미국이 중국의 걸림돌이 되지 않도록 할 것인가에 대한 문제이다. ④ 중국 내 민족 분리주의 세력의 지역에 만연해 있고, 국제화까지 추구하는 분리주의의 싹에 대해 어떻게 대응할 것인가이다. ⑤ 중국에서 나날이 증가하는 에너지 수요와 외부 의존도 및 이로 인해 외부에서 파생되는 '신식민주의' 논조에 대한 대응이다. ⑥ 내부적으로는 정부와 정부의 정책결정에 대한 공신력을 높이고, 대외적으로는 "친구가 부강해질수록 친화력은 점점 작아지고 약해진다"는 부정적 추세를 어떻게 효과적으로 대처하는가에 있다.

분명한 것은 만약 왕이저우 교수가 위에서 제시한 6가지를 기준으로 중국이 글로벌 정치의 '정객'으로서의 심리적이고 물질적인 준비를 잘하지 못한다면, 중국의 신형 글로벌 대국의 역할과 위치는 상대적으로 매우 요원할 것이다.

셋째, 중국은 어떻게 글로벌 정치에 창조적으로 개입할 것인가?

현재, 새로운 세계화의 풍조는 이미 조용히 시작되었다. 중국은 세계를 향해 나아가야 하고, 세계로부터 인정과 존경을 얻기 위해서는 물질적 측면의 하드 파워(Hard Power, 硬实力)뿐만 아니라, 제도와 이념 측면의 소프트 파워(Soft Power, 软实力)도 필요하다. 최근 몇 년 동안 중국의 국력은 급속히 성장했고, 체격도 갈수록 커지고 있으며, 외부에서는 이미 중국의 굴기가 그들에게 긍정적일지 혹은 부정적인 영향을 줄지에 대해 분명하게 느끼고 있다.

그런데 여기에 문제가 있다. 중국이 경제적인 거대한 힘을 전략적인 영향력으로 어떻게 전환할 수 있을지에 대해 모른다는 것이고, 새로운 기점에서 외부 세계와 어떻게 융합과 협조를 해나가야 할지에 대해서도 미숙하다는 것이다.

그렇다면 중국은 어떻게 해야 글로벌 정치에 창조적인 개입을 할 수 있을까? 왕이저우 교수는 중국과 아프리카의 관계를 사례로 들어 '내정불간섭 원칙 및 대외원조 방식에 대한 창조적인 혁신'을 제시했다. 한편으로는 중국과 아프리카의 관계를 접점으로 선택하여 전통적인 내정불간섭 원칙을 현재의 정세에 맞고 수요에 부합하도록 발전시켜야 한다는 것이다. 요점은 순리적인 힘에 따라 상호 호혜의 전제하에 더 많고 더 효과적인 전략적 원조와 공공재(public goods, 公共产品)를 어떻게 중국이 아프리카에 제공할 수 있는가라는 점에 있다.

다른 한편으로는 이미 중국 자체의 합당한 문화적 자각의 기초 위에서 미국과 유럽, 특히 유럽인의 국제정치 참여 경험을 비판적인 벤치마킹으로 받아들여 이를 통해 점차 중국의 독자적이고 포용력이 있는 글로벌 역할을 만들어내야 한다.

결론적으로, 왕이저우 교수의 이 책은 우리가 읽고 생각할 가치를 지닌 매우 훌륭한 저서이다. 시대의 흐름에 따라 학술저작이 갈수록 두꺼워지는 현상과는 반대로 이 책은 비교적 얇지만 분석의 시각이 참신하고, 제안하는 생각이 넓으며, 깨달음에 대해 많은 느낌을 제공한다. 이 책은 어려워서 쉽게 이해되지 않거나, 사람들로 하여금 (어려워서) 겁부터 먹게 하는 일반적인 학술서적의 단점을 가지지 않았다. 문장이 깔끔하고 흥미진진하게 전개되어 세밀하게 읽다 보면, 마치 가만히 앉아서 봄바람을 쐬는 듯한 느낌이다. 이 책은 학계에서 '창조적 개입'에 대한 진일보된 관심과 사고의 연속성을 불러올 것이 분명하다.

중국 글로벌 역할의 출현 기제와 긴요한 문제

왕쥔성(王俊生)

중국사회과학원 아시아태평양 및 세계전략연구원

국제적 역할은 "한 국가의 대외전략의 핵심 문제이고, 장기적인 영향력이 각 환경과 각 단계에 발휘되는 것"[1]이다. 중국의 역할에 대한 토론은 최근 몇 년간 국내외 학자들의 뜨거운 화두가 되었다. "중국의 국제관계의 역할과 신분에 대한 토론은 중국의 미래와도 연관되며, 현재 가장 급박하고 엄숙한 문제"[2]이다.

해외에서 비교적 영향력이 있는 '이익 수혜자'나 'G2' 등 중국 국내의 토론은 중국의 대외정책과 국제적 역할[3]의 조정에 집중되어 있다. 예를 들면, "중국은 비동맹정책을 포기해야 한다"거나 "중국은 '도광양회(韜光养晦)'의 정책을 포기해야 한다"[4]는 것 등이다.

---

1) ※ 왕쥔성(王俊生): 중국사회과학원 아시아태평양 및 세계전략연구원, 박사, 중국 주변 외교 전략, 동북아 안보, 한반도 문제 연구가.
   唐永胜, "中国国际角色分析", 《现代国际关系》, 2006년 제10기, p. 53.

2) 蔡拓, "国际视野下的改革开放与当代中国的定位", 《当代世界与社会主义》, 2009년 제4기, p. 4.

3) '국제적 역할'과 '글로벌 역할'은 일정한 차이가 있지만, 특별한 배경설명이 없는 경우 이하 본문에서는 같은 의미로 사용한다.

4) 阎学通, "中国崛起也有历史惯性", 《国际先驱导报》, 2013년 7월 29일; 邓聿文, "中国外交应放弃韬光养晦, 并要利义并重", 《联合早报》, 2013년 5월 24일.

이러한 논쟁 중에서 가장 체계적이고, 가장 영향력이 있으며, 가장 이성적으로 성숙된 연구에 속하는 것이 바로 당대 중국을 대표하는 국제관계학자인 왕이저우(王逸舟) 교수의 『창조적 개입: 중국의 글로벌 역할의 출현』이라고 하는 책이다. 이 책은 저자가 2011년에 출판한 『창조적 개입: 중국 외교의 새로운 패러다임』에 이은 '창조적 개입' 3부작 시리즈 중의 제2편이다.

이 책은 모두 세 개의 단락, 즉 역사적 좌표, 현실 탐색, 비교 평가로 구성되어 있다. '역사적 좌표'에서 저자는 마오쩌둥(毛澤东) 시대, 덩샤오핑(邓小平) 시대, 신세대 영도자의 3단계로 구분하여 중국의 국제적 역할이 '피압제자'로부터 '책임지는 대국'으로의 변모를 분석했다. '현실 탐색'에서 저자는 '중국-아프리카 관계'를 사례로 내정불간섭 원칙과 대외원조 방식의 새로운 혁신을 상세히 분석했다. '비교 평가'에서는 주로 유럽을 '타산지석(他山之石)'으로 삼아 중국이 새로운 시기에 창조적 개입을 할 때, 어떻게 외부의 경험으로부터 참고할 점과 반성할 점들을 얻을 수 있는가를 상세하게 분석했다.

'모반자'에서부터 '건설자'와 창조적 개입에 이르기까지

중국과 세계의 관계에 대한 분석은 저자가 논술하는 이론적인 기점이자, 저자의 핵심 관점이 출현하는 중요한 근거이다. 저자는 통속적이고 쉬운 용어를 사용하여 해당 부분에 대해 중요한 대답을 했다. "우리는 어디에서 왔는가? 현재 어디에 있는가? 그리고 어디로 가려고

하는가?"[5] 저자는 근현대 역사 회고를 통해 마오쩌둥 시대가 투쟁을 선택한 원인과 덩샤오핑 시대에 조성된 '조용한 혁명'의 과정을 분석했으며, 현재의 중국 지도자가 당면한 국제적 도전과 중요한 전환점에 대해 토론했다. 저자는 이 세 가지 시기를 통해 서로 다른 시기에서 중국의 역할이 어떻게 변모했는지를 살펴보았고, 양적 변화에서 질적 변화 및 중국이 선택해야 할 창조적인 개입의 필요성을 살펴보았다.

마오쩌둥 시기는 중국이 국제체제의 중심적 위치와는 상당히 멀리 떨어져 있었다. 해외의 이익이 중국 경제발전에서 차지하는 비중도 매우 약했으며, 중국이 세계 경제에서 차지하는 비중 역시 매우 미약했다. "중국은 많은 국가들에게 혁명의 포부와 구체적인 전략을 수출하는 붉은 위협으로 비쳤다."[6] 중국과 외부 세계의 관계는 "투쟁이 협력보다 크고, 서로 시기하는 것이 서로 협조하는 것을 초월하며, 대치가 대화보다 많은 관계였다. 중국은 국제체제의 울타리 밖에 서서 끊임없이 항쟁하는 일종의 고독한 혁명가와 같았다."[7]

"중국 외교 부문이 얼마나 힘든 노력을 기울였는지와는 상관없이 중국은 국제무대에서 호전적인 이미지가 점차 정형화되고 굳어졌으며, 그대로 전파되었다. 덩샤오핑 시대에 들어서면서 중국은 과거의 '모반자' 역할에서 점차 '건설자'의 위치로 전환되었다. 장쩌민(江澤民)과 후진타오(胡錦濤) 시대에는 덩샤오핑이 열어놓은 항로를 따라 계속해서 앞으로 전진했고, 중국과 세계의 관계는 역사적인 새로운 고점에 도달하게 되었다. 170여 개 국가와 정식 외교를 맺었고, 200여 개 국가 및

---

5)　王逸舟:《创造性介入: 中国之全球角色的生成》, 베이징대학출판사, 2013년판, p. 7.

6)　위의 책, p. 24.

7)　위의 책, p. 26.

지역과 경제무역 관계를 맺게 된 것이다. 중국이 세계경제를 현저하게 이끄는 브릭스(Brics) 4국의 선두주자가 된 것이다."[8]

시진핑(习近平)을 선두로 새로운 집단지도체제의 시대에 들어선 것에 대해 저자는 "신세대 지도자들의 성장 배경은 이전과는 매우 달랐다. 그들에게는 더욱 강력한 국력이라는 뒷받침이 있다. 이러한 능력을 운용할 수 있는 더욱 커다란 자신감이 있으며, 중국에 대한 외부 세계의 느낌과 글로벌 도전의 시대에 대한 이해가 추가되어 있다"[9]고 인식했다.

저자는 새로운 지도자가 등장하기 전후로 '대작(大作)'인 '창조적 개입' 3부작 중의 1부와 2부를 출판하여 중국이 세계에서 '창조적 개입'을 해야 할 시기라는 것을 암시했다.

그렇다면 도대체 '창조적 개입'이란 무엇일까? 이것과 이전의 학자들이 토론하고 주장했던 '비동맹 정책의 포기'와는 어떻게 다른가? 이에 대해 저자는 창조적 개입의 기본정신이 "중국이 조정의 목소리와 자국의 자원을 통해 당사국 인민과 다수의 정치파벌에게 충분히 존중받는다는 전제하에 관련 국가의 자주적인 발전 방향의 결정 능력을 증강하는 데 도움을 주어야 한다. 동시에 어떤 외부 세력이 강제적으로 이들 주권국가들의 정권을 개조하려는 행동에 반대한다. 특히 외부 군사력으로 제압하거나 침략하여 점령하는 방법으로 어느 한편의 정치 권리와 안보능력을 박탈하여 억압하는 것을 반대한다"[10]라는 것으로 설명하고 있다.

---

8) 王逸舟：《创造性介入：中国之全球角色的生成》, 베이징대학출판사, 2013년판, p. 24, p. 25, p. 31, p. 37.

9) 위의 책, p. 49.

10) 王逸舟：《创造性介入：中国之全球角色的生成》, 베이징대학출판사, 2013년판, p. 95.

구체적인 창조적 개입의 방식에 대해 저자는 중국의 새로운 정세의 요구에 근거하여 "첫째, 어떤 국가나 단체와도 군사연맹을 맺지 않는다는 전제를 고수하면서 여러 국가 및 '친구'들과 함께 지역 전략 지점의 건설이라는 글로벌 포석을 심각하게 고려할 수 있다. 둘째, 이러한 기초 아래 전략적 가치가 있는 여러 협력 국가나 각종 국제조직에 대한 참가를 확대해도 무방하다. 또한 존재하고 있는 중요한 잠재 위협의 목표대상(국가 혹은 단체)에 대한 예방과 제약을 확대해도 무방하다"[11]고 제시했다. 이로부터 알 수 있는 것은 창조적 개입이 단순히 내정불간섭 원칙과 비동맹 원칙을 포기하자는 것이 아니라, 기본적으로 새로운 정세의 발전에 따라 계승 발전시키자는 것이다.

중국-아프리카 관계를 사례로 들어 저자는 창조적 개입에 내포된 의미를 "이전 두 단계의 우수한 유산을 계승하고, 중국과 아프리카 국가가 해방과 진보 노선상에서 함께 호흡하며, 공동운명체의 정치적 정신을 발휘하자는 것이다. 중국-아프리카 간의 경제무역 영역의 상부상조와 상호 이익의 공동 국면을 발전시키자는 것이다. 동시에 이전 두 시기의 부족함과 결점들을 더욱 수정하여 (무기 등의 군사원조와 기초건설 등의 경제원조 같은) 'hard 원조(硬援助)'와 (인도주의 원조, 교육, 의료, 자원봉사자, 기술협력, 인력개발 지원 등의) 'soft 원조(软援助)'[12]를 결합시켜야 한다. 각종 물질 측면의 건설 협력과 인력자본 측면의 공동 양성을 이루어야 하고, 국가의 능력과 사회의 능력을 결합시켜야 한다. 경제부문의 장점과 우세를 인

---

11) 위의 책, pp. 107-108.

12) 역자 주: 'hard 원조(硬援助)'와 'soft 원조(软援助)'의 개념은 아직 보편화되지는 않았다. 단지 중국에서 2009년에 중국의 상무부 대외원조사(商务部对外援助司) 사장(司长)인 왕스춘(王世春)에 의해 제기되어 일부에서 사용되고 있는 개념이다. 아래의 자료를 참조할 것. 王世春:《提供无私援助促进共同发展》, 中国经贸, 2009년. 陈莹:《中国对印度尼西亚的援助及策略取向》, 暨南学报(哲学社会科学版), 2012년 제12기, 총 제167기.

문과 교육, 과학기술과 예술 등의 방면에서도 학습하며 상부상조하도록 해야 한다. 중국과 아프리카 지도자 간에 서로 손을 잡고 포용하여 광대한 수십억 중국-아프리카 민중의 마음과 혼까지 깊이 있는 접촉과 이해가 미칠 수 있도록 해야 한다"[13]고 상세히 설명하고 있다.

여기에서 키워드인 '부족과 결점', 'soft 원조(軟援助)', '인력자본 측면의 양성', '사회의 능력'에 대한 이해가 창조적 개입의 핵심이 어디에 있는지를 이해하는 것이다. 유럽의 사례를 참고로 삼아 저자는 더욱 명확하게 중국의 창조적 개입의 방향과 방식을 제시하고 있다. 유럽인의 글로벌 역할은 '하나의 시금석'으로서 "전통 군사정치의 권력자, 현대산업의 정복자, 현대 문명의 전파자, 국제규범의 제정자, 새로운 관념의 창조자, 지역 통합화의 시범자"[14]라는 개념을 포함하고 있다.

분석과정에서 저자는 유럽의 규범적 권력에 대해 매우 높은 평가를 하고 있음을 볼 수 있는데, "모든 국가가 모두 서로 다른 이러저러한 하드 파워 혹은 소프트 파워를 가지고 있지만, 어떤 국가나 지역도 유럽과 같이 완전히 균형적인 국제규범 능력을 가지지는 못했다"[15]는 높은 평가를 하고 있음을 알 수 있다.

---

13) 위의 책, pp. 120-121.

14) 위의 책, pp. 158-199.

15) 이른바 규범성 권력은 신중한 진행이지만, 내구력이 외부의 강제와 기묘하게 섞여 있는 수출자에게 더욱 유리한 힘이다. 아래의 자료를 참고할 것. 王逸舟:《创造性介入: 中国之全球角色的生成》, p. 178.

창조적 개입과 중국의 글로벌 역할의 출현

중국과 세계의 관계에서 창조적인 개입 여부는 중국의 글로벌 역할의 출현 기제에 대한 분석을 필요로 한다. '역할'은 연극에서 유래했는데, 원래의 뜻은 '가면'으로, 연기자가 연극에서 맡은 일정한 성격의 인물을 가리키는 말이었다. 1934년 미드(G. H. Mead)가 처음 역할의 개념에 대해 "사회라는 무대에서의 한 개체의 신분 및 행동"이라고 설명한 뒤부터 '역할'이라는 말이 사회학과 심리학의 연구에서 광범위하게 사용되었다.[16] 이른바 역할이라는 것은 "사회 행위자의 어떤 사회적인 지위와 신분과 서로 일치하는 일체의 권리나 의무의 규범과 행위형식으로, 사람들이 특정 신분을 가진 사람들에게 기대하는 행위"[17]인 것이다.

개괄적으로 보자면, 역할 생성의 필수적인 두 가지 측면은 '지위와 권리' 및 '의무와 기대'이다. 구체적으로 국제관계에서 보자면, 첫째는 전형적인 현실주의 이론에 근거하여 국가의 대외행위에 대한 영향에서 중요한 요소는 국가 이익이고, 국가 이익을 보호하고 실현하는 것의 가장 중요한 보장은 국가의 힘과 능력에 있다.[18]

둘째는 '인식'에 대해 계량화하는 것이 매우 어렵기는 하지만, 한 국가의 국제적 역할을 극대화하는 영향력에 대해서는 많은 국제관

---

16) 曾里鵬, "论中小学教师角色的迷失'回归与意义", 《江苏教育研究》, 2010년 제13기, p. 7.

17) Jonathan H. Turner, "Role", *Blackwell Encyclopedia of 20ᵗʰ Century*, Oxford: Blackwell, 1996. p. 219. 재인용, 胡键, "中国国际角色的转换与国际社会的认知", 《现代国际关系》, 2006년, 제8기, p. 21.

18) 摩根索, 《国家间政治: 寻求权力与和平的斗争》, 徐昕 등 번역, 中国人民公安大学出版社, 1990년판.

계학자들 모두 적극적으로 숭배하고 있는데, 특히 저비스(Robert Jervis)의 경우가 그러하다.[19] 불(Hedley Bull) 역시 인식의 중요성을 강조하여 "만약 대국이 이러한 조건을 갖춘다면, 다른 국가들은 이 국가가 특수한 권리와 책임을 가지고 있다고 인식할 것이다"[20]라고 했다. 왕이저우 교수의 이 책을 전부 읽고 나면, 중국이 창조적 개입을 추진하는 근거 역시 중국의 글로벌 역할의 기제 출현과 부합한다.

저자는 창조적 개입의 근본적인 원동력이 대량으로 존재하는 중국의 해외 이익에 있다는 것이다. "유럽 국가의 경험에서 볼 수 있듯이, 국가의 발전이 일정한 수준에 도달하면 국내외에 어떤 반대의 목소리가 있건 간에 국가의 정책결정 부문은 해외의 경제무역 이익을 보호하려는 힘을 반드시 늘려야 한다"[21]는 것이다. 왕 교수는 중국에 대해 "특히 여러 이익이 관련되어 있는 해양권익 같은 '고차원 경계'의 군사적 안전에 있어서는 반드시 먼저 (바둑의) 선수 두기를 배운다거나 규칙이라든지 바둑 대국의 작전권 같은 것을 장악하는 것을 배워야 한다. 주도적으로 중국이 분쟁에 개입하고, 규칙과 바둑 대국의 작전권 같은 것을 장악하는 것이 먼 거리에서 발생된 분쟁에 대한 대륙세력의 힘을 발휘할 수 있다"[22]고 언급했다.

저자는 중국-아프리카 관계 분석의 종결점 역시 중국의 국가 이익에 두었다. "가장 핵심적인 한 가지 문제가 있다. 중국의 아프리카 안

19) Robert Jervis, *Perception and Misperception in International Politics*, Princeton, NJ: Princeton University Press, 1976.

20) Hedley Bull, *The anarchical society: a study of order in world politics*, New York, Columbia University Press, 1977; p. 105.

21) 王逸舟:《创造性介入: 中国之全球角色的生成》, 베이징대학출판사, 2013년판, p. 170.

22) 위의 책, pp. 77-84.

보원조에 있어서 어떻게 효과적으로 아프리카의 많은 국가들을 도울 수 있으면서, 그와 동시에 중국의 서로 다른 단체들이 이 지역에서의 에너지 자원 개발, 상품시장 개척, 해상통로 안전, 인력과 재산 보호, 중국 외교 발언권 강화 등의 다각적인 목표를 절묘하고 효과적으로 살필 수 있을 것인가?"[23]라는 점이다.

창조적 개입이 필요로 하는 능력의 추진에 있어서 저자는 "여러 가지를 고려해볼 때, 필자의 생각에는 중국 대외관계의 새로운 기점의 상징은 2008년부터의 5년간이고, 이것이 비교적 타당할 것이다. 이 5년은 중국의 종합국력을 새로운 고점과 수준에 도달하게 했다. 또한 일종의 질적인 도약과 돌파가 있도록 했다. 베이징 올림픽을 포함하여 2008년 9월에는 '선저우(神舟) 7호' 발사를 통해 중국 우주인이 처음으로 우주유영에 성공했고, 2008년의 중국 군비지출은 849억 달러로서 처음으로 세계 2위에, 2010년에는 중국 GDP도 세계 2위에 올랐다"[24]고 설명했다.

왕 교수는 에너지 소비 지표, 즉 해운 운수 선박 총규모, 항구의 화물 물동량, 컨테이너 물동량 등을 열거했다. 필자가 지적하고 싶은 것은 실력이 스스로의 능력 증강에만 있지 않다는 것이다. 특히 국제관계에서 더욱 중요한 것은 실력의 대비와 권력의 이동 추세라는 것이고, 이와 연관하여 왕이저우 교수 같은 연구는 많지 않다. 유일한 초강대국인 미국과의 비교로도 알 수 있는데, 종합국력의 여러 부문을 비교하면 여전히 중국보다 우세하다. 단, 국제금융위기 이후 우세는 이미 대폭 하락했다. 세계은행의 통계로 보자면, 2007년 중미 양국의 경제규모

---

23) 위의 책, p. 98.

24) 위의 책, pp. 39-44.

는 각각 3,494억 달러와 1조 3,962억 달러로서, 중국은 미국의 약 1/4에 불과하다. 2011년에 이르러 중미 양국의 경제규모는 7,318억 달러와 1조 4,990억 달러로, 중국은 이제 미국의 약 1/2[25]이 되었다. 군비지출에 대해서는 2007년 중미 양국이 각각 877억 3,000만 달러와 5,857억 달러로서, 미국이 중국의 약 7배에 해당되었다. 주의를 끄는 것은 GDP에서 차지하는 군비지출 비율인데, 중국은 2007년부터 2011년까지 줄곧 2%대를 유지하고 있으나, 미국은 2007년의 4%에서 2011년에는 4.7%로 증가[26]했다는 점이다.

인식에 대해 말하자면, 지도자의 전략적 판단은 매우 중요하다. 덩샤오핑이 세계대전을 피할 수 있고, 평화와 발전이 현 세계의 주제라고 제시한 것은 마오쩌둥의 세계혁명을 일으키고, 외세의 침입에 대비하며, 전쟁 준비 심지어는 핵전쟁을 준비하자는 인식과는 근본적인 차이가 있었다. "이것은 중국인의 머릿속에 경제건설에 대한 신념과 지혜를 서서히 양성시켰고, 다른 사회제도와 이데올로기를 가진 국가들과의 교류협력에 대한 용기와 방법을 장려하게 했다."[27]

외부의 인식에 대해 저자는 중국-아프리카 관계에 대한 서술에서, "(중국의) 내정불간섭 원칙에 대해 (아프리카 국가들의) 정부 입장은 대체로 변함이 없지만, 아프리카의 학계와 언론 및 민간의 많은 사람들이 우려하는 것이 있다. 즉, 중국의 이러한 원칙이 아프리카 국가들의 부패한 관리들에게 더욱더 사적인 욕심을 채울 기회를 주고, 수혜국의 국민과 사회에서는 예정된 기간에 받을 수 있었던 혜택이 없어지지나 않

---

25) 세계은행의 관련된 지표를 참조할 것. 자료출처: http://databank.worldbank.org/data/home.aspx

26) 스톡홀름 국제평화연구소의 관련 자료를 참조할 것. 자료출처: http://milexdata.sipri.org/

27) 王逸舟:《创造性介入: 中国之全球角色的生成》, p. 27.

을까 우려한다는 것이다. 동시에 선거로 선출된 더 많은 정부들 역시 중국이 아프리카 대륙에서 발생하는 위기에 대해 구별해서 대처해주기를 바란다는 것이다. 예를 들면, 군사 쿠데타나 국지전 등과 같은 것에 대해 중국이 협력을 포함한 필요한 강제적인 간섭이나 도덕적인 질책을 해주기를 바란다"[28]는 것이다.

인식적 측면에서 저자가 비록 중국 민중의 '정신력과 원기' 및 중국 지도자가 처음 제시한 '3개의 자신감(三个自信)'에 대해 언급[29]했지만, 국민의 심리상태는 특히 최근 몇 년간 변화가 많지 않았다. 대국의 역할과 대국의 심리상태는 밀접한 연관이 있다. 대국의 '대(大)'자는 세 가지 측면의 의미를 갖는다. 첫째는 많은 인구와 넓은 국토이고, 둘째는 강성한 국력이며, 셋째는 정의와 참된 선을 목적으로 하는 '대협객(大 俠客)'을 의미한다. 대국의 심리상태는 세 번째 의미로 사용된다.[30]

역사를 살펴보면, 이른바 '대국'의 칭호를 얻기 위해서는 경제적 영역 등에서의 '외적 대국화'의 조건을 갖추어야 할 뿐만 아니라, 정신과 의식 및 심리상태 등의 측면에서도 '내적 대국화'의 기세를 갖추어야 한다는 것이다. 로마는 단지 한 개의 성에서 시작했고, 영국 역시 크지 않은 도서에 불과했지만, 모두 대국의 심리상태를 갖추었던 것이다.

근현대에 이르러 중국의 국제적 역할을 어떻게 볼 것이며, 어떻게 중국인의 심리상태를 자유분방하게 치솟게 할 것인가? 중국은 여러 나라의 종주국이라는 망상에서 깨어난 뒤에 (중국의 전통적인) '유아독존' 과 (현재는) '서양이 주도하는 세계'라는 두 가지 관념 사이에서 오랫동안

---

28) 위의 책, pp. 86-90.

29) 위의 책, p. 40, pp. 47-48.

30) 刘海波, "没有文化自信, 何来大国心态?",《权衡·新青年》, 2006년 8월, p. 82.

방황했다. 제2차 세계대전의 승리에 이를 때까지 이러한 심리상태는 민족 독립을 쟁취하고 국제사회에서 평등한 일원이 되는 것이었으니 대국을 이야기할 수도 없었고, 대국도 아니었다. 이후 4년간 내전에 빠져들었고, 대국의 심리상태에 대해서는 말도 꺼낼 수 없었다.

　　신중국이 건국된 후, 마오쩌둥 시대에는 냉전사상과 계급투쟁의 제한된 영향으로 국민의 세계에 대한 인식도 흑백논리에 머물렀고, 건전한 대국의 심리상태를 논할 수 없었다. 덩샤오핑 시대는 중국의 근현대 역사상 가장 대규모의 '서양 학문이 점차 동양으로 유입되는(西学东渐)' 개혁개방이 시작됨에 따라 중국은 마음을 비우고 서양대국을 배우고, 싱가포르 같은 작은 나라에게도 배우기 시작했다. 이러한 과정에서 점차 권력의 중요한 변화와 함께 국민의 건강한 심리상태도 점차 성숙하게 되었다. 최근 몇 년을 보면 기본적으로 학대를 받았던 심리적인 태도에서 벗어났으며, '평화와 관용'[31]의 상태뿐만 아니라 진취적인 기상을 추구하고, 포용과 개방을 보이고 있다.

　　2008년 베이징 올림픽의 예를 보면, 애석하게도 중국의 우수한 선수들이 다른 나라로 가서 코치가 되거나 다른 나라의 대표로 경기에 출전하는 것을 두고 '간첩'이라거나 말과 글로 심한 인신공격[32]을 당했

---

31)　예를 들면, 2009년 성황리에 방영된 영화 「난징(南京)! 난징(南京)!」이 역사적 진실을 보여주었다. 중국의 목소리를 전달함과 동시에 이전의 같은 소재들에서 볼 수 있었던 울부짖거나 복수의 시각에서 벗어났고, 세계의 수많은 전쟁영화에서 묘사한 민족의 복수나 이데올로기의 복수에서도 벗어나 학살과 잔혹한 폭력이라는 전쟁의 본질을 직접 묘사했다. 전쟁 중 약자들의 마음과 끊임없는 진리를 캐물었던 것이다.

32)　예를 들면, 1994년 10월 13일 밤, 일본 히로시마 교외의 아시안게임 탁구 경기에서 전(前) 중국 국가대표였던 허즈리(何智丽)가 고야마(小山智丽)라는 일본 이름으로 개명하여 일본의 국가대표로 출전했다. 세계 1위였던 덩야핑(鄧亞萍)을 3 : 1로 물리치고 아시안게임 탁구 여자단식 금메달을 획득했다. 전(前) 중국 국가대표였지만, 일순간에 '간첩', '배신자', '매국노' 등의 저속한 표현들이 천지를 뒤덮었다.

다. 그러나 2012년 런던 올림픽에서 량핑(郎平)이 미국 여자배구팀 감독으로 참여했을 때, 대부분의 시각은 긍정적이었다. 량핑이 미국을 위해 전력을 다하는 것을 반대한다는 '이러한 관념들이 이미 명확하게 구태의연한 것'[33]으로 인식되었다. 중미 양국 선수들이 경기를 할 때, "량핑, 당신을 사랑해요"라는 중국 관중의 함성을 텔레비전에서 보고 들을 수 있었다. 이러한 대국적인 심리상태의 변화가 중국의 창조적 개입이 실현되고 있는 동력을 보여주는 것이기도 하다.

저자도 국내정치와 역사적 논리가 중국의 글로벌 출현에 대한 추진이라고 언급했다. 저자는 "어떤 내정이 곧 어떠한 외교"[34]라고 지적했다. "'문화대혁명' 시기는 국내정치의 '극좌(极左)'적 방법이 극도에 달했던 시기이다. 국제사회에서 중국의 전체적인 역할은 계속 주변화되었다." 덩샤오핑 시대는 국내적으로는 경제건설을 중심으로, 대외적으로는 개방으로, 특히 서방의 발달한 경제체에 대한 개방과 벤치마킹을 통해 경제발전을 과제 중의 과제로 삼았던 시기였다. "따라서 중국외교의 업무도 매우 빨리 새로운 주제와 요구에 적응했고, 새로운 방침과 분위기를 조성하기 위해 노력했다."[35]

이 책의 내용에서 저자는 대량의 논증을 통해 외부 세계가 현재 중국의 국내 이익을 보호하고 실현함에 있어서의 중요성과 함께 국내·국제의 두 국면의 밀접성을 언급했다. 역사적인 논리에 대해 저자는 국제정치학자로서 객관적이고 엄격한 역사관의 입장에서 분석했다. 예를 들면, 저자가 고찰한 것은 1949년부터 시작된 것이 아니라, "1919

---

33) 李宗桂, "大国国民心态正在形成", 《人民论坛》(政论双周刊), 2008년 제16기, p. 26.

34) 王逸舟: 《创造性介入: 中国之全球角色的生成》, p. 118.

35) 위의 책, p. 15, p. 26.

년부터 1949년의 30년간"이라는 점이다. 이는 "중국공산당 이전의 중국 혁명의 성질과 중국공산당 당원들의 목표에 대해 깊이 이해"[36]하기 위함이었다. 저자는 문화대혁명 전후와 건국 전·후 각각의 30년에 대해 역시 객관적인 역사관을 제시했다.

중국의 글로벌 역할의 긴박한 문제들

솔직히 중국이 현대 국제체제의 후발 주자이자 서방 정치문화와 주류 가치관과는 상당히 큰 차이를 보이는 동방의 대국으로서, 창조적 개입의 글로벌 역할을 발휘함에 있어 여전히 대담하고 해결해야 할 여러 긴박한 문제들이 있다. 저자인 왕이저우 교수는 민족주의, 해양권익 분쟁, 미국의 아시아 회귀, 국내분리주의 등의 측면에서 8가지 '도전'[37]을 제시했다.

필자는 이외에도 이하의 몇 가지 긴박한 문제들에 주의할 필요가 있다고 생각한다.

첫째, 창조적 개입의 추진과 도움을 줄 수 있는 중국의 능력에 대해 이를 한 단계 더 높여 국내외에서 과장되게 판단하는 것을 어떻게 피할 것이며, 끊임없이 따라다닐 '중국 책임론'과 국내 민족주의의 예상되는 상승을 어떻게 회피할 것인가의 문제이다. 중국의 능력 증가와 힘의 진일보된 전이에 따라 중국이 국제사회에서 발휘하길 바라는 더

---

36) 王逸舟:《创造性介入: 中国之全球角色的生成》, p. 8.

37) 위의 책, pp. 49-60.

욱 커다란 영향력과 책임 부담이 주제에 내포된 의미라는 것이다.[38]

그러나 국제적으로 중국의 정세와 특히 당면한 도전에 대해 진지하게 연구하지 않고, 단지 숫자와 지표로 추리하거나 단순하게 중국이 조만간 미국의 뒤를 이은 두 번째 초강대국이 될 것이라는 관점[39]이 많이 있다. 더욱 과장된 이미지로 언급한 것은 「뉴욕타임스」 기자인 크리스토프(Nicholas D. Kristof)가 쓴 '2040년의 중국'이라는 기사를 넘어설 것이 없다. 그는 "2040년이 되면, 세계의 각종 학문적인 회의에서 어디에서든 중국어를 듣게 될 것이고, 미국의 음반차트에 중국 노래가 충만할 것이다"[40]라고 했다.

반대로, 현존하는 대국이든 잠재적인 대국이든 중국이 당면한 통일 문제, 영토변경 문제, 국내의 발전 불균형 문제 등과 같이 이렇게 많은 도전에 직면한 대국은 없었다. "외부 세계가 중국이 반드시 또는 가능한 한 국제적 역할을 할 것을 기대하고 있지만, 중국이 부담할 수 있는 실제 능력과 대다수 중국인이 자국의 국제적 역할에 대한 기대감과는 비교적 커다란 차이가 존재한다."[41] 중국이 창조적인 개입을 할 때, 아마도 이러한 관점의 차이는 더욱더 시장과 근거에 의해 중국에게 분담요구와 국력에 부합하지 않는 더욱 커다란 책임의 요구가 더욱더 증가할 것이다.

국내적으로는 역사상의 찬란함과 근대의 오욕을 겪은 중국이라

38) G. John Ikenberry, "The Rise of China and the Future of the West, Can the Liberal System Survive?" *Foreign Affairs*, January/ February 2008. pp. 21-25.

39) Lance Winslow, China's Future in the World - Book Review. 자료출처: http://ezinearticles. com/?Chinas-Future-in-the-word--Book-Review&id=2846776

40) Nicholas D. Kristof and Sheryl WuDunn, China in 2040—Leading the World? Saturday, November 03, 2001. 자료출처: http://www.theglobalist.com/StoryId.aspx?StoryId=2197

41) 高祖贵,《中国角色定位的内外之辨》,《人民论坛》, 2009년 제4기, p. 4.

는 초대형 국가가 국내 전환기의 여러 문제와 사상의 진동을 미세하게 처리하지 못한다면, 건전한 대국의 심리상태는 곧 팽창하는 민족주의로 변이될 가능성이 있다. "중국은 No라고 말할 수 있다"는 제목을 단 국내의 각종 서적들은 이미 우리에게 경고를 보내고 있다.[42]

저자도 "어떻게 강력하게 일어난 중국을 지속적으로 왕성하게 민족정신을 유지하도록 할 것인가와 그와 동시에 겸허하고 신중하며 개방적인 학습 태도를 유지하게 하는가라는 것은 쉽게 균형을 잡을 수 있는 일이 아니다"[43]라고 지적했다. 만약 창조적 개입이 제대로 된 역할을 하지 못하여 국내의 민중에게 "중국은 이미 강대국이어서 미국과 세계의 패권을 나눌 수 있다"는 인상을 주게 된다면, 국내의 일부 민중은 이른바 '대국의 힘'에 더욱더 자극받게 될 것이다. 이러한 점은 우리가 창조적 개입을 생각할 때, 어떻게 민족주의의 팽창을 예방할 것이며, 어떻게 국내에서 건전한 대국 심리상태로 유도하고 육성할 것인가를 생각하도록 요구하고 있다.

둘째, 창조적 개입에서 어떻게 국제체제와 특히 중미관계에서 우호적인 상호관계를 실현할 것인가이다. 중국같이 국제적인 규모의 초대형 굴기를 하는 국가에 대해 창조적 개입이 가져올 영향과 파장은 단순히 중국과 개입하는 지역에 그치지 않고, 전체 국제환경의 반응에까지 이를 것이다. 이익의 상호 의존과 운명 및 공존의 지구촌 형성은 "현재와 미래의 상당히 긴 시기에 국제체제의 힘의 구조, 중국과 기타

---

42) 宋强 张藏藏 乔边:《中国可以说不: 冷战后时代的政治与情感抉择》, 中华工商联合出版社, 1996년판, 宋晓军等:《中国不高兴: 大时代, 大目标及我们的内忧外患》, 江苏人民出版社, 2009년판.

43) 王逸舟:《创造性介入: 中国之全球角色的生成》, 베이징대학출판사, 2013년판, p. 50.

대국의 전략적인 상호작용, 국제정치 특징의 변화 등 몇 가지 요소가 중국의 국제적 역할 선택에 있어서 근본적인 영향을 줄 것이다."[44] 이 것은 반드시 양자의 상호작용을 생각해야 한다.

저자는 이 책에서 중국-아프리카 관계를 예로 들었다. 만약 중 국이 아프리카 사무에서 더욱 깊이 개입하게 된다면, 출발점은 선의와 적극성이어야 할 뿐 아니라 객관적인 영향력이 미국과 유럽, 심지어는 라틴아메리카의 대국 등인 브라질 같은 지역에도 광범위한 이익과 대 량(大量)의 국가 개입이 될 수 있는 객관성이 존재해야 한다. 만약 이러 한 처리가 타당하다면, 많은 윈-윈을 실현시킬 수 있다. 만약 처리가 부 당하다면, 중국은 국제체제에서 비교적 커다란 탄핵과 압력을 맞이하 게 될 것이다. 이 중에서 특히 중미관계의 영향에 대해서는 신중하게 처리해야 할 필요가 있다.

필자는 저자(왕이저우 교수)의 책에서 중미관계에 대한 판단, 즉 "중미 이익의 상호의존, 글로벌 거버넌스의 난제에 대한 협력, 미국의 대(對) 중국정책의 미확정"[45]에 대해 동의한다. 저자는 다른 문장에서 더욱 명확하게 제시했다. 즉, "현재 중미 양국은 끊임없이 새로운 위치 를 탐색하고 있고, 이것은 아직 종결되지 않았기 때문에 고정적인 화법 으로 중미관계를 정의할 수 없다"[46]는 것이다. 페리(William Peri)도 일찍이 "중국과 미국은 충돌 방향으로 결정되지 않았으며, 이들이 파트너가 될 것인지 적이 될 것인지는 장래의 정책이 결정할 것일 뿐 운명이 결정할

---

44) 唐永胜,《中国国际角色分析》,《现代国际关系》, 2006년 제10기, p. 52.

45) 王逸舟:《创造性介入: 中国之全球角色的生成》, pp. 54-55.

46) 王逸舟:《不要用固定说法来定格中美关系》,《中国共产党新闻网》, 2009년 11월 18일. 자 료출처: http://theory.people.com.cn/GB/10400347.html

것은 아니다"[47]라고 주장했다.

이와 같이 중미관계의 불확실성과 가변성은 중국의 글로벌 역할을 생각할 때, 어떻게 창조적 개입과 중미관계가 상호 우호적으로 작동하게 할 것인지를 생각해야 하고, 솔선하여 '중국위협론'에 대한 상승을 막아야 한다. 공격적 현실주의이론의 창시자인 미어샤이머(John J. Mearsheimer)가 "중국의 힘이 성장함에 따라 중미 양국은 적수가 될 것이다"[48]라고 했던 것과 헌팅턴(Samuel Huntington)이 제기한 '문명충돌론'의 이른바 문화와 권력적 시각에서의 "만약 중국이 동아시아에서 주도적인 지위의 대국이 되는 상황이 지속된다면, 앞으로 미국의 핵심 이익에 위협이 될 것이다"[49]라는 것, 그리고 최근에 캐플런(Robert D. Kaplan)이 「포린어페어스(Foreign Affairs)」에 발표한 글에서 제시한 "대(大)중화의 굴기를 제한해야 한다"는 인식이 미국의 전략목표로 수립되어야 한다[50]는 등 중국위협론은 미국의 전략연구계에서 광범위한 영향력을 미치고 있다.

필자는 국내 학자들이 제시하는 "굴기국과 패권국의 역사적 관계에서 굴기국에 대해 말하자면, 책임을 지지 않아서 받게 되는 질책의 위험성이 주도적으로 먼저 과도한 책임을 지는 위험보다 훨씬 작다"[51]

---

47) [美]艾什顿·卡特·威廉姆·佩里:《预防性防御: 一项美国新安全战略》, 胡利平 등 번역, 上海人民出版社, 2000년판, p. 4.

48) [美]约翰·尔斯海默著:《大国政治的悲剧》, 王义桅 唐小松 번역, 上海人民出版社, 2003년판, 서문.

49) [美]塞缪尔·亨廷顿著:《文明的冲突与世界秩序的重建》, 周琪 등 번역, 新华出版社, 2002년판, p. 254; p. 259.

50) Robert D. Kaplan, "The Geography of Chinese Power: How Far Can Beijing Reach on Land and at Sea?" *Foreign Affairs*, May/June 2010.

51) 제1차 세계대전 이전의 독일이 주도했고, 과다한 책임 부담은 야심만만하게 보이게 되어 유럽대륙의 국가들에게 포위당하게 되었다. 이전 세기인 1980년대, 일본의 경제가 비상할 때

는 관점에 완전하게 동의하지는 않는다. 그러나 중국의 창조적 개입은 더욱더 많은 공공재(public goods, 公共产品)를 제공하고, 더욱더 '책임지는 대국'의 찬미를 동시에 얻어야 한다는 생각이다. "중국이 패권을 나누려고 한다"거나 "어디든 개입한다"는 질책을 받을 가능성도 있지만, 이에 대해서는 반드시 사전에 예방해야 한다.

셋째, 어떻게 창조적인 개입의 구역과 영역을 선택할 것인가이다. '도광양회(韬光养晦)' 정책을 고수하고 국제체제의 반대 압력을 피해야 하는 등의 요구뿐만 아니라, 중국의 창조적 개입은 사방의 모든 일에 개입하는 것도 피해야 한다. 또한 오랫동안 여전히 지역적 대국이었던 중국의 능력과 실력을 객관적으로 보면, 세계의 광활한 다른 지역의 사무와 광범위한 문제들에 대해서는 개입하기가 어렵다. 즉, 더 발전하도록 실력을 키워야 하고, 수많은 인구와 국내의 발전 불균형 문제도 고려해야 한다. 미국보다 더 복잡한 주변 환경에 직면한 중국은 지역에서의 전면적인 개입이 어려울 뿐만이 아니라, 세계적인 의제에 대한 개입에는 힘이 미치지도 못한다. 이에 대해 케넌(George Kennan)이 제2차 세계대전 이후에 한 말이 중국에게 참고가 될 것이다. 미국의 패권을 보호하기 위해 "우리는 부득이하게 모든 많은 근심과 선함 그리고 백일몽을 벗어야 한다. 우리나라의 가장 직접적인 하나의 목표에 주의력을 집중해야 한다. 우리 스스로도 속이지 못하는 것으로 타인을 속일 수는 없다. 세계 각지에서 자신에게는 도움이 되지 않으면서 타인에게 도움

에도 급속한 책임부담에 대해 미국에 의해 '존중받을 만한 적'이라는 평을 받게 되었다. 자료출처: 金灿荣, 《东北亚安全合作的背景变化》, 《新远见》, 2009년 제3기, p. 73.

이 되는 일을 한다는 것은 우리에게는 너무 낭비이다"[52]라고 했던 것이다. 이러한 것이 중국으로 하여금 국가 이익과 국력의 결합을 통해 창조적인 개입의 구역과 영역을 선택하도록 요구하는 것이다.

이러한 긴박한 문제와 함께 저자가 제기한 8개의 문제는 분명히 저자를 포함한 중국의 학자들이 앞으로도 반드시 사고해야 할 방향이다. 이러한 문제에 대해 저자가 '창조적 개입' 제3부에서 여기에 대한 해답을 찾아줄 것을 희망한다.

결론

이 책의 저자인 왕이저우 교수는 중국의 국제관계학계에서 가장 중요한 선도적 인물 중의 한 사람이자, 중국 국제관계학계에 대한 영향에 있어서 선두적이고 선풍적인 반응을 얻고 있다. 왕 교수가 제시했던 많은 선구적인 학술 관점과 연구과제들은 중국 국제관계학의 연구방향을 유도했다. 이 책의 출판 이후 창조적 개입에 대해 중국학계에서 야기된 뜨거운 토론이 그 사례이다. 동시에 이렇게 명확한 반응은 그가 가진 높은 인문학적인 관심과 엄숙한 학풍에 있다.[53] 그것은 이 책에서도 충분히 나타나 있다.

저자는 "이 책은 전체적으로 여전히 '실천제일(实践第一)'이라는

---

52) [美]乔治·凯南:《美国国务院政策备忘录》, 1948년 2월.
자료출처: www.rand.org/pubs/documented_briefings/2005/RAND_DB311.pdf.

53) 이 책은 전통적인 학술저작은 아니다. 저자는 이야기를 하는 것처럼 흥미진진하게 써 내려 갔지만, 곳곳에 엄숙한 학풍과 깊은 내공이 보인다. 예를 들면, 저자가 왜 중국-아프리카 관계를 사례로 이러한 논증을 전개했는지 혹은 하나의 관념을 사용할 때에도 그렇다. 즉, '유럽인'에 대한 정의 같은 것에서도 명확한 논증이 있었다. p. 67, p. 155.

철학에 따른다. 즉 역사경험설에서 출발하여 현실 문제에 중점을 두고, 사례 분석을 통해 진행 목표와 실마리를 찾는다"는 분석 경로와 "중국이 어떻게 현 국제체제의 주변적 위치로부터 핵심적인 역할로 매진할 것이며, 어떻게 스스로 세계적인 사안의 학설과 실천에 개입할 수 있도록 발전할 것이며, 글로벌 고지로 돌진할 때에 어떻게 '타산지석'을 활용할 것인가에 있다"[54]는 방향을 제시했다.

오늘날 서방 국제관계이론의 도입과 평가작업에 대해 이미 기본적인 완성을 이룬 중국 국제관계학계를 언급하자면, 몇십 년의 개혁개방 발전을 거쳐 당면한 가장 시급한 임무는 중국에게 다가온 긴박한 문제에 있고, 중국 본토의 풍부한 사실적 경험을 통해 중국 국제관계학의 발전을 추진하는 일이다. 그리고 서양의 사실적 경험을 사용하거나 중국 본토의 경험으로 서방의 이론을 증명하지 말아야 한다. 이러한 작업이 얼마나 잘되었는지를 막론하고, 이것은 여전히 서방 이론을 위한 주석을 다는 일에 불과하다. '학술적 창조'와도 거리가 멀 뿐만 아니라, 더욱 중요한 것은 중국의 문제를 해결하지 못한다는 데 있다. 이에 대해 저자는 중국이 당면한 긴박한 문제에 대한 분석을 통해 '창조적 개입'이 의심할 바 없는 하나의 커다란 공헌임을 제시했다.

저자의 낙관적인 태도와 애국의 정서는 이 책의 곳곳에서 찾아볼 수 있다. 중국이 당면한 많은 부족과 문제의 분석에 있어서 저자는 "이러한 문제들은 전진하는 과정에서 생기는 '병목현상'"이라거나 "얼마나 많은 문제들과 불편함, 도전들이 있었는지를 불문하고 중국인이 자국의 국가 성장에 대한 자신감과 국제적 사무에 있어서 더욱 커다란 역할의 발휘를 기대한다는 것은 아마도 신흥대국 중에서 가장 강렬할

---

54) 王逸舟：《创造性介入：中国之全球角色的生成》, p. 3.

것이다. 또한 전 세계 모든 강대국 중에서도 가장 낙관적일 것이다. 역사의 측면에서 보자면, 이것은 몇천 년 동안 강성했던 문명전통을 가진 중화민족이 최근 반세기 만에 가장 낮은 골짜기에서 세계의 위대한 민족들이 서 있는 고지에 다시 서게 된 것이다"[55]라고 제시했다.

저자는 동시에 "전체 인류의 정치철학을 인도할 만한 기호를 포함해 중국의 글로벌 정치의 역할은 과거보다 많이 강해졌다. 하지만 단지 이러한 수준의 증가로는 중국인의 잠재력을 발휘하거나 적합한 수준에 도달하기에는 아직 멀었다. 뿐만 아니라, 이상적인 방식으로 역할을 발휘하는 것과의 비교는 더더욱 말할 필요도 없다"고 했으며, "중국은 세계에서 가장 인구가 많은 국가이자, 문명의 역사가 유구한 민족으로서 무한한 창의적 능력이 존재한다. 학술적인 측면만 보더라도 만일 더 많은 사람들이 중국의 새로운 글로벌 역할에 대해 진지하게 연구한다면, 중국인이 혜택을 받게 될 것이고, 국제사회도 여러 가지 성과에 대한 이익을 얻게 될 것이다"[56]라고 했다. 필자의 추측으로 이것은 저자가 이 책을 쓰도록 재촉한 원동력일 뿐만 아니라, 중국학계가 이 문제에 대해 열정적인 토론을 추진하게 한 중요한 원동력이 되었다.

55) 王逸舟:《创造性介入: 中国之全球角色的生成》, 베이징대학출판사, 2013년판, p. 61, pp. 48-49.
56) 위의 책, p. 61, p. 4.

중국 외교의 '실천적 지혜'의 탐구

리빈(李濱)

남경대학교 정부관리학원 교수

마르크스주의이론 연구 및 건설공정(국제정치경제학) 수석연구위원

무엇이 '실천적 지혜(phronesis, 实践智慧)'일까? 통속적으로 말하자면, '책'에 구속받지 않고, '경험'에 의해 일처리를 하지 않는 것이다. 변화의 상황에 근거하여 책임윤리의 원칙을 준수하고, 정의와 지혜 및 적절성을 종합한 지식으로 사람들의 행위를 인도하는 것이다. 실천적 지혜는 신중함과 융통성 있는 일처리를 강조하지만, 원칙을 간과하지 않는다. '과학적 지식(episteme)'과 사람들이 기계로 복제하는 것은 다르며, 이것은 상황이 다른 경우에서의 변통을 강조한다. '기술적 지식(techne)과 사람들이 단지 결과를 추구하고 도리를 신경 쓰지 않는 것과도 다르며, 이것은 도리를 준수하는 신중함을 중시한다.

'실천적 지혜'는 개인 간의 교류에 적용되며, 국가의 외교에도 적용된다. 개인의 인적 교류 중에서 '실천적 지혜'가 부족하거나 엄숙하고 강경하여 판에 박힌 인상을 줄 경우, 사람들로부터의 존경은 멀어진다. 또한 실리에 밝아서 처세술에 능하다는 인상을 줄 경우, 사람들이 경계하거나 피하게 된다.

국가 사이의 외교에서 '실천적 지혜'가 부족하거나 너무 강경하여 소통을 할 수 없고, 융통성과 타협이 부족하다면, 국제무대에서는 구소련 같은 'Mr. No'가 될 것이다. 또한 현실에 정통하고 이익에만 밝아서 수시로 변하고 양다리를 걸치면, 국제관계사에는 과거의 이탈리아와 같이 '부정한 여편네'라는 오명으로 기록될 것이다.

현재 중국은 어떻게 자국의 정세와 국력을 결합할 것이며, 세계 정치경제의 현실에 직면하여 자국의 이익을 촉진하고, 세계의 평화와 발전을 보호해야 하는 새로운 과제를 안고 있다. 현재 중국의 경제규모는 세계 2위로서 세계경제체제에 포함되었지만, 사회주의 깃발을 높이 쳐들고 있는 발전 중인 신흥대국이기도 하다.

중국은 전통적인 국제관계사에서 구질서에 도전했던 독일이나 일본 같은 신흥대국들과는 다르다. 또한 전통적으로 자본주의 세계 질서를 변화시키려고 했던 소련 같은 사회주의 대국과도 다르다.

중국은 국제경제체제 내에서의 참여자이자, 세계정치체제의 '타자(他者)'이다. 중국은 이렇게 새롭고 복잡한 신분으로 인해 종종 여러 가지 도전에 직면하게 되었다. 어떻게 세계와 교류할 것인지, 어떻게 주도적이고 적극적으로 자국에 유리한 국제 발언권과 환경을 만들 것인지, 국가의 대외 대전략을 어디서부터 확정해야 할지 또는 구체적인 국제적 사건의 기술적인 처리에서 중국은 '실천적 지혜'를 시급하게 필요로 하고 있다. 중국의 신분과 처해 있는 환경이 모두 변했기 때문에 기계적으로 '책'을 모방할 수 없으며, 책임 없이 무원칙적으로 할 수도 없다.

최근 베이징대학의 왕이저우(王逸舟) 교수가 출판한 두 권의 책은 중국의 세계정치에 대한 '창조적 개입'을 분석하고 있다[『창조적 개입: 중국 외교의 새로운 패러다임(创造性介入: 中国外交新取向)』(베이징대학출판사, 2011년); 『창조적 개입: 중국의 글로벌 역할의 출현(创造性介入: 中国之全球角色的生成)』(베이징대학출판사, 2013년)].

책의 제목인 '창조적 개입'은 두 권의 책 모두 '실천적 지혜'를 탐구하는 특색을 가지고 있다. 저자가 이 두 권의 책 서문에서 언급한 것처럼 중국의 창조적 개입을 연구하는 목적 중의 하나는 "습관적 사상과 방법의 죄인이 되는 것을 거절"(2011년, p. 5)하는 것이고, 연구방법은 "'실천제일'의 철학을 따르는 것"(2013년, p. 3)이었다.

『창조적 개입: 중국 외교의 새로운 패러다임』, 즉 창조적 개입 제1부는 중국 외교관이 국제적 사건에 대해 실현해야 할 8가지 '실천적 지혜'를 구체적으로 분석하여 종합했다. 사람들로 하여금 '실천적 지혜'의 응용을 통해 중국에 관계된 4대 주요 의제, 즉 대만과의 양안 문제, 중미일 관계, 남중국해 문제, 중국과 아프리카 관계 문제에 대해 창조적인 사고를 하도록 유도했다고 할 수 있다.

창조적 개입 제2부인 『창조적 개입: 중국의 글로벌 역할의 출현』은 거시적인 전략적 중국 외교의 '실천적 지혜', 즉 어떻게 책임지는 글로벌 대국의 역할을 수행할 것인가를 연구 분석했다. 이 책에서 저자는 중국이 세계무대의 역할 변화에 대한 역사적 실마리에서부터 중국이 경험한 개혁개방을 분석했다. 또한, 세계의 신흥대국으로서 당면한 7가지 도전과 이러한 도전의 절박함에 대해 창조적인 대응을 강조했다.

뿐만 아니라, 중국과 아프리카를 접점으로 하여 저자는 중국의 아프리카 외교에 대해 '실천적 지혜'를 전개하여 분석했다. 동시에 아프리카에서 최근에 출현한 새로운 상황에 근거하여 저자는 중국과 아프리카의 관계를 강화시키는 새로운 방법과 조치를 제시했다. 이러한 새로운 사상과 조치는 '실천적 지혜'의 특징을 제대로 나타낸 것이다.

이 책의 마지막 부분에는 유럽인이 어떻게 글로벌 역할을 수행했는가를 원본으로 삼아 그들의 경험과 교훈에 대한 벤치마킹을 시도했다. 이를 통해 중국이 현존하는 소프트 파워와 하드 파워를 응용하여 변화하는 국제정세에 부합하는 창조적인 스스로의 국제적 발언권을 만들어낼 것인지를 제시했다. 또한, 중국이 글로벌 대국으로서의 역할을 제대로 진행하기 위한 깊은 사고와 풍부하고 건설적인 새로운 관점과 새로운 방법을 제시했다. 비록 이러한 관점과 방법은 단지 일종의 탐색이긴 하지만, 이러한 탐색이 '실천적 지혜'의 의미를 실현했음을 의심할 필요는 없다.

두말할 필요도 없이 현재의 중국 외교는 적지 않은 비평과 질책에 봉착되어 있다. 어떤 사람들은 '책 속의 지식(Book knowledge, 本本化知识)'에 근거한 시각에서 중국 외교가 마르크스의 '원본'을 팽개쳤다거나 원칙성과 혁명성이 부족하다고 비평한다. 또는 중국 외교가 인류의 기본 정의를 배반하여 '폭정'을 방임하고, '인권'을 경시하며, '민주'를 폄하하여 서방의 '인도주의적 간섭'에 합류하지 않는다고 비평한다. 다른 한편으로 어떤 사람들은 '기술적 지식'의 시각에서 출발하여 외부의 도전에 직면한 중국 외교가 국가 이익의 보호에서 '내구력 결핍', '기개' 부족, '패기' 부족, '의지' 부족, '용기' 부족에 단지 '여성적인 나약함'만 있다고 비평한다.

사실, 현재 어떤 대국의 외교도 모두 내부로부터 오는 '과학적 지식'과 '기술적 지식'의 비판에 직면해 있다. 이것은 개방된 민주사회의 한 가지 특징이다. 위정자로부터 '귀가 따가운 말'을 들을 아량과 여

유 및 자신감이 있어야 한다. 한편, 비평자는 반드시 민주적 권리를 좋은 방향으로 사용해야 한다. 이성적이고, 적절하며, 전문적인 자신의 비평을 통해 건설적인 비평자가 되도록 해야 한다.

왕이저우 교수의 '창조적 개입' 두 편은 모두 이러한 측면에서 모범적인 사례이다. 이 책들은 중국 외교의 '실천적 지혜'를 긍정적으로 갖추었으며, 그와 동시에 중국 외교의 '실천적 지혜'와 관련된 공간을 한 걸음 더 파헤쳤다. 이로 인해 이 두 권의 책은 중국 외교에 관심 있는 사람들이 반드시 진지하게 읽어야 할 가치가 있으며, 우리에게 중국 외교에 대해 더욱 전면적이고 이성적인 인식을 제공했다.

마지막으로, 창조적 개입의 제3부에서는 왕이저우 교수가 중국 외교의 더욱더 많은 '실천적 지혜'를 발굴해주기를 기대한다.

중국 고유의 외교 이론에 대한 새로운 탐구

장춘(张春)

상해 국제문제연구원 부연구원
서남아시아 · 아프리카센터 부주임
'국제전망(国际展望)' 부편집장

중국의 급속한 발전과 세계와의 관계가 나날이 긴밀해짐에 따라 중국 고유의 국제관계 이론과 외교 이론의 수요는 갈수록 증가하고 있다. 이에 상응하는 노력도 나날이 분명해지고 있고, 시진핑 총서기가 제시한 "중국 고유의 사회주의는 '노선에 대한 자신감', '이론에 대한 자신감', '제도에 대한 자신감'을 고수해나가야 한다"에 대한 요구도 새로운 단계를 향하고 있다.

베이징대학교 국제관계대학원 부원장이자, 저명한 국제관계학자인 왕이저우(王逸舟) 교수가 새롭게 출간한『창조적 개입: 중국의 글로벌 역할의 출현』은 그의 대표작 중의 하나이다. 이 책은 왕이저우 교수가 '창조적 개입'을 주제로 연구하는 3부작 시리즈의 제2부로서, 2011년 11월에 출간한『창조적 개입: 중국 외교의 새로운 패러다임』의 연장선에 있다. 중국의 글로벌 역할 출현의 근원과 단계 및 앞으로 나아갈 방향을 찾는 시도이며, 중국-아프리카 관계를 실증적인 사례로 중국의

269

내정불간섭 원칙과 실천의 확장 및 국제사무에 대한 창조적인 개입을 탐구하고 있다. 또한 유럽의 경험을 참고로 하여 중국의 글로벌 역할에 대한 방법을 찾고 있다.

스스로의 변화가 세계를 만든다: 중국의 글로벌 역할의 출현

중국 고유의 외교 이론을 찾는 노력에서 가장 우선되어야 하는 것은 어떻게 중국의 글로벌 역할을 설정할 것인가에 있다. 왕이저우 교수는 1919년부터 지금까지 중국 외교의 발전을 회고하고, 대략 30년을 기준으로 구분했다. 중국의 이러한 역할이 '당연하다'는 식의 토론이 아니라 중국의 글로벌 역할의 출현에 대한 '실현성'을 검토한 것으로, 중국 외교 이론의 특색이 어디에 있는지에 대해서도 자연스럽게 도출했다.

왕이저우 교수의 시각에 근거하자면, "1919~1949년은 중국 국민이 공산당의 지도하에 해방투쟁을 전개한 30년이었고, 100여 년의 침략과 굴욕으로 이어진 역사와 연이은 전란의 국면을 종식시키고 독립국가를 실현한 30년이었다. 전 지구적 범위에서의 제국주의와 식민주의 세력을 타도하고, 세계평화와 민주 및 사회주의 역량을 키우는 30년이었던 것이다"라고 초기 30년을 설명하고 있다.

왕 교수는 이어서 "중화인민공화국 건국 후의 30년, 이른바 '마오쩌둥(毛泽东) 시대'는 혁명전쟁 시대의 사고와 방식으로 신중국의 대외 교류를 발전시키면서 중국이 당시 국제체제에 '초급단계'로서 자리매김한 시기이다"라고 설명했다. 이 시기의 30년 역시 중국의 글로벌 역할에서 전환점이 되는 30년이었다. 시작부터 서방의 주류 국제체제의 반대편에 서서 출발했고, 점차 경쟁의 위치에서 다시 미국의 준(準) 우방으로 변모했으며, 중국의 글로벌 역할이 제3단계로 진입하기 위한 기초를 수립하는 시기였다.

20세기인 1970년대 후반, 즉 1979년 개혁개방이 시작되고 나서 30년간은 중국이 세계의 각 지역과 급속하게 교류하던 새로운 단계였다. 사실상 이전 30년간의 중국의 글로벌 역할과는 변화를 보였고, 어느 정도 중국이 세계 역사의 흐름에 반영되었거나 무의식중에 확고한 위치가 반영되었다. 세계 역사의 흐름은 식민주의에서 평화발전으로 전환되고 있었고, 20세기인 1960~1970년대에는 글로벌 사상으로 파급되어 정책적인 혼란을 초래했다. 비록 가장 초기에 이러한 사상과 정책 혼란에 진입한 국가는 아니었지만, 중국의 개혁개방 정책의 확고함은 새로운 역사의 흐름을 조기에 적응하게 했으며, 이후 30년간 중국이 확실히 '스스로의 변화'를 통해 '세계에 적응'하는 단계를 거쳐 '스스로의 변화'를 통해 '세계에 영향'을 끼치는 단계로 전환하도록 했다.

왕 교수는 이어서 "21세기에 들어서면서 특히 두 번째 10년 이후 중국은 이미 '압박을 받는 자'에서 '책임지는 대국'으로 변모했고, '스스로의 변화'를 통해 '세계를 설계'하는 단계로까지 발전했다. 당연히 중국인은 세계의 새로운 고지 위에 올랐고, 더욱더 많은 풍경을 볼 수 있었으며, 일찍이 없던 기회를 맞이했다. 그러나 "높은 곳에서는 한기를 이길 수 없다"거나 "나무가 다 자라지도 않았는데 먼저 바람을 맞이한다"는 특별한 압력과 적막감도 동시에 느끼게 되었다. 비록 많은 문제와 어려움과 도전이 있었지만, 중국인은 자국의 성장에 대한 믿음이 있었고, 중국이 국제사무에서 보다 큰 역할을 할 것으로 기대했으며, 신흥대국 중에서 가장 강력하고, 아마도 세계의 대국들 중에서도 가장 낙관적일 것이라고 여겼다"고 묘사했다.

중국공산당 당원들도 '협력'과 '공존' 등의 표현을 통해 세계 조류를 묘사했으며, '인류 공동체 운명'과 '신형 글로벌 발전 협력관계'라는 개념의 발전을 통해 세계 역사의 조류에 계속해서 앞장서려고 했다.

물론, 왕이저우 교수가 제시했던 것처럼 중국의 글로벌 역할의 출현은 줄곧 '재평형' 과정의 하나이다. 한편으로, 중국의 글로벌 역할의 발휘는 중요한 전환과 승격을 발생시키고, 전통적인 의미상의 건설자와 참여자로부터 중요한 주축세력이자 새로운 리더로 변모하는 것이다. 또는 새로운 굴기로서 전통적인 서방 열강과는 다른 대국(大國)이라고 할 수 있다.

다른 한편으로, 중국의 이러한 역할은 아직 완전한 것이 아니며, 많은 부분에서 아직 제 능력을 발휘하지 못하고 있다. 특히 정치, 국제관계, 외교, 글로벌 안보, 국제문화 등의 영역에서 중국은 경제영역과 같이 그렇게 중요한 역할을 이루지 못했다.

따라서 중국은 창조적으로 국제사무에 개입할 필요성이 있고, 중국이 여러 영역 모두에서 창조적이고 적극적으로 작용할 수 있는 역할을 발휘할 수 있도록 스스로를 변화시켜야 한다.

내정불간섭 원칙의 발전: 국제사무에 대한 창조적 개입

중국이 진정으로 세계적인 역할을 하기 위해서는 반드시 국제사회에 더욱 많고 전면적인 국제공공재(International Public Goods, 国际公共产品)를 제공해야 한다. 특히 눈앞의 어려움을 극복하고, 창의적으로 전통의 내정불간섭 원칙을 발전시켜야 한다. 이러한 요구를 감당하기 위해서는 정치철학적 관점에서의 사고(思考)가 필요하다. 이러한 의미에서 왕 교수는 "'창조적 개입'에서 말하려는 것은 정치철학이 아니라, 일종의 방법론이다. 요점은 가치관에 있는 것이 아니라, 일종의 적극적인 태도를 요구하는 것이다"라고 이 책의 '들어가는 말'에서 언급했다.

왕이저우 교수의 논점은 멀리 있는 것이 아니라 가까운 데 있다. 그는 사실상 두 방향의 노력을 제시했다. 하나는 중국의 내정불간섭에 대한 원칙과 실천이 시대의 흐름에 따라 재해석되어야 한다는 것이고, 둘째는 중국의 새로운 글로벌 역할의 요구에 따라 내정불간섭 원칙과 실천을 창조적으로 생각해야 한다는 것이다.

전통적으로, 내정불간섭의 평화공존 5대 원칙은 피압제자와 약한 집단을 대표하는 공동의 희망 같은 것이었으며, 국제정치의 현 질서에 대해 비평하고 항의하는 약소국가의 목소리를 반영한 것이었다.

왕 교수는 또 "제2차 세계대전 이후의 역사도 이를 증명하는데, 중국은 줄곧 이러한 원칙을 지켜온 중요한 대국 중의 하나였다. 특히 중국은 수많은 발전도상국들이 정치적인 독립과 자주외교를 찾는 정치 투쟁에서의 중요한 파트너였다. 이러한 의미에서 볼 때, 중국이 유엔의 상임이사국과 책임을 지는 대국으로서 자국의 이러한 원칙을 계속 견지해야 할 뿐만이 아니라, 국제사회에서 전력을 다해 이 원칙의 합법성과 정의성 및 광범위한 응용을 유지하고 보호해야 한다"고 주장했다.

왕 교수는 이어서 "그러나 세계화의 배경 아래 중국 지도층은 이익추구와 손해회피의 기회를 보았고, 평화공존 5대 원칙에 대한 새로운 방향으로의 전환을 강조하게 되었다. 즉, 각국은 공평하고 합리적인 참여와 결정의 권리가 있다는 것이다. 동시에 전통적인 내정불간섭 원칙에 대한 수정의 목소리가 날이 갈수록 높아지고 있다는 것에 주의하게 되었다. 따라서 중국의 '확대된 개입'이 단지 외교전통, 특히 내정불간섭 원칙에 대한 부정이 아닐뿐더러 오히려 새로운 정세 아래 이 원칙을 풍부하게 발전시키는 것이다. 또한 현재 세계를 주도하는 불합리성과 불공정한 질서를 바꾸자는 것이며, 중국이 평화를 사랑하고 정의를 주장하며 책임지는 대국의 이미지를 만들어내고, 이를 더욱 높이자는 것이다"라고 주장한다.

더욱 직접적인 측면에서 내정불간섭 원칙에 대한 중국의 이해가 스스로의 능력과 세계 역사의 조류 변화 사이에서 서로 적응되는, 즉 방어적 제안에서 참여적 제안으로의 발전을 경험한 것이다.[1]

중국의 글로벌 역할의 변천은 창조적으로 국제공공재를 제공하는 것이고, 이것은 대국(大國)의 새로운 책임이다. 왕이저우 교수의 책에서 보자면, "창조적 개입은 곧 창조적으로 국제공공재를 제공하는 것이고, 이것은 내정불간섭 원칙과 충돌이 발생되지 않는다"고 했다. 이는 창조적으로 국제공공재를 제공하는 것이 단지 내정불간섭 원칙을 회피하는 것뿐만 아니라, 내정불간섭 원칙과 실천의 새로운 발전이라는 것으로 인식할 수 있다.

"세계의 기회를 중국의 기회로, 중국의 기회를 세계의 기회로"라는 시진핑 총서기의 생각에 기초하여 왕이저우 교수는 "새로운 시기의 내정불간섭 원칙의 발전에 대한 요지는 어떻게 힘을 모아 시행하고, 상부상조의 전제 아래 더욱더 많고 더욱더 효과적인 전략원조와 공공재(public goods, 公共产品)를 제공할 것인가?"라고 했다.

---

1) 潘亚玲:《从捍卫式倡导到参与式倡导—试析中国互不干涉内政外交的新发展》, 载《世界经济与政治》, 2012년 제9기, p. 45-57.

창조적인 국제공공재의 제공은 서방이 중국에게 제공했던 국제공공재의 한계와 기대 차이를 뛰어넘어야 한다. 왕 교수는 "이 점은 아프리카에서 매우 확실하게 나타났고, 다수의 아프리카 국가가 중국 군사력의 도래에 대해 대국 간의 다툼을 야기하고, 아프리카의 이익에 해를 끼칠까 봐 우려하고 있다. 적지 않은 아프리카 국가들은 단지 중국이 재정적 측면에서의 원조를 늘려주기를 바랄 뿐이다"라고 주장했다.

따라서 중국이 창조적으로 국제공공재를 제공하는 것에는 세 가지 방향, 즉 물질류, 전략안보류, 사상류가 포함되어야 한다.[2]

결론적으로, "넓은 의미의 공공재는 물질적인 측면과 정신적인 측면을 모두 포함한다. 즉, 유엔 회비 같은 재정적 측면과 안보리에서 통과되는 결의나 국제해양법 공약과 같은 문서나 제도 형태도 포함된다"고 왕 교수는 주장했다.

유럽과 미국의 성공경험 참고: 중국 고유 이론의 보편적 의미 탐구

왕 교수는 "중국의 글로벌 역할은 초보적이고 불완전하며, 부단한 학습과 개선이 필요하다. 따라서 반드시 합리적으로 '타산지석'의 참고가 필요하다"고 주장했다. 중국 고유의 이론으로 하여금 보편적 의의를 갖추자는 말이다.

왕이저우 교수는 "유럽 통합화의 '정치적 안배'와 공공영역은 사회적 능력의 참여에 대해 광범위한 공간을 제공했다. 중국은 국내에서 필요한 적절한 진행과 안정적인 변화가 다수의 국민과 부문에서 이

---

2) 张春:《试论中国特色外交理论建构的三大使命》, 载《国际展望》, 2012년 제2기, p. 11-12.

해하고 받아들이도록 해야 한다. 이것은 새로운 시대의 새로운 정세 변화 및 과정에 대한 적응이다. 자국의 국가 상황과 발전 일정에 따라 확립해야 하고, 외부의 간섭이나 방해를 받지 않아야 하며, 사사건건 '의외의 전략'에 의해 변화되거나 뒤집어지지 않아야 한다. 이 목표는 중국의 광범위한 전략의식으로 수립되어야 하고, 글로벌 고지에 안정적으로 위치할 수 있게 할 것이며, 현재 중국이 단지 경제영역에서의 굴기라는 난감한 국면을 개선시킬 것이다"라고 설명했다.

창조적으로 제공되는 국제공공재에 대해 말하자면, 유럽의 방법도 적극적으로 참고할 만한 의의가 있다. 왕 교수는 "유럽인이 특히 좋아하는 간섭방법은 단지 군사적인 압제와 경제제재 같은 강력한 수단뿐 아니라, 체제와 여론 및 관념 등의 측면에서의 우월감과 (바둑에서의) '선수 두기' 같은 것을 실현하는 것이다. 미국의 초강력 하드 파워(hard power)와 비교하면, 유럽인의 최대의 강점은 물질적인 측면에 있는 것이 아니라, 오랫동안 중후하게 쌓여 있고, 체계적으로 완비된 현대체제와 규범이다. 유럽 국가가 대외에 간섭을 시도할 때에는 단지 기본적인 이익과 전략적 측면의 고려뿐만 아니라, 현대 체제와 규범적 측면의 내적 요인도 있다"고 분석했다.

국내와 국제의 양대 국면의 합리적인 통합은 중국의 글로벌 역할의 출현에 있어서 가장 중요한 도전 중의 하나이다. 왕이저우 교수는 이 문제에 대해 "중국이 당면한 최대의 난제는 국내의 거대한 중심(우선적인 정책결정)과 끊임없이 커지는 국제적 역할(권리와 의무) 사이의 관계를 어떻게 타당하게 처리하여 외교와 국방 및 경제 등의 부문에 잠재되어 있는 모순들을 적합한 기제로 통합하고 조정하는가에 있다"고 정확하게 제시했다.

유럽이 이 부문에 대해 중국에게 중요한 참고가 될 수 있다. 유럽인의 간섭은 때로 국내 가치관의 중요한 버팀목이었다. 왕 교수는 "국제사무 중에서 유럽인의 가장 중요한 작용은 국제규범의 초안자와 선전가로서 조직을 확충하는 역할에 대해 스스로 느끼고 전심전력을 다한다는 것이다. 유럽과 전체적으로 비교하면, 현재의 중국은 전반적으로 외부 세계에 대한 사상적 공헌도가 매우 적다. 뿐만 아니라, 대부분 동방인의 철학사상과 색채를 동반한다. 더욱 웅대하고 높은 것을 추구하고, 도의를 중시하고 실리를 경시하며, 추상성은 풍부하나 실천성은 비교적 약한 면이 있다. 또 다른 문제는 중국의 공헌은 주로 정치 지도자로부터 나왔다는 것이다. 학자와 대학 및 매체의 독특한 창조는 거의 없고, 국제적으로 승인을 받기에는 매우 적고 보잘것없다"고 지적했다.

따라서 중국이 새로운 글로벌 역할과 국제사무에 창조적으로 개입하는 과정에서 왕 교수는 "중국에는 개혁이 필요한 여러 가지 폐단이 아직도 존재한다는 것을 반드시 인정해야 한다는 것이다. 중국이 유럽의 문제를 참고하여 유럽을 초월하려면, 국내외의 두 가지 요소를 결합하는 것을 고려하여 (이 두 요소의 장단점에 대한) 균형을 비교할 수 있어야 하고, 마음속에 계획을 가져야 한다"고 강조했다.

중국의 글로벌 역할의 출현

류즈윈(刘志云)

샤먼(厦门)대학 법학원 교수

21세기인 1980년대에서부터 세상 사람들은 엄청난 역사적 사실을 목격하게 되었는데, 중국의 굴기와 이 현상이 가져온 세계 구도의 커다란 변화가 그것이다. 이러한 배경 아래 "중국의 굴기가 어떻게 세계를 행복하게 할 것인가?", "중국은 어떤 글로벌 역할을 할 것인가?", "중국은 어떻게 세계정치에 창조적으로 개입할 것인가?"라는 일련의 문제는 중국이 여전히 전 세계의 주목을 받는 것이기도 하지만 반드시 토론해야 할 문제이기도 하다.

『창조적 개입: 중국 외교의 새로운 패러다임』이 출간된 지 2년이 지난 후에 왕이저우 교수는 '창조적 개입' 3부작 중의 두 번째인 『창조적 개입: 중국의 글로벌 역할의 출현』을 출간하여 체계적이고 건설적으로 이 문제에 대해 화답했다.

2011년에 출판된 제1부처럼 왕이저우 교수의 새로운 이 책은 두꺼운 분량의 대작이 아니라 단지 10만여 자(중문)밖에 되지 않지만, 이 책을 읽고 나면 책은 두꺼울 필요가 없고 내용의 '질'이 중요하다는 것을 발견하게 된다. 이 책은 하루에 두 번 읽을 수도 있는 양이지만, '중국의 글로벌 역할에 대한 출현'이라는 이 거시적이고 심오한 역사적 명제에 대해 매우 체계적이고 창조적인 답변을 제시했다. 이 책의 내용은 정말 구구절절 보석같이 빛나고, 논리의 핵심을 보여주었다. 왕이저우 교수의 일관되고 심오한 깊이가 있는 문체가 더해지고, 소박하고 쉬운 용어로 묘사된 대(大)원리는 독자들로 하여금 더욱 흥미가 넘치게 한다. 고차원의 논리를 가장 간단하고 알기 쉽게 표현하는 것, 즉 "일부러 고차원적인 표현으로 알지 못하게 하거나, 고의로 복잡하게 하지 않는 것"이 진정한 대가(大家)의 저작인데, 이 책이 바로 이 법칙을 제대로 증명한 것이다.

"'창조적 개입'이 말하는 것은 정치철학이 아니라 일종의 방법론이다. 요점은 가치관에 있는 것이 아니라, 일종의 적극적인 태도를 요구하는 것이다. (중략) 시리즈 작품의 제2부로서, 이 책을 통해 중국의 글로벌 역할에 대해 토론하고, 이러한 역할 형성의 근원과 단계 및 나아갈 방향을 찾으려고 한다."

이것은 이 책의 '들어가는 말'의 앞부분으로, 이 책을 쓰는 의도와 의무를 거론한 것이다. 이 단락을 읽다 보면, 독자들은 자신도 모르게 후스즈(胡适之) 선생이 주장했던 "무슨무슨 주의(主義)에 대해서는 토론을 줄이고, 문제의 해결을 더 거론하라"는 학술적 사상이 떠오를 것이다. 이데올로기에 영향이나 제한을 받거나 정성(定性)적인 방법에 치중하여 정량(定量)적인 방법론이 주도하지 못하는 것이 현실이다. 학술계에 범람하는 많은 것들이 무슨무슨 주의지상(主義之上)의 저작들이고, 실제로 현실 문제에 직면하여 문제해결을 시도하는 작품들은 아주 적다.

그렇기 때문에 '들어가는 말'의 두 번째 단락에서 저자는 "책 전체에 있어서 여전히 '실천제일(实践第一)'이라는 철학에 따른다. 즉 역사

경험설에서 출발하여 현실문제에 중점을 두고, 사례 분석을 통해 진행 목표와 실마리를 찾는다"는 '선명한 깃발'을 자신의 방법론으로 내세웠다고 설명하고 있다.

　　이러한 방법론에 근거하여 "이 책은 세 부분의 각기 다른 주제, 즉 대외관계 발전과정 토론, 중국과 아프리카 관계의 최신 사례 분석, 유럽 글로벌 역할의 묘사와 비교로 나누어 구성되어 있지만, 이들은 같은 문장의 맥락에 종속되어 있다. 그것은 바로 중국이 어떻게 현 국제 체제의 주변적 위치로부터 핵심적인 역할로 매진할 것이며, 어떻게 스스로 세계적인 사안의 학설과 실천에 개입할 수 있도록 발전할 것이며, 글로벌 고지로 돌진할 때 어떻게 '타산지석'을 활용할 것인가에 있다"고 저자는 이 책의 구성을 설명하고 있다.

　　이러한 생각에 따라 이 책은 3개의 장으로 나뉘어 있고, 중국의 글로벌 역할 출현이라는 문제에 대한 대답을 시도하고 있다.

역사적 좌표

　　제1편은 '역사적 좌표'에 대한 것이다. 즉, 역사적 경험의 분석에서 시작하여 중국이 핍박받는 약소국에서 책임지는 대국에 이르기까지 국제적인 역할의 변모를 묘사하고 있다. 역사는 단지 우리가 어디에서부터 왔는지를 알려주는 데 그치지 않고, 어디로 가야 하는지를 제시한다. 여러 세기 동안 중국의 국제적인 역할의 변모에 대해 분석하는 의의는 여기에 있다.

　　여기에서 저자는 4단계, 즉 '이전의 역사: 굴욕적 운명에서 촉진된 혁명적 태도', '마오쩌둥(毛泽东) 시대: 투쟁정신의 연속', '덩샤오핑(邓小平) 시대: 개혁개방과 국제협력', '신세대 리더: 세계대국의 기질과 시련'으로 구분하여 회고했다. 이러한 묘사를 통해 저자는 뒤에 이어지는 두 편의 문제와 방법에 대한 토론의 기초를 세운 것이다.

제1편의 '역사성'에 대한 서술에서 저자가 중국 외교와 국제적인 역할 변화라는 '현상' 묘사에서 오히려 의도적으로 역사적 묘사를 완만하게 돌아가거나 과거에 존재했던 문제들에 대한 직접적인 반성을 피하고 있음을 필자도 명확하게 느낄 수 있었다. 따라서 이 부분에서는 '반성'의 색채가 좀 적었다고 할 것이다.

그런데 본편의 마지막 부분을 읽다 보면, 즉 '새로운 도전과 전환점'의 내용에 이르게 되면 필자의 의혹은 사라지고 오히려 눈앞이 확 트이는 느낌을 받는다. 즉, 저자의 의도는 "이론적인 어떤 주의(主義)는 적게 논하고, 많은 문제의 해결에 집중하자"는 의도였던 것이다. 민감한 화두에 대해 일반적으로 학자들이 여전히 "족쇄와 수갑을 차고 춤을 추는" 현재의 학술 배경과는 달리 저자는 더 많은 관점을 중국 외교의 '새로운 도전과 전환점'이라는 부분에 투입했고, 이러한 구상은 '문제 해결'에 더욱 분명한 의미를 가진다.

여기에서는 저자가 신세대 중국 지도자가 미래의 몇 년 이내에 당면하게 될 외교와 국제적 도전을 상세하게 서술하고 있다. 즉, "첫 번째 압력은 매우 강대해지고 왕성해지는 국내의 민족주의 정서와 국제적인 이의 제기이다. 두 번째 큰 전환점은 새로운 글로벌 '해양 종획운동(Blue Enclosure Movement, 蓝色圈地运动)'이 한창인 상황하에서 다수의 처리하기 난처한 해양주권 분쟁을 맞이하고 처리해야 한다는 것이다. 세 번째로는 어떻게 미국의 '아시아 회귀'와 '전략 재균형' 등의 심각한 태세에 대처하고, 이러한 초강대국이 중국의 지속적인 굴기와 평화적인 발전에 있어서 '걸림돌'이 되지 않도록 할 것인가? 네 번째, 민족 분리주의가 중국의 변방 소수민족 구역에서 세력을 확장하고 넓히는 것을 어떻게 잘 처리할 수 있을 것인가? 다섯 번째 도전은 나날이 증가하는 중국의 자원 수요와 대외 의존도에서 온다. 여섯 번째 도전은 중국 정부와 정부의 정책결정에 대한 공신력을 높이는 것이다. 마지막 도전은 어떻게 스스로 글로벌 고지의 방향을 확정할 것인가이다"라는 것이다.

의심할 바 없이 본편의 마지막 부분이 '핵심'이다. 이것은 바로 본편이 '역사에 대한 회고'로부터 간단하게 출발하여 '미래에 대한 전망'으로 비상하는 의미가 있다. 이 부분을 읽고 난 뒤 필자는 저자의 관점과 이로부터 파생되는 생각을 이해할 수 있었다.

첫째, 민족주의는 '양날의 칼'로서, 이것은 민족의 자신감과 응집력을 강화시킬 수도 있지만, 오히려 국제적인 판단이나 외교적 분쟁에 강력하고 불안정한 압력을 주기도 하며, 외부와의 충돌을 부추기기도 한다는 것이다. 따라서 민족주의와 외교와의 관계를 어떻게 잘 처리할 수 있는가 하는 점이 현재 중국 지도자가 외교적 측면에서 당면한 중대한 도전이라는 것이다. 이에 대해 우리가 반드시 알아야 할 것은 외교가 만약 민족주의의 주도하에 있게 된다면, 어떤 국가도 진정으로 감화력을 가진 '대국'이 되지 못한다는 것이다. 대국은 '국제주의'라는 스마트한 매력적 요소와 시야가 있어야 하며, 이것이 바로 중국 외교와 민중이 가져야 할 부드러운 힘인 것이다.

둘째, 중국 주변의 해양분쟁에 있어서, 특히 중국의 동해구역과 일본의 대륙붕 구획 및 댜오위다오(釣魚島, 센카쿠 열도) 주권 분쟁과 남지나해 문제는 모두 중국의 지도자가 당면한 중요한 외교 문제이다. 중국은 스스로의 국가 이익을 보호해야 하지만, 그렇다고 댜오위다오 하나를 얻고 전 세계를 잃어버리는 위험을 감수할 수는 없는 일이다. 과거가 되었든 미래가 되든 상관없이 중국은 훌륭하고 평화적인 발전을 할 수 있는 국제환경을 필요로 한다.

셋째, 미국의 '아시아 회귀' 전략에 대한 포석에서 중미 외교는 상호 윈-윈의 구도를 추구해야 하고, 제로섬 게임을 하지 않아야 한다. "태평양은 충분이 넓으며 중미의 두 대국을 충분히 수용할 수 있다." 중국이 대국으로 가는 길은 평화적인 굴기이며, 폭력의 형태가 아니다. 따라서 미국과의 공존과 협력은 당연히 중국 외교에서 중요한 핵심이다.

넷째, 국제적인 대(大)환경과 국내의 작은 환경 아래, 민족종교 모순의 처리는 중국의 신세대 지도자들이 당면한 중요한 문제 중의 하나이다. 특히 국제 테러주의가 창궐하는 상황 아래, 어떻게 민족화합을 유지하는가의 문제는 국가의 장기적인 안보와 영토 완성뿐만 아니라, 사회의 안정과 국민의 안전과도 연관이 된다. 오늘의 중국은 민족의 모순에 의해 탄생한 조직적인 테러주의와 사회모순에 의해 만연하는 '개인테러주의'가 있고, 이 모두는 이미 국민의 안전과 행복에 영향을 주는 중요한 요소가 되었다.

다섯째, 중국의 첫 번째 부흥은 경제적인 부흥이었고, 중국 산업의 크나큰 에너지 소비력은 이미 중국 대지가 에너지의 '보물단지'가 아니며, 고도의 에너지 대외 의존도로 만들었다. 중국 경제의 성장은 결국 '취약성'이라는 딜레마에 처한 것이다. 에너지 안보 문제는 '다모클레스(Damokles)의 칼', 즉 고도의 행복과 위기가 줄곧 공존하는 상황에 처하게 되었다.

여섯째, "모든 국제 문제의 근원은 국내 문제에 있다." 왕이저우 교수는 이 책에서 이미 이러한 관점을 받아들이고 있고, 이것이 내용에 제시되어 있다. 민간의 외교에 대한 불만과 극단적인 민족주의의 상승에서 대부분의 근원은 중국이 몇십 년간 고속으로 발전한 각종 모순이 쌓이면서 발생했다는 것이다. 특히 사회의 불평등이 중국 정부와 정책 결정에 대한 공신력을 끊임없이 떨어뜨린다는 사실이다. 분명하게 이것은 중국 굴기가 반드시 우선적으로 해결해야 하는 문제이다. "해외로 뻗어가려면 반드시 내치가 우선"이며, 국내가 불안정한 국가는 대국이 될 수 없거나 매우 어렵다.

일곱째, 지난 몇십 년간 이른바 "뜻을 감추고 때를 기다린다"는 '도광양회(韜光養晦)'의 전략적 지침 아래 과거의 일정 기간 동안 중국 외교는 자국의 국가 이익을 제대로 보호하기 어려웠고, 그럼에도 외부로부터는 "책임을 지지 않으려 한다"는 욕을 먹었다. 오늘날 중국은 반드시 이 모순을 해결해야 한다. "힘이 커질수록 책임도 커지는 것이다." 국제적인 존중을 받기 바란다면, 반드시 상응하는 대가를 지불해야 하고 책임을 담당하는 것은 필수적이다. 그러나 지불은 국력에 맞추어야 할 뿐 아니라, 자국 이익의 굴기와 보호에 영향이 없어야 한다. 이 문제는 중국이 세계의 역할에 대한 위치를 찾는 점에 있어서 커다란 난제임이 틀림없다.

현실 탐색

이 책의 두 번째 편은 '현실 탐색'이다. 왕이저우 교수는 "내정 불간섭 원칙 및 대외원조 방식에서의 새로운 혁신을 중국과 아프리카의 관계를 사례"로 선택했다. 실제 문제와 사례로부터 출발하여 통찰하는 견해를 통해 중국 외교가 당면하고 있는 지극히 필요로 하는 새로운 혁신의 문제를 집어낸 것이다.

신중국 건국의 독특한 배경과 국제환경 아래, 당시의 중국 지도자들은 적절하게 평화공존 5대 원칙을 제시했고, 이것은 점차 당시의 국제법과 국제질서의 중요한 원칙에 발전적인 영향을 끼쳤다. 평화공존 5대 원칙 중에서 가장 핵심 혹은 정수(精髓)라고 할 수 있는 것이 바로 '내정불간섭 원칙'이다. 이 점에서 왕이저우 교수는 객관적으로 내정불간섭 원칙의 역사적 의의를 서술했고, 반드시 시대의 흐름에 따라야 할 필요성을 끄집어냈다. 즉, 왕 교수는 "전통적으로, 중국은 반세기 이상 대외교류에서 줄곧 각국 정부와 내정불간섭 원칙을 고수해왔고, 아시아·아프리카·라틴아메리카의 많은 신흥 독립국가의 지지를 받았다. 이것은 또한 중국이 국제사회에서의 입지와 대국의 역할을 발휘함에 있어서 독특한 좌표를 확정지었다"고 평가한 것이다.

그러나 국제환경의 변화와 국력 변화는 중국이 반드시 이 원칙에 대한 발전과 수정을 필요로 한다. 왕 교수가 느끼기에는 세 가지 이유로 인해 이러한 새로운 혁신이 필요하다는 것이다.

첫째, 세계화의 발전이 가속화되고 글로벌 문제가 출현함으로 인해 어떤 국가도 다른 국가의 국내에서 발생되는 심각한 문제를 좌시하거나 무시할 수 없게 되었다는 것이다. 왜냐하면 이러한 문제들이 모두 해당 국가의 밖으로까지 퍼져 나와 다른 국가에게 영향을 주기 때문이다.

둘째, 서방국가가 대대적으로 추진하는 간섭 학설과 실천의 배경 아래 진행되는 각종 국제 개입에 대해 중국은 약소국가와 위험지역에 있는 다수의 민중을 위해 개입 이론을 받아들이고, 중국 스스로 공헌할 필요가 있다는 것이다.

셋째, 가장 근본적인 원인은 중국의 해외 이익이 끊임없이 확대되거나 늘어나고 있으며, 중국 국내의 발전 역시 외부 세계와 더욱 긴밀한 상관관계가 가중되고 있다는 점이다.

이로 인해 왕이저우 교수는 "내정불간섭 원칙과 주권 원칙은 동전의 양면과도 같은 것이며, 현대 국제관계의 구조 중에서 가장 중요한 기둥 같은 범주에 속한다는 것이다. 주권 원칙 또한 단단하게 고착화시키거나 불변의 의미가 아니다. 사실상 진화되는 과정에 있고, 최근 몇년 사이에도 중요한 새로운 의미를 주입하고 있다. 이러한 의미에서 볼때, 내정불간섭 원칙은 자연스럽게 시대의 요구에 따라야 하고, 새로운 개혁과 진보를 이루어야 한다"는 결론에 도달하게 된다.

이상의 관점에 대해 필자는 깊은 동감을 느낀다. 이러한 점들은 현재의 국제질서와 국제법 변화의 새로운 추세와도 부합된다. 지난 시절, 이데올로기의 영향으로 중국 학계는 서방에 대해 "인권이 주권보다 높다"는 이론에 대해 통렬한 비판을 가했고, 줄곧 부정적인 태도를 유지해왔다.

그렇지만 사실상 인류 생존의 본능에서 보자면, "인권이 주권보다 위이다"라는 관념은 이론상으로도 성립된다. 왜냐하면 국가가 특정한 군체의 대리조직이고, 그 존재 의의가 군체의 인권을 보호하고 촉진시키는 것이며, 그렇지 않으면 곧 대리조직의 '합법성'이 상실되기 때문이다. 바꾸어 말하자면, 한 국가의 정권이 자국 국민의 인권을 보호하지 못할 경우, 심지어는 자국 민중의 인권에 해를 끼칠 경우 이 정권은 존재 의의를 상실한다는 것이다.

이것이 인도주의적 개입 이론의 기초이다. 그렇기 때문에 국제법 중에서 가장 새롭게 발전하는 가장 중요한 원칙 중 하나가 '국제보호의 책임'이고, 유엔과 세계 대다수 국가의 지지를 얻고 있는 것이다. '국제보호의 책임'이 갖는 의미는 만약 한 정부가 자국 국민을 커다란 위험으로부터 보호하지 못할 경우, 국제사회가 당연히 해당 민중을 보호하는 책임을 이행해야 한다는 것이다. 이러한 책임 이행을 위해 사용할 수 있는 가능한 제재 수단은 다양화되었는데, 경제제재와 군사제재 및 필요한 군사적 타격 등이 포함된다.

2005년, '국제보호의 책임'은 유엔 성립 60주년 정상회담 발표문에 포함되었다. 따라서 인도주의적 간섭의 태도에 대해 중국의 입장역시 시대에 따라야 한다. 즉, 중국이 "인권이 주권보다 높다"는 이론을 계속해서 비판할 필요가 없다는 것이 필자의 생각이다. 필요한 것은 비인도적인 목적으로 진행되는 '인도주의적 간섭'에 대해 반대하는 것이다.

중국은 '인도주의적 간섭' 자체를 비판할 필요는 없다. 주의가 필요한 곳은 반드시 국제법 절차와 규칙에 따라 인도주의적 간섭이 진행되어야 한다는 데 있다. '인도주의'의 모자를 씌워놓고 다른 목적의 '인도주의적 간섭'을 하는 것을 막아야 한다. 중국은 국제법에서 말하는 '국제보호의 책임'을 지지하지만, '보호의 책임'을 임의로 확대하거나 남용하는 것을 반드시 막아야 한다는 것이다.

여기에서 왕이저우 교수는 내정불간섭 원칙이 반드시 새로운 혁신을 해야 하고, 혁신의 요점이 무엇이 되어야 하는지를 더욱 상세히 설명하기 위해 '중국-아프리카 관계'를 사례로 들어 구체적인 분석과 탁월한 목적을 달성했다.

신중국 건국으로부터, 특히 20세기인 1960~1970년대에 중국은 이미 아프리카에 대규모로 원조했고, 당시 중국은 이러한 원조를 통해 매우 커다란 정치적인 성과를 거두었다. 마오쩌둥 주석은 일찍이 "아프리카 형제들이 중국을 유엔에 진입하게 했다"고 했다. 이러한 원조관계는 개혁개방 이후에 잠시 소강상태로 이어졌으나, 중국의 경제 발전으로 에너지에 대한 수요가 급증함에 따라 중국의 아프리카에 대한 개발성 원도도 새롭게 고조되었다.

그러나 시대의 변화에 따라 이전과 다른 것은 원조국이든 수혜지이든 모두 내정불간섭 원칙 아래 중국-아프리카 문제를 검토했다는 점이다. 특히 전통적인 내정불간섭 원칙의 논리가 오늘날 여전히 적합한지의 문제를 거론했다. 여기에서 왕이저우 교수는 구체적인 경로를 탐색하고 새롭게 창조하는 것을 제시했다. 즉, '아프리카 전체 평화유지 원조 능력', '안보원조 프로젝트의 증설', "지역 조직과 주요 국가를 '손잡이'로 삼자", '비동맹정책의 적절한 조정', '원조 효율 제고, 부패현상 교정', '기초 기반이 넓고, 단계가 다양한 원조 기제의 수립', '시대의 흐름에 따르는 사상인식의 유지', '아프리카 원조와 중국 국내의 새로운 단계와의 접점을 향한 지침'으로 구분하여 설명했다.

또한 이러한 기초 위에 왕이저우 교수는 '대외원조 및 공공재(public goods, 公共产品) 공급' 문제를 거론했다. 의문의 여지 없이 위에서 서술한 관점 모두 신선한 새로운 시대적 의의를 가지고 있고, 특히 원조조건의 부합 여부에 대한 논점이 대표적인 의의를 가진다.

오늘날은 지난 세기인 1960~1970년대와는 서로 다른 시대적 배경이 있다. 당시에는 냉전에 의해 이데올로기가 첨예하게 대립했고, 특히 아프리카 대다수의 국가들이 독립한 지 얼마 되지 않았기 때문에 중국의 주권 불간섭에 대한 '무조건적인 원조'에 대해 자연히 환영했다.

그러나 오늘날에는 '인권', '민주', '거버넌스(governance, 국가경영 혹은 공공경영)' 등의 보편적인 가치가 이미 아프리카 민중을 포함하여 사람들의 마음속 깊이 자리 잡고 있다. 만약 중국의 원조방식이 이렇게 새로운 환경과 부합되지 않는다면, 원조 수혜국 정부에 대해 반드시 필요한 압력을 가할 필요가 있다는 것이다. 그렇지 않을 경우, 원조의 효율을 높이기 어려울 뿐 아니라, 원조 수혜국의 부정부패 현상을 바로잡기도 어렵다는 것이다. 심지어는 원조를 받는 수혜자가 독재나 부패한 수혜국 정부가 되어 실제로 원조를 필요로 하는 민중이 아닌 경우가 된다는 것이다.

반대로, 만약 원조 수혜국의 야당이 집권하기 전에 중국이 진행한 '무조건적인 원조'가 오히려 독재정권의 집권에 '도움'을 주어 야당에게 고통을 준 형국이라면, 원조 수혜국의 야당이 집권한 뒤에는 아마도 중국에 대한 태도에서 매우 큰 변화가 발생할 수 있다는 것이다. 예를 들면, 몇 년 전 아프리카의 잠비아(Zambia)에서 야당이 집권한 뒤에 중국과의 관계가 반전된 것이 바로 이러한 우려를 실제로 증명한 것이다.

이에 대해 왕이저우 교수는 "(중국의 학계는) 글로벌 통용인 시대의 진보적 특징을 반영하는 이런 개념들을 서구의 이데올로기 도구나 타국의 강력한 간섭을 실시하는 구실로 간단하게 볼 뿐이다. 오히려 중국 국내 정치학계와 정치 고위층은 아프리카 지식층들이 신중하게 연구 토론하고 새롭게 해석하는 것에 대해 주의를 기울이지 않는다. 서구가 마음대로 관리하는 보편적 가치이자, 사실은 창조적으로 각지와 각국의 실천에 쓸 수 있는 도덕적 깃발이라는 이런 가치들을 소홀히 했고, 필자가 이른바 기회로 사용하자는 '타산지석'의 의미를 소홀히 했다"고 중국 학계의 부족한 점을 지적했다.

따라서 우리가 반드시 살펴봐야 할 점은 원래의 내정불간섭 원칙과 이로부터 파생되는 '무조건적인 원조' 기제가 시대의 흐름과 요구에 맞도록 반드시 새로운 창조를 만드는 데 있다. 그렇지 않을 경우, 중국은 도덕적 의미에서의 높은 위치를 차지하기도 어려울 뿐 아니라, '소프트 파워(soft power)'를 높이거나 원조에 대한 효율적인 효과를 배가시키기도 어려울 것이다.

비교 평가

왕이저우 교수의 새로운 저서인 이 책의 제3편은 '비교평가: 유럽인은 어떻게 글로벌 역할을 수행했는가?: 참고와 반성'이다. 여기에서는 중국의 글로벌 역할 출현에 유용한 참고가 되도록 하기 위해 유럽인의 글로벌 역할의 출현과 유지과정에 대한 심층 해부를 시도했다. 유럽인의 글로벌 역할 출현과 유지에는 아래의 방법을 통해 실현했다는 점을 왕이저우 교수는 세밀한 분석으로 정확하게 제시했다. 즉, 유럽은 '전통 군사정치의 권력자', '현대산업의 정복자', '현대 문명의 전파자', '국제규범의 제정자', '새로운 관념의 창조자', '지역 통합화의 시범자'라는 것이다.

　　마지막으로, 왕 교수는 "새로운 시대적 배경 아래 중국은 세계에 대해 창조적 개입이 필요하다. 그리고 유럽으로부터 (참고할 만한) 여러 계시를 발견할 수 있다. (중략) 유럽인이 맡은 글로벌 역할은 중국의 평화발전과 중국 자신의 진보를 추진하는 분석틀이자, 중국이 국제적 융합과 협조과정에서 역사적 굴기를 실현할 하나의 시금석이다"라고 결론 지었다.

　　필자는 왕이저우 교수가 위에서 제시한 관점에 적극적으로 찬성한다. 또한 국제법 연구자로서, 특히 (유럽의 가치가) '국제규범의 제정자'와 '지역통합화의 시범자'라는 두 가지 논점에 대해서는 깊은 감명을 받았다.

　　한편으로, 신중국 건국 이후 오랜 기간 동안 중국의 환경은 국내외에서 국제법 체계 밖의 '법외 국가'로 인식되었다. 국제법의 장기적인 유지에서 소극적이거나 적대시하는 태도를 보였으며, 국제법이 유럽과 미국 등 선진국들의 패권의 도구라고 인식하고 있었던 것이다. 이러한 인식은 이전 세기인 1970년대에 유엔에 가입하는 것을 기점으로, 2001년 세계무역기구(WTO) 가입에 이르러서야 비로소 중국이 현재의 국제법 체제에 기본적으로 편입되었다.

　　세계적인 대국의 역할을 하려고 한다면, 중국은 단지 국제법 체계에 참여하는 것에서 그칠 것이 아니라, 국제규범의 제정자와 전파자가 되어야 할 것이다. 또한 국제규범의 제정과 전파를 촉진하는 것이

단지 중국의 국가 이익을 조성하고 보호하기 위한 것일 뿐 아니라, 대국이 당연히 해야 할 책임을 분담하여 '공공재(public goods)' 성격의 국제 규범을 제공하는 책임을 져야 한다는 것이다.

다른 한편으로는 수년간의 전쟁을 겪은 유럽 각국이 제2차 세계대전 이후에 아득히 먼 통합화의 길을 앞서서 걸어왔다는 것이다. 이로부터 과거의 전쟁 충돌 후유증을 통합화의 진행으로 소멸시켰을 뿐만 아니라, 유럽연합(EU)을 통해 국가보다 더 높은 수준의 사회조직 형식을 창조해냈다는 점이다.

'화합이 귀하다'고 여기고, '중용의 도'를 기본적인 가치관으로 삼았던 유교문화체계 내에 있던 동아시아와 남아시아 각국과 비교해보자면, 아시아의 통합화는 오히려 이전보다 느리다. 의심할 여지 없이 중국과 일본을 포함하여 이 지역의 전통 대국은 모두 스스로 대국의 역할을 제대로 하지 못하고 있다. 프랑스와 독일이라는 두 나라가 유럽통합화에 공헌한 것과 비교하자면, 더욱더 "부끄러움이 배가 된다"는 생각이다. 동아시아와 남아시아의 나라들 간에 불안정한 요소들이 있고, 특히 도서분쟁은 줄곧 이 지역의 화약고이다.

이러한 상황에서 글로벌 대국의 역할을 시도하려는 중국은 급진적인 민족주의 정서를 제거하거나 완화시켜야 하고, 적합한 기제를 선택하여 빈번한 충돌을 막아야 할 뿐 아니라, 전력을 다해 아시아-태평양 통합화의 진행을 추진해야 한다. 이것이 이 지역의 글로벌 대국으로서의 역사적 사명과 책임을 다하는 것이다.

이에 대해 왕이저우 교수는 "중국은 아시아 지역 최대의 국가이고, 경제성장이 가장 빠르며, 종합국력이 가장 풍부한 국가라고 할 수 있다. 중국은 독일과 프랑스 등 EU 주도국의 경험을 참고하고 배워야 할 많은 이유가 있다. 이 지역 다수 국가들의 요구와 특징에 부합하는 지역 구조를 세우기 위해, 진보적 개방과 풍부한 활력의 '아시아인의 아시아' 목표를 실현하기 위해 중요한 공헌을 해야 한다"고 제시했다.

결론

왕이저우 교수의 이 책을 읽고 난 뒤, 많은 것을 느끼게 되었다. 이러한 느낌은 단지 이 책이 새로운 국면을 여는 저자의 풍부한 지식의 향연에서 오는 것뿐만이 아니라, 중국의 국제관계학 학자가 학계의 이론영역에 있어서 새로운 이론 창조에 대한 돌파의 노력이 실현되고 있다는 점에 있다.

의문의 여지 없이 이것은 중국 국제관계학계가 오랫동안 서방의 이론에 대해 '도입주의'의 피동적인 국면을 변화시키는 중요한 일획을 긋는 것이다. 비록 이 책의 '들어가는 말'에서 왕 교수는 겸손하게 "이 책은 단지 초보적인 작업에 불과할 뿐이다. 문제를 해결하는 성숙된 방안을 제시하려는 것은 더욱 아니며, 빈틈없이 완벽한 이론적 논리를 논술하려는 것도 아니다. 단지 새로운 문제를 제기하고, 실제의 어려움이 어디에 있는지를 발견하며, 개선할 방향과 실마리를 제시하려는 것이다"라고 썼지만, 그러나 이미 왕 교수가 '창조적 개입' 시리즈의 두 편의 저작을 통해 중국 학자의 독자적인 이론을 제시했고, 중요한 이론적 돌파구를 구축했다는 것을 필자는 깊이 느끼고 있다.

동시에 이 두 편의 충실한 독자이기도 한 필자는 '창조적 개입' 3부작의 3부가 빠른 시일 내에 출판되기를 바라며, 이러한 3부작의 시도가 새로운 시기의 중국 외교 노선이 가야 할 '창조적인 개입'이라는 기본적인 노선의 모든 면모를 갖추기를 기대한다.

저자 후기

『창조적 개입: 중국 외교의 새로운 패러다임』이 2011년 9월에 출판된 후 필자는 예상하지 못했던 긍정적인 반응을 얻게 되었다. 여러 곳으로부터의 건의와 비평이 필자로 하여금 '창조적 개입'의 제2부를 써야겠다는 생각으로 이어졌다.

독자들의 손에 들려 있는 이 책은 제1부의 간단한 보충이 아니라, 원래의 주제를 심화시킨 것이다. 원고를 넘기면서 '창조적 개입'에 대한 여러 평론과 제안을 주신 분들께 감사를 드린다. 베이징대학교 출판사와 껑시에펑(耿协峰) 및 장잉잉(张盈盈) 등 편집에 도움을 주신 분들께도 감사를 드리고, 본 책자에 삽입된 사진을 도와준 제자 황리즈(黄立志) 박사생에게도 감사를 보낸다.

2013년 봄 베이징대학 랑룬위엔(郎润园) 자택에서

저자 왕이저우(王逸舟)

역자 후기

미래를 준비하는 중국, '창조적 개입'에 대한 이해가 필요하다
중국, 신형 대국관계로 준비된 글로벌 시대를 열다

2013년 6월 7일, "태평양은 미국과 중국이 나누어 쓰기에 충분히 넓다"라며 오바마를 방문한 시진핑이 당당하게 미국에게 '신형 대국관계'를 주장했다. 그리고 얼마 지나지 않은 2013년 8월, 왕이저우(王逸舟) 교수의 『창조적 개입: 중국의 글로벌 역할의 출현(创造性介入: 中国之全球角色的生成)』이 베이징대학출판사에서 출판되었다. 이 책은 바로 중국의 글로벌 역할과 책임에 대한 고민과 준비가 이미 오랜 시간 동안 여러 방면으로 진행되고 있었다는 것을 느낄 수 있는 중요한 발견이다. 두 해가 지난 2015년은 분명히 G2의 시대이다. 중국은 신형 글로벌 대국을 준비하고 있고, 어떻게 중국이 글로벌 정치에 개입할 것인가를 본격적으로 고민하고 있다.

왕이저우 교수의 창조적 개입에 대한 주장은 2011년 9월 『창조적 개입: 중국 외교의 새로운 패러다임(创造性介入: 中国外交新取向)』을 출판하면서부터 시작되었다. 왕이저우 교수는 역자와의 대화에서 처음에는 창조적 개입에 대해 단행본으로 계획했으나, 출판 이후 당시 이 책에 대한 중국 학계와 중국사회의 적극적인 반응에 따라 중국 외교의 '창조적 개입'에 대한 구체적인 논점을 전개할 필요성을 느꼈다고 한다. 이에 따라 제2부와 제3부로 중국 외교의 향후 전개 방향을 구체적으로 구상했고, 2013년 8월에 제2부인『창조적 개입: 중국의 글로벌 역할의 출현』을 출간하게 되었다. 창조적 개입의 제1부가 되어버린『창조적 개입: 중국 외교의 새로운 패러다임』은『중국 외교의 창조적 개입』[1]이라는 제목으로 한국에서도 번역되어 출간되었다. 그리고 창조적 개입의 제3부는 지난 2015년 12월에 '창조적 개입: 중국 외교의 전환'(创造性介入: 中国外交的转型)이라는 제목으로 중국에서 출간되었다. 역자는 이번 창조적 개입 2부의 출판에 이어, 제3부의 번역도 이미 착수하였다.

중국은 개혁개방을 통해 눈부신 경제발전을 이루었고, 국제경제적 측면에 있어서 분명히 G2의 위치로 도약했다. 대외적으로는 '신형 대국관계'를, 대내적으로는 '중국의 꿈'을 역설한 시진핑 시대는 분명히 중국이 과거와는 다른 새로운 시대로 전환되고 있다. 중국은 현재 역사의 전환점에 있고, 중국이 이룬 지금까지의 굴기는 새로운 도전과 성취가 아니라 오랜 시간 퇴보했던 과거로부터의 '재평형' 혹은 '회복'이라는 시각이 중국 학계의 정리된 판단이다. 그렇다면 중국의 새로운 도전과 새로운 출발은 아직도 미래의 일이거나 이제부터가 비로소 시작이라는 의미가 아닌가?

새로운 글로벌 시대에서 중국의 국가 대전략은 어떻게 준비해아 할 것인가? 준비된 중국의 글로벌 책임과 역할을 어떻게 국제정치에 적용할 것인가? 강대국으로서 국제정치에 대한 기존의 여러 형태의 개입과는 달리, 중국은 어떻게 보다 창조적인 국제정치의 개입을 통해 자

---

1) 왕이저우(王逸舟), 정원식 번역,『중국 외교의 창조적 개입』, 차이나하우스, 2013년 12월.

국의 이익과 국제사회의 이익을 생산하고 확대할 것인가? 이 책에서는 중국위협론에 대한 중국의 반론과 미국식 패권주의를 반대하는 중국의 고민을 엿볼 수 있다. 중국의 준비된 대안은 유럽식 소프트 파워에 동양의 유교적 사고, 즉 '왕도정치'를 융합한 '창조적 개입'이다.

왕이저우 교수의 '창조적 개입'과 중국 학자들의 반응

"G2 시대에 중국의 글로벌 책임과 역할에 대한 창조적인 개입이 필요하다"는 왕이저우 교수의 화두는 분단의 시대를 살고 있는 우리에게는 매우 중요하고 충격적인 화두이다. (깊은 잠에 빠져 있던 중국은 이미 세계를 향해 날아올랐고 역자는 부러운 눈빛으로 중국의 굴기를 바라볼 뿐이다. 잠들어 있는 한반도는 언제 깨어날 것인가!)

왕이저우 교수가 던진 화두를 이해하기 위해서는 좀 더 객관적인 시각이 필요했다. 역자는 중국 학자들의 반응이 궁금했다. 중국 학자들은 왕이저우 교수의 이 중대한 화두에 대해 어떻게 생각하고 있을까?

왕이저우 교수가 던진 화두에 대한 중국 학자들의 반응을 살피던 역자는 한국의 독자들에게 중국 학자들의 서평을 소개하는 것도 매우 중요하다는 생각을 하게 되었다. 한국의 독자들이 굴기하는 중국을 이해하는 데 도움을 주기 위해 중국 학자들이 쓴 5편의 서평을 선별하여 번역했다. 중국 학자들의 시각에서 본 이 5편의 서평을 통해 한국 독자들은 현재 중국이 고민하고 있는 문제들과 왕이저우 교수의 창조적 개입에 대한 평가를 알 수 있으며, 이를 통해 힘을 가진 중국이 향후 어떠한 방향으로 글로벌 대국의 책임과 역할을 하려고 하는지에 대해 상상해볼 수 있다. 또한 중국의 변화를 이해하는 것은 통일한국을 준비하는 우리에게도 좋은 참고가 될 것이다.

중국의 창조적 개입, 우리의 한반도 통일 해법 찾기

중국의 글로벌 역할과 책임에 대한 사고와 이의 이행은 한반도의 현 정세는 물론, 통일한국 이후에도 매우 중요하다. 한반도는 미국과 중국의 변화하는 글로벌 역할과 책임에 대해 자유로울 수 없다. 따라서 G2인 미국과 중국을 이해하고 살피는 것은 가장 중요한 글로벌 전략의 핵심이다. 그리고 이 책의 번역은 G2 중 하나인 중국의 현재와 미래를 살피는 중요한 의미를 가진다. 중국이 세계의 국제정치에 창조적으로 개입해야 한다는 이러한 주장의 의미는 통일한국의 해법 찾기에 있어서도 매우 중요하기 때문이다.

우리는 왕이저우 교수의『창조적 개입: 중국의 글로벌 역할의 출현』에 대한 중국의 고민을 통해 한반도의 당면 과제인 통일한국의 현실적인 대응전략을 고민해야 한다. 또한 이를 통해 우리의 글로벌 역할에 대해서도 고민해야 한다. 통일한국 이전의 제한된 글로벌 역할과 통일한국 이후의 확대된 글로벌 역할을 위해 단계별로 준비해야 할 대한민국의 국가 대전략을 고민해야 한다. 그런 의미에서 중국의 고민과 왕이저우 교수의 '창조적 개입'에 대한 이해는 우리에게 좋은 참고가 될 것이다. 이는 또한 미래지향적인 한중관계의 긍정적인 발전을 위해서도 필요한 참고가 될 것이다.

중국이 현재 글로벌 대국으로서 대국의 책임과 역할을 고민하는 모습은 분단된 한반도의 입장에서는 복합적인 생각에 빠지게 한다. 부럽기만 한 중국의 굴기는 한반도에게 어떤 의미가 될 것인가? 이 고민에 대한 해답 찾기도 문제만큼이나 복잡하다. 어떻게 중국의 글로벌 역할을 받아들일 것이며, 어떻게 대응할 것인가? 우리의 숙원인 한반도 통일에 있어서 중국의 글로벌 역할은 어떻게 전개될 것인가? 어떻게 해야 중국의 글로벌 책임과 역할이 한반도 통일에 긍정적인 요소로 작용하게 할 것인가? 한중관계의 재조명과 한미관계의 긍정적 역할에서 대한민국은 어떠한 외교적 묘수를 찾을 것인가?

이 책을 번역하면서 끊임없이 반복하여 반사되는 이러한 질문에 대한 해답 찾기는 번역을 완성한 지금도 역자에게는 진행형이다. 중국의 글로벌 책임과 역할이 '창조적인 개입'을 통해 국제정치와 특히 동북아 국제정세에 반영될 것이다. 우리는 어떻게 대비해야 하는 것일까? 게다가 우리는 한반도 통일의 중요한 길목에서 경색된 남북관계의 해법도 찾아야 한다. 그렇다면 우리의 '창조적 사고'는 무엇일까?

'창조적 개입'으로 국제사회의 새로운 외교적 패러다임을 변화시키려는 중국의 고민과 시도를 이해하고, 이에 대한 대응전략을 고민하는 것은 이제 역자만의 역량으로는 너무도 부족하다. 이러한 해법 찾기를 위해 독자들과의 소통과 교류를 제안하는 것이 이 책의 번역 동기이다. 그리고 중국이 던진 '창조적 개입'에 대한 화두를 이해하는 것이 바로 통일한국을 이루기 위해 대한민국이 준비해야 할 통일전략 수립의 중요한 전술적 요소가 될 수 있다는 생각이 이 책의 번역 목적이다.

역자의 부족한 필력과 아직 덜 성숙된 국제관계학적 학문의 엷음으로 독자들의 공감을 얼마나 이끌어낼지는 미지수이나, 중국의 글로벌 역할이 출현한 것은 분명한 현실이다. 따라서 이에 대해 국민적 공감을 통해 통일한국을 위한 우리의 준비를 어떻게 해야 할 것인가를 고민해야 한다는 역자의 넘치는 열정만큼은 독자들이 공감하기를 희망한다. 또한 통일한국을 준비하는 실천적 연구와 활동에 작은 밑거름이 되기를 기원하며, 통일한국을 위해 독자들이 중국의 새로운 변화를 이해하는 중요한 정보가 되기를 기대한다.

출판과 관련한 감사의 말씀

개인적으로 이 번역서의 출판에는 진심으로 깊이 감사드려야 할 분들이 있습니다. 중국으로 보자면, '창조적 개입'의 원 저자이자 역자의 베이징대학 국제관계대학원 박사과정 지도교수이신 왕이저우(王逸舟) 교수님, 중국 정부 해외 번역기금을 신청해주신 베이징대학출판사의 껑셰펑(耿协峰) 대표님, 셰나(谢娜) 주임님 및 장나(张娜) 판권담당님, 중국 정부 해외 번역기금 심사관련 중국 정부 관계자 및 중국 정부에 먼저 깊은 감사를 표합니다.

이찬규 대표님께 역자를 소개해주신 중앙대학교 행정학과 김동환 교수님, 책의 내용과 번역 취지를 들으시고 선뜻 출판에 응해주신 선학사/북코리아 이찬규 대표님 그리고 부족한 번역원고의 편집, 교정, 제본과 책의 완성까지 애쓰신 북코리아 출판사 관계자분들께도 깊이 감사를 표합니다.

본 번역서에 추천사를 부탁드렸을 때, 흔쾌히 바로 수락해주신 연세대학교 문정인 교수님, 베이징대학교 김경일 교수님께도 깊이 머리 숙여 감사의 말씀을 드립니다. 통일한국과 국가대전략 수립이라는 시대적 과업에 대해 함께 고민하고 격려해주시는 〈국제안보교류협회〉 최용림 회장님, 김광우 사무총장님 및 정순홍 기획실장님, 그리고 2011년부터 저와 함께 통일실천연구와 통일실천운동을 펼치고 있는 18명의 한국 〈동아시아평화연구회〉 연구위원님들은 물론, 동아시아 평화를 위해 지난 2015년 11월부터 함께하기 시작한 중국, 몽골, 인도, 베트남 및 일본의 총 12명의 〈동아시아평화연구회〉 연구위원님께도 감사의 말씀을 전합니다. 〈국제안보교류협회〉와의 지지와 협력을 통해 〈동아시아평화연구회〉는 현재 6개국 총 30명의 연구단체로 거듭났으며, 올해부터는 동아시아의 평화연구를 위해 함께 노력할 것입니다. 다시 한 번 협회와 연구회의 모든 분들께 깊이 감사드립니다. 또한 지난해 말부터 〈국제안보교류협회〉와 〈동아시아평화연구회〉 및 북경대학 〈한반도연구중심〉의 협력을 통해 북경대학 국제관계학원에서 정기적으로 한반도 문제를 함께 토론하고 있는 〈한반도포럼〉의 여러 중국 학자 분들께도 깊은 감사의 말씀을 드립니다.

함께 고민을 나누며 걱정하고 격려하며 국제적인 우정을 나누고 있는 중국 차하얼학회 한팡밍(韓方明) 주석님과 커인빈(柯銀斌) 비서장님 및 100여 명의 학회 연구위원과 근무자들, 봉황위성 TV 「이후이시탄(一虎一席談)」 국제 시사토론 프로그램에서 함께 토론하고 의견을 나누는 100여 명의 패널리스트들과 담당 PD들, 특히 50여 명의 왕이저우 교수님의 제자들과도 이 기쁨을 함께 나눕니다. 2011년 11월, 중국에서 출간된 왕이저우 교수님의 '창조적 개입' 시리즈 제1부에 해당하는 『창조적 개입: 중국 외교의 새로운 패러다임(創造性介入: 中國外交新取向)』을 2013년 12월에 한국에서 『중국 외교의 창조적 개입』이라는 제목으로 번역하여 출판한 정원식 박사생에게도 각각의 번역 과정에서 서로가 느낀

고통과 출판 완성의 성취감을 함께 나눕니다. 그리고 어려울 때 가장
힘이 되고, 의지가 되는 가족들과 소중한 기쁨을 나눕니다.

베이징에서

역자 김상순 배상

이메일 ssoonkim2012@naver.com

블로그 http://blog.naver.com/ssoonkim2012

페이스북 www.facebook.com/SangsoonKim0215

트위터 twitter.com/ssoonkim301

지은이 왕이저우(王逸舟)

현 북경대학교 국제관계학원 교수, 부원장, 박사생 지도교수
현 중국 국제관계학회 부회장
중국 사회과학원 세계경제와 정치연구소 부소장, 연구원 역임
「세계경제와 정치(世界经济与政治)」학술지 주편 역임
중국 사회과학원 연구생원(研究生院) 세계경제와 정치학과 주임/박사생 지도교수 역임
후진타오 전 주석과 시진핑 현 주석의 대표적 외교 브레인

주요 저서
『창조적 개입: 중국의 글로벌 역할의 출현(创造性介入: 中国之全球角色的生成)』(2013)
『국제정치개론(国际政治概论)』(2012)
『창조적 개입: 중국 외교의 새로운 패러다임(创造性介入: 中国外交新取向)』(2011)
『중국 외교의 새로운 고지(中国外交新高地)』(2008)
『글로벌주의 국제관계 탐구(探寻全球主义国际关系)』(2005)
『글로벌 정치와 중국 외교(全球政治和中国外交)』(2003)
『서방국제정치학: 역사와 이론(西方国际政治学: 历史与理论)(1998)
『당대 국제정치시론(当代国际政治析论)』(1995)
『폴란드 위기(波兰危机)』(1988)
『헝가리의 길(匈牙利道路)』(1987)

옮긴이 김상순(金相淳)

중국차하얼학회 한반도평화연구센터 연구위원
홍콩 봉황위성TV 패널리스트
동아시아평화연구회 회장
(사)국제안보교류협회 중국연구위원
통일부 통일교육위원(19기)
(사)국민통일방송 교육위원
(사)통일아카데미 교육위원
통일 100인 클럽 회원
칼럼니스트

저서
『동아시아의 미래: 통일과 패권전쟁』(북코리아, 2014)
『东北亚问题与中国新一代"创造性介入"』, 贾庆国主编,「全球治理: 保护的责任」,
北京: 新化出版社, 2014년 6월, p. 165-188.
칼럼 40여 편

학력
台湾大学교 사회학연구소 사회학 석사
北京大学교 CEO-EMBA
清華大学교 CEO-EMBA
北京大学교 국제관계학원 박사 수료